高等职业教育"十四五"系列教材

排球教程

主　编　杨柳青　邱　峰　黄智誉
副主编　张原平　尹　华　邓华荣　卢艳梅

中国水利水电出版社
www.waterpub.com.cn
·北京·

内容提要

本教材首先讲述了排球运动的起源与发展、特点与价值等内容；然后从排球技术发展与比赛规则以及不同方面的排球教学与训练等方面入手，让读者进一步熟知排球运动；最后从实践训练的角度出发，分析了排球运动的一些常用战术、心理能力、体能、素质运动以及保健知识。

期望教材的出版能够满足运动训练专业迅速发展的需要，以及社会对人才综合素养不断提高的需求，为提高体育人才培养质量起到推动作用，为运动训练专业的教师及学生提供专业指导。同时，也期望本教材能够为体育爱好者提供一点帮助和借鉴。

图书在版编目（CIP）数据

排球教程 / 杨柳青，邱峰，黄智誉主编. -- 北京：中国水利水电出版社，2024. 7. --（高等职业教育"十四五"系列教材）. -- ISBN 978-7-5226-2543-0

I . G842

中国国家版本馆 CIP 数据核字第 2024RX7206 号

策划编辑：陈红华　　责任编辑：张玉玲　　加工编辑：刘　瑜　　封面设计：苏　敏

书　名	高等职业教育"十四五"系列教材 排球教程 PAIQIU JIAOCHENG
作　者	主　编　杨柳青　邱　峰　黄智誉 副主编　张原平　尹　华　邓华荣　卢艳梅
出版发行	中国水利水电出版社 （北京市海淀区玉渊潭南路 1 号 D 座　100038） 网址：www.waterpub.com.cn E-mail：mchannel@263.net（答疑） 　　　　sales@mwr.gov.cn 电话：（010）68545888（营销中心）、82562819（组稿）
经　售	北京科水图书销售有限公司 电话：（010）68545874、63202643 全国各地新华书店和相关出版物销售网点
排　版	北京万水电子信息有限公司
印　刷	三河市鑫金马印装有限公司
规　格	184mm×260mm　16 开本　16 印张　339 千字
版　次	2024 年 7 月第 1 版　2024 年 7 月第 1 次印刷
印　数	0001—1000 册
定　价	49.00 元

凡购买我社图书，如有缺页、倒页、脱页的，本社营销中心负责调换

版权所有·侵权必究

前　言

　　党的二十大报告从全面建设社会主义现代化国家和全面推进中华民族伟大复兴的战略全局高度，首次对教育、科技、人才作出一体化部署，强调要加快建设教育强国、科技强国、人才强国，要办好人民满意的教育，落实立德树人根本任务，培养德智体美劳全面发展的社会主义建设者和接班人。报告同时提出，促进群众体育和竞技体育全面发展，加快建设体育强国。党的二十大为新时代学校体育高质量发展指明了方向，确立了行动指南。

　　球类运动是当今世界发展迅速的体育运动项目，而排球运动在我国也是开展得比较普遍的体育运动项目之一，深受人们的喜爱。排球运动自传入我国以来，经过广大排球工作者的长期努力，日益普及。而我国的女排选手在世界排球比赛中的优异表现和取得的优秀成绩，进一步激发了我国各界人士对排球运动的兴趣和学习排球的热情。排球运动具有广泛的群众性、高度的技巧性、激烈的对抗性、攻防技术的两重性、严密的集体性、技术的全面性等特点，值得广大排球爱好者潜心学习。另外，排球运动是集娱乐、健身和竞技于一体的运动形式，在体育教学过程中占有重要地位，体育教师在制定教学方案的过程中，需要选择合适的运动形式作为教学基础。排球运动作为一项团队性竞技运动，其在体育教学中的应用，不仅能够促进学生身体健康发展，还能够有效提高学生的团队意识。通过适当的教学引导，学生能有目的、有意识地培养自身的临场反应能力和问题处理能力。排球运动的竞技精神还能够帮助学生形成勇于拼搏、自强不息的坚强意志，从而助力学生精神层面和身体层面的共同提高。

　　本书主编为杨柳青、邱峰、黄智誉，副主编为张原平、尹华、邓华荣、卢艳梅，编委为孟锋、殷国龙、武广源、何玉建。全书的设计、改稿由河源职业技术学院体育教研室杨柳青完成，由刘伟统稿、定稿。作者在撰写本教材时参考了国内外同行的许多文献，在此一并向相关作者表示衷心的感谢。由于编者水平有限，教材中难免存在不足之处，恳请读者批评指正。

目 录

前言

第一章 排球运动综述 ... 1
  第一节 排球运动的起源与发展 ... 1
  第二节 排球运动的特点与价值 ... 6
  思考题 ... 11

第二章 排球技术的发展与比赛 ... 12
  第一节 排球技术的发展 ... 12
  第二节 场地设备要求与比赛规则 ... 18
  第三节 比赛参与者的基本权利和要求 ... 22
  第四节 规则的形成与执行原则 ... 24
  第五节 裁判员之间的配合 ... 26
  第六节 排球竞赛的组织和编排 ... 29
  思考题 ... 34

第三章 排球教学与训练的理论基础 ... 35
  第一节 排球教学理论基础 ... 35
  第二节 排球训练理论基础 ... 49
  思考题 ... 58

第四章 排球技术教学 ... 59
  第一节 准备姿势与移动及其教学 ... 59
  第二节 发球技术与教学 ... 64
  第三节 垫球技术与教学 ... 72
  第四节 传球技术与教学 ... 82
  第五节 扣球技术与教学 ... 92
  第六节 拦网技术与教学 ... 102
  思考题 ... 106

第五章 排球游戏教学与训练指导 ... 108
  第一节 运动游戏在排球教学与训练中的应用 ... 108
  第二节 排球运动素质游戏训练 ... 111

第三节　排球运动技术游戏训练 121
　　第四节　排球运动实战游戏训练 136
　　思考题 140

第六章　排球战术实践训练 141
　　第一节　排球战术的基本理论 141
　　第二节　个人战术训练 148
　　第三节　集体防守战术训练 152
　　第四节　集体进攻战术训练 166
　　思考题 182

第七章　排球运动员的心理训练 183
　　第一节　排球运动员心理训练的内容与原则 183
　　第二节　排球运动员心理训练的方法 189
　　第三节　运动员情绪调控方法 199
　　思考题 208

第八章　排球运动员的体能训练与测试 209
　　第一节　排球运动员体能训练概述 209
　　第二节　排球运动员身体形态和机能水平特征 211
　　第三节　排球运动员体能测试 212
　　思考题 216

第九章　排球运动的基本素质训练与运动保健 217
　　第一节　力量与速度素质训练 217
　　第二节　弹跳力与耐力素质训练 226
　　第三节　柔韧性、灵活性与协调性训练 230
　　第四节　常见的运动损伤与保健 234
　　思考题 247

参考文献 248

第一章 排球运动综述

激发学生对祖国的自豪感,对排球运动的兴趣和爱好。培养学生的爱国热情、民族自豪感,学习女排祖国至上、团结协作、顽强拼搏、永不言败的精神。

排球运动发展到现在,已经成为一项具有丰富的文化内涵和运动价值的世界性的球类运动项目,具有广泛的关注度和参与人群。个体关注和参与排球运动,应首先对排球运动的基本常识有一定的了解和认识,如此才能在排球运动的直接或间接参与过程中更加深刻地感知排球运动文化,欣赏排球运动内容,更积极主动地投入和享受排球运动。

第一节 排球运动的起源与发展

一、排球运动的起源

(一)排球运动的雏形

现代排球起源于一种美国球类游戏。

19世纪末,在美国,参与健身的主要是青年人,中老年人很少能找到与其年龄和生理特点相符的运动健身内容。在这样的背景下,19世纪90年代,威廉·摩根(William Morgan)在指导人们参加健身锻炼时,提出应该针对不同的人群采取不同的锻炼方法,这样才能增强体质水平。

威廉·摩根从当时在美国十分流行的篮球运动中得到启发,为了满足中老年人健身的需要,创造出一种动作较为缓和、活动量适当的适合中老年人群体的运动形式。威廉·摩根以篮球运动为基础,借鉴棒球、网球以及手球等运动项目的特点,进行各种各样的试验,如在最初以篮球场为场地,中间架起网球网(高约1.98米),用篮球胆为球,运动者隔网对抗。但是由于篮球内胆重量太轻，被击起后在空中飘忽不定，影响击球体验。后又改用篮球，但重量又太重。

此后，在运动用球和球的重量上经过多次调整，最终制作了与现代排球相近的外表皮制、内胆为橡皮的球，圆周为25～27英寸（63.5～68.6厘米），重量为9～12盎司（225～340克），这就是最初的排球游戏用球。

（二）排球的正式诞生

排球运动在美国出现后，得到了广泛的关注与传播，受到美国各教会、学校和社会的广泛重视，同时也被列为军事体育项目。

19世纪90年代，美国春田专科学校举办首次排球表演赛，赛后，霍尔斯特德教授将排球运动游戏改名为"Volleyball"（意即"空中连续击球"），标志着现代排球运动的正式诞生。"Volleyball"作为排球运动的官方名称，沿用至今。

最初的排球比赛中没有人数规定，赛前由双方临时商定，只要双方人数相等即可。由于排球运动在美国非常流行，因此，很多人都非常喜欢并积极参与排球运动，此后，排球运动由美国的传教士和驻外国的军官、士兵带到了世界各地。

由于排球运动传入的时间及采用的规则不同，世界各地排球运动的形式也不同。

二、排球运动的发展

（一）排球运动的发展

1. 排球游戏向竞技排球的过渡发展阶段

排球运动由运动游戏发展而来。最初，排球运动是为中老年人健身娱乐而发明的球类运动游戏。作为一种娱乐性较强的游戏，人们隔网拍打，追击嬉戏，以不使球在本方落地为乐趣。

排球运动本身就具有较强的娱乐性，再加上最初并没有比赛规则的限制，因此，比赛较为随意，而且，在排球运动之初，并无运动技术要求，故而参与的人数非常多。随着排球运动的不断发展，越来越多的人开始喜爱上这项运动。随后，在排球运动实践中，经过多次的演变便出现了多次击球的打法，这就使排球运动具有了击球竞技比拼的特点。

随着排球运动规则的制定，排球运动开始由运动游戏向竞技体育运动发展。在最初的排球比赛规则中，规定每方击球不能超过3次，否则就会判定失分。这一规则开始将排球击球动作分化为传球和扣球两种，扣球力量大、攻击性强，因此深深吸引了年轻人来参与，大大推动了排球运动的发展。随着排球运动的逐步发展，为应对扣球技术，拦网技术出现。此外，为了使本方占据进攻的主动性，人们对发球技术进行了进一步丰富和创新，使排球运动的竞技性越来越强。

同时，随着排球运动技术的不断丰富，在排球运动实践中，为了更好地制约对方，使本方击球过网，并在对抗中获胜，排球运动战术开始出现。排球战术的形成及逐步发展，是排球运动发展的一大飞跃。

2. 竞技排球的迅速发展阶段

美国虽是排球运动的故乡，较早出现了排球表演赛、排球比赛规则，但并没有把排球运动作为一种竞技项目来发展，所以美国的排球技术发展较晚。

排球运动传入欧洲之后，在欧洲进入了快速的竞技化发展道路。随着排球运动的不断发展，世界范围内从事排球运动的人越来越多，排球运动各类竞赛也日益增多。为了规范发展排球运动，一些国际性、国家性与地方性的排球运动组织开始出现。排球运动组织的不断出现，进一步促进了排球运动的规范化、竞技化发展。

在排球运动发展的过程中，国际的排球活动和赛事越来越多，迫切要求建立排球国际组织，规范排球运动发展。

20世纪40年代，国际排球联合会（简称国际排联）在巴黎成立，发展至今，共有二百多个协会会员，成为世界上拥有会员最多的单项协会之一。国际排联商讨制定了国际排联宪章和排球竞赛规则，排球运动正式进入竞技排球阶段。其后，国际排联出色地领导和组织了一系列的世界大赛。

此后，世界范围内许多排球运动组织出现，这对进一步促进世界范围内的排球运动竞赛、排球运动表演等的开展具有重要的推动作用。

20世纪50年代，东欧国家排球运动水平发展较快，屡次在世界大赛中取得优异的成绩。

20世纪60年代初，日本女排运动水平发展较快，日本教练创造"前臂垫球""滚翻防守""勾手飘球"技术，并以出色的发球和攻防一举夺魁。

20世纪70年代，排球各种技战术应运而生。排球运动的技战术体系的不断丰富，促进了世界范围内排球运动的快速发展。世界范围内，排球运动出现了多国争霸的局面，表明了世界排球运动的繁荣发展。

3. 排球运动的多元化发展阶段

（1）竞技排球的多元化发展。

1）排球运动的竞技化发展整体态势。20世纪80年代时，排球竞技发展加快。这一时期，排球已经发展成一项世界范围内的具有较强竞技性的球类运动，排球比赛竞争更加激烈，只靠某一环节就能赢得比赛的情况已成为过去，排球运动进入全攻全守时期。世界排坛出现多国争霸局面。

就欧洲竞技排球运动发展来说，西欧男排以及美国男排的攻防体系相对成熟，跳发球和纵深立体进攻战术具有非常大的威慑力，在排球比赛中得到了广泛的应用。

美国作为排球运动的发源地，其排球运动竞技化发展水平一直比较稳定，并不断提高实力，美国男排还创造了摆动进攻战术，该战术与后排强攻形成纵深立体进攻战术，为球队在比赛中获得主动权、赢取胜利奠定了基础。

在亚洲，中国排球、日本排球的运动水平都是比较高的。中国女排的特点是善于攻防、战术多变、以高制矮、以快制高。在这一时期，中国女排球曾经创造了在世界大赛中连续5次夺冠的奇迹，令世人刮目相看。

2）竞技排球运动的职业化发展趋势。20世纪90年代开始，竞技排球走上职业化发展道路。排球运动的职业化是世界排球运动的又一大发展。

竞技排球运动的职业化发展首先是从欧洲开始的。走在排球职业化道路前列的是意大利。意大利排球运动的职业发展具有典型性和代表性。

20世纪80年代末，意大利排协大刀阔斧地推行排球职业化和俱乐部制度。意大利排球职业俱乐部的出现和运营极大地促进了意大利竞技排球运动的职业化发展，也为其他国家排球运动的职业化发展提供了成功的经验。

3）竞技排球运动的市场化发展趋势。在以市场经济为主要形式的世界经济体系中，只有进入市场并占有市场，竞技体育才能发展。世界男排联赛、女排大奖赛为排球运动成功走向市场的范例，取得了前所未有的社会效益和经济效益。

此外，现代传媒的发展和信息技术的发展为排球运动的职业化发展和市场化发展奠定了良好的科学技术基础。

4）竞技排球运动的社会化发展趋势。20世纪80年代，国际排联代表大会的换届选举中，阿科斯塔担任国际排联主席，决心把排球运动发展成世界上最受欢迎的运动项目之一。在阿科斯塔的领导下，国际排联对自身和排球运动进行了一系列的改革和调整。

促进排球运动的社会化发展，是使排球运动成为世界上最受欢迎的运动项目的重要前提，因此，必须把排球运动推向社会，为社会所接受。

排球运动的多元化价值十分明显，经常参加排球运动能有效增强人的身体素质，完善人的心理品质，提高社会适应力。

为在青少年中开展排球运动，国际排联大力推广和开展"学校排球"和"迷你排球"（"小排球"）活动。此外，排球运动在残疾人群中也具有良好的群众基础，排球运动极大地丰富了不同社会群体的业余生活。

21世纪，国际排联的思想更民主、更活跃，立志于让更多的人喜爱排球运动、参与排球运动，为此做了许多宣传、推广、改革工作，进一步促进了世界范围内排球运动的社会化发展。

目前，在我国，排球运动成为全民健身的重要内容，可以说，排球运动的社会化程度日益加深。排球运动拥有了更加广泛的群众基础。排球运动的职业化、商业化（市场化）、社会化更大地促进排球运动的发展。

（2）娱乐排球再度兴起。

竞技排球的技战术变化和竞赛规则的改变与完善使排球比赛的观赏性越来越高，再加上当前社会经济发展水平高，排球竞赛欣赏成为一种重要的社会健康娱乐流行趋势。在此社会背景下，更多的人开始投入排球活动中去，娱乐排球再度兴起。

随着娱乐排球的不断发展，排球运动形式越来越丰富，形成了多元化的排球运动内容体系。各种排球运动形式，如沙滩排球、软式排球、气排球等，受到了不同运动人群的喜爱。

现阶段，随着排球运动的不断发展，新的排球玩法不断出现。在国际排联的提倡下，增设了雪地排球，而雪地排球也为有较长雪季的地区的人参与排球运动提供了一种新选择。

（二）中国排球运动的发展

1. 排球运动的初传入

20 世纪初，排球运动在我国的广州和香港开始流行起来，这一时期人们对排球这项运动有了大致的认识与了解。我国首次参加了菲律宾第一届远东运动会排球赛，赛后，排球运动正式在我国得到迅速推广。男子排球、女子排球相继成为全国运动会的正式比赛项目。

20 世纪 30 年代，中华全国体育协进会将"队球"改称"排球"，沿用至今。

2. 排球赛事曲折发展

排球运动传入我国后，先后经历了 16 人制、12 人制、9 人制、6 人制等赛制变化，这些赛制的变化是随着具体的国情而变化的。

后来，我国积极参加国际排联组织的各种比赛，加强了与世界排球强国的交流与联系，学习了各国先进的排球经验，促进了我国排球运动的快速发展。

20 世纪 50 年代，我国排球一方面抓普及，一方面抓提高，迅速让 6 人制排球运动走入了新的阶段。中国排球协会（简称中国排协）成立，国际排联正式接纳我国排协为正式会员，并在全国排球竞赛中实行等级制度。在全国性竞赛活动的影响下，各大、中城市积极开展各具特色的排球竞赛。

20 世纪 50 年代后期，我国的排球运动受到制约，其发展水平整体来看是下降的。

20 世纪 60 年代前后，我国各省市根据自己的特点，形成了各自不同风格的技战术打法。

3. 排球运动的重新振兴与崛起

20 世纪 70 年代，国内开始恢复体育比赛，经国家体育部门的商讨，建立了排球训练基地，开始集中力量培养高水平的排球运动员。另外，我国重新组建了国家男女排球队。

20 世纪 70 年代末，我国男女排在亚洲锦标赛中双双获得冠军，从此中国排球开始冲出亚洲，走向世界。

20 世纪 80 年代，中国男女排球队再次双双获得世界杯亚洲预选赛的冠军。另外，我国女排在日本世界杯赛中，首次荣获世界冠军。我国女排创造了影响世界的"五连冠"成绩，中国女排成为世界最高水平的排球运动的代表。女排的胜利实现了中国排球"冲出亚洲，走向世界"的愿望，振奋了中华民族精神，开创了我国排球发展新纪元。

20世纪90年代，中国男女排出现了成绩下滑的局面，为改变困局，我国国家体委积极总结经验教训，不断改进训练。

21世纪以来，中国女排在2004年雅典奥运会上夺得了奥运冠军，夺得2003年世界杯冠军，并且夺得2016年巴西里约奥运会冠军，中国女排再回世界巅峰。

现如今，中国女排已经雄风重振，回归了世界强队之列；而中国男排也开始昂首振翅，向世人展现中国男排的矫健英姿。

第二节 排球运动的特点与价值

一、排球运动的特点

（一）基础广泛

排球运动是全世界范围内的大球类运动，作为世界三大球之一，在竞技领域和健身领域均有广泛的人群基础，在大众健身领域更是因其独特的运动特点与魅力，而吸引了众多体育运动爱好者。

排球运动群体基础广泛，原因主要有如下几个。

第一，排球运动对场地的要求不是很高，无论是室内还是室外，是在地板、沙地上还是在草地上，都可以设置排球运动场地，只要有宽敞的空间即可。

第二，排球运动比赛规则较为简单，在平时的排球健身中，人们可以约定排球规则，参加排球运动的人数比较灵活，可多可少。

第三，排球运动开展灵活，可进行游戏也可开展比赛，可进行排球运动健身也可针对某一战术实施攻打配合，参与者可根据自身条件合理调整运动负荷，以避免运动损伤。

第四，人们可以根据自己爱好和兴趣自由选择各种形式的排球运动，如软式排球、气排球等。

（二）形式多样

结合运动场地的不同，排球运动有多种运动形式，可在室内、室外各种场地（地板、沙地、草地、水中）进行。

此外，结合排球运动中球的特点、不同参与人群，排球运动形式也丰富多样，如有6人制排球、沙滩排球、软式排球、墙排球、气排球、妈妈排球、盲人排球、坐式排球等。

二、排球运动技术和战术特点

（一）技术特点

1. 技术要求全面

排球运动中，各运动员都应掌握全面的击球技术，以便于适应不同的场区和位置，以更好地适应运动、融入比赛。

在一场排球比赛中，夺取一分往往需要六七个回合的交锋。比赛水平越高，对抗性就越强。也正是由于具有激烈的对抗性，排球运动对运动员有较高的运动要求，要求运动员必须掌握全面的技术。

2. 空中击球

只要是参加排球比赛，都必须击空中的球。从排球运动最初的命名上，也能明确知道排球运动的特点。

3. 任何部位均可击球

几乎所有的球类运动都对触球时的身体部位做了限制，即明确规定了合法触球部位，但排球竞赛规则比较特殊，运动员可以利用自己身体的任何部位触球。因此，参与排球运动能使人的各项技能充分表现出来，从而提升身体综合素质。

4. 触球时间短

排球运动比赛对运动者的击球有明确的规定，不允许击球者在击球部位停留过长时间，这样的排球规则能有效提升参与者的判断能力，以及排球运动者对预定目标的控制能力。

排球比赛中击球时间短、空间多变，使排球运动需要高超技巧。

5. 攻防两重性

排球是一项注重网上对抗的运动项目，强调对时间和空间的争夺。排球比赛注重攻守对抗，充分体现出排球攻防技术的重要性。

排球运动比赛中，多种技术可以得分，也可能失分，技术是否影响关键得分在决胜局中更加突出。可以说，攻与守是贯穿整个排球比赛的，这就要求排球运动员熟练掌握排球基本功，并全面培养和提高自己的技战术能力。

在排球运动中，每项技术都具有攻防的两重性，要想在排球运动比赛中使排球运动技术真正发挥进攻和防守的功效，就需要在技术实施之前和实施过程中抓住技术应用的攻防性和准确性。

（二）战术特点

1. 集体配合严密

排球比赛是集体比赛项目，除发球外，每一项技战术都是在集体配合中进行的。

在排球比赛中，双方队员都有 3 次击球机会，运动员会抓住每一次机会做好彼此间的密切配合，只有配合得当才能完成高质量的攻防转换，这能有效培养运动者的战术意识、配合意识和团队协作能力。

在排球比赛中，不同的队员之间需要相互配合，才能高效击球过网，并对对方造成较大威胁，掌握比赛主动权。排球比赛中，队员的每一次行动都应从全局角度出发，与同伴协同配合，发挥团队精神。

2. 攻防转换频繁

排球运动中，球在空中来回移动，每一次的击球过网，击球的质量和过网的情况都可能改变场上的赛况，可能从进攻转入防守，也可能从防守转入进攻，或者直接得分或失分。在排球比赛中，攻防的转换是十分频繁的，要求运动员必须具备高度的注意力和应变能力，能随时做好救球准备和击球得分准备。

三、排球运动的价值

（一）健身价值

实践证明，排球运动能改善人体中枢神经系统和内脏器官的功能状况，可全面地锻炼人的力量、速度、耐力、灵活性等身体素质，具有良好的强身健体价值。

1. 改善身体机能

排球运动实践表明，经常参加排球运动，有助于促进人体各系统和器官的机能改善。

就人体中枢神经系统来说，中枢神经系统在人体日常生理活动和运动过程中发挥着重要的作用。如果人体缺少神经系统，就不能思考、活动。排球运动过程中，各种动作的完成，即便是最简单的模仿动作，也需要经过神经系统的思维活动、信号传导来调动身体运动部位，一些辅助动作更是需要大脑的思考。排球运动中，运动者对场上人物关系的判断、对队员移动站位的判断、对对方技战术的分析和对来球的判断等，都需要中枢神经系统积极工作，经常参加排球运动有助于提高运动者的中枢神经系统的工作经验和工作效率。

就人体的心肺系统来说，经常参加运动可提高心肺系统工作效率，使心肺系统的各器官强健、有力，参与排球运动也不例外。心肺系统在人体参与排球运动的过程中承担着为机体提供血氧的任务。排球运动需要运动者消耗大量的能量，为满足机体运动需要，心脏和呼吸器官的工作效率必须不断提高，如此才能不断促进机体的血液循环，有利于周身血液供应，以为机体提供更多的血氧、营养物质、能量，因此，经常参加排球运动，可让运动者的心肺系统提高工作能力，也可有效提高运动者的心肺系统机能。

就人体的运动系统来说，参与排球运动，只要科学控制运动量，并遵循科学的运动训练方法，就能促进包括肌肉、骨骼、关节在内的运动系统的发展，达到健身的目的。机体只要参与运动就需要肌肉工作，排球运动可不断增强肌肉的工作能力、改变肌肉的结构与形态、改变肌肉机能；排球运动可促进骨骼生长发育，减缓骨骼的衰老，使骨骼变得更加强健，并可有效提高骨骼的抗冲击能力、伤后修复能力；排球运动可提高人体的关节灵活性，增强关节周围韧带的灵活性。排球运动最初是为丰富中老年人活动而发明的，老年人参与排球运动可有效促进骨骼强健，让关节更灵活，促进运动系统发展。

2. 提高身体素质

排球运动对于人体力量、速度、耐力等素质的发展和提高也具有重要的作用。排球运动涉及跑、跳等诸多动作，在比赛中，这些动作的转换非常迅速，这能有效提高人体神经中枢的灵活性，促进人体中枢神经系统的发展。

排球运动中，运动者的注意力集中在对球的观察，对球与人的关系观察与处理中，脚下的动作都要为处理球、处理球与人的关系做准备，排球运动员在运动过程中积极移动，单脚、双脚的重心不断移动，这种长时间、多样化的移动步法和下肢、身体姿态练习对于个人的平衡能力具有良好的锻炼价值。

此外，现代排球运动在时间和空间上的争夺日益激烈，排球的空中击球，触球时间短、空中变化形式多，对于人体感受器官功能的提高具有非常重要的作用。

综上所述，经常参加排球运动锻炼能全面发展人的身体素质。

3. 增强抵抗力

抵抗力的提高是一个系统的、综合性的过程，身体组织结构与形态、身体素质、身体机能等各方面的发展最终可促进个体抵抗力的提高，任何一个方面不能得到有效发展，都会导致身体处于亚健康或疾病状态。

排球运动的健身价值决定了排球运动具有重要的增强运动者抵抗力的作用。

各种排球运动的运动内容和形式都充分考虑了运动者身体的良性发展，对于运动者的身体素质发展、身体机能发展等具有促进作用。经常参加排球运动可以令身体更加强健，能使机体更好地应对内外部环境的变化，更好地抵御不良因素（如过敏原、病毒等）入侵，使机体保持健康状态。

（二）健心价值

1. 解压放松

排球运动是一种健康积极的体育活动形式，参与排球运动，可以使运动者获得快乐，还可以缓解日常学习、工作、生活中的压力。

研究证实，运动可消除个体的不良情绪和感受。排球运动参与可令心情不愉快的人排解不良的情绪。现代社会中的人，总会面临来自生活、学习、工作等各方面的压力，排球运动中有挑战、有竞争，对身心能量是一种良好的释放，可以使运动者的内在情绪得到抒发。

排球运动充满着激情与活力，无论是参与者还是观赏者，都可以得到身心的自由享受和审美快感，从而富于激情、充满活力，进而使整个心理状态和情绪向良好的状态发展。

排球运动能使人们在工作学习之余放松身心、消遣娱乐，进而达到摆脱身心压力、保持身心轻松愉悦的状态。

2. 提升心理素质

参加排球比赛的过程中，运动员的情绪是处于不断变化之中的，这对于提升人的心理素质具有非常重要的作用。

排球比赛竞争十分激烈，非常注重场上时间和空间的争夺与对抗，比赛形势往往变幻莫测，经常会出现突发状况，这就要求运动员在遇到突发状况时具备快速阅读比赛（在比较短的时间内，看清楚对方的战术思路、看清楚对方的防守、看清楚对方进攻的发起点和攻击点）和处理紧急问题的能力。

即使不是专业的运动员，一般的运动者也会在排球运动中体验到各种各样的情绪，不同的情绪体验对运动者的心理素质是一种很好的锻炼，例如，在比赛过程中遇到比分落后时，学会沉着冷静；在连续失误中，学会调整节奏、抓住机遇、反败为胜；在各种复杂的人、球关系变化中，学会调整情绪状态，与同伴默契配合。这些丰富的运动经验对于排球运动者的心理素质是一种锻炼。

3. 培养良好意志品质

排球运动技术非常容易掌握，但是要做到技术动作标准并能在运动比赛环境中准确应用，则需要付出艰辛的努力。排球运动中的击球技术练习对运动者的手臂前臂的冲击很大，有很多人带着极大的兴趣和一腔热血去参与排球运动，却有很大一部分人忍受不了反复击球的疼痛而中途放弃。

一个能长期坚持排球运动的人，必然要经过艰苦的训练，在运动过程中能磨炼个人的良好意志品质。

4. 增强信息意识

排球运动中，场上两队在场地两边分布，运动员和球始终处于不断的时间和空间运动之中，运动者要想跟上运动节奏，就必须时刻观察场上的各种情况，掌握各种信息，并及时处理这些信息，如此才能及时作出决定并正确行动，才能始终掌握比赛主动权。因此，可以说，运动者对场上信息的把握数量、质量，在一定程度上决定着排球比赛的胜负。在比赛过程中，运动员必须时刻保持注意力，认真观察场上的形势，凭借排球运动参与经验和经历，准确与及时捕捉信息。

5. 培养集体精神

排球运动是一种集体参与的运动，在运动过程中，需要同伴积极配合与共同努力，才能最大限度地发挥集体智慧的力量，才能获得良好的比赛成绩。

在排球比赛中，运动者必须随时准备好去接对方击来的球或者去给队友补位接球，从而为下一次击球创造机会。排球运动中，运动员之间的技术、战术配合，需要建立在队员彼此信任、配合默契的基础上，如此，才能获得良好的运动效果，能给运动参与者带来集体荣誉感。

（三）社会价值

1. 提高国民体质

当前，排球运动是大众健身的重要项目，广大人民群众积极参与排球运动，有助于增强国民体质、促进国民健康。

现阶段，排球运动以其独特的运动特点吸引了越来越多的人的关注和参与。排球运动形式多样，如气排球、妈妈排球、沙滩排球等，各具特色与魅力，可有效促进全民健身的开展。

2. 丰富大众社会文化生活

排球运动可促进人民群众的身体、心理等多方面的发展。排球活动的推广、普及、参与，有利于增强人民的体质。排球活动的日常参与，能很好地改善个体的身体素质、生理机能、各器官和系统功能，有助于健身、健心。排球运动是一种健康的运动健身、娱乐和休闲方式，能极大地丰富社会大众业余文化生活。

3. 提升民族凝聚力

排球运动对于我国具有不一样的民族精神文化建设意义。中国女排精神是民族拼搏精神的重要表现。排球运动在我国有较大的影响力，中国女排曾经对国人的精神产生过较大的影响。

女排精神产生于 20 世纪 80 年代，女排精神的诞生有其特定的社会根源，中国女排的"五连冠"对国人产生了极为深远的影响，女排精神一直激励着一代代国人奋勇前进。

当前，我国进入社会主义建设新时期，女排精神激发着人们的爱国情怀，激发着人们建设中国特色社会主义的信心。2016 年里约赛场上，中国女排迎难而上，逆境重生。新时代，女排精神具有了新的时代意义。女排精神是一种可传承的体育精神，更是一种融入了爱国主义的民族精神。

思 考 题

1. 简述排球运动的多元化发展。
2. 简述排球运动的特点。

第二章 排球技术的发展与比赛

学习女排运动员将崇高理想和本职工作相结合,顽强拼搏、永不言败、刻苦训练、精益求精的精神,磨炼意志品质;了解我国体育职业化改革的情况,思考职业化与运动员价值观、为国争光的爱国主义思想如何协调统一;始终践行女排精神,同时学会相互交流,与队友真诚互动。

经过长期的发展,排球技术由刚开始的不成熟到现在的各种技术融合,不管是从流派还是打法,排球发展得越来越好。另外,排球比赛也逐渐正式化,有各种正式的要求与规则,需要队员之间相互合作,共同遵守相关规定。

第一节 排球技术的发展

一、球风与流派

从1949年第一届男子排球世锦赛开始,一直到1972年第二十届奥运会中设立排球比赛项目,共经过了二十多年的时间。在这个时期,世界上各个国家和地区的排球运动发展是不协调的。不仅表现在技战术水平上,还体现在打法特色上,这与各个国家和地区的本土环境和身体素质特点有关。

在这二十多年间,国际上出现了特点比较突出的三种打法,它们分别是力量排球、技巧排球、高度排球。

力量排球的特点是:运动员的个子高、身体健壮、体能素质好、力量素质高、弹跳力非常突出;比赛时,常常采用力量强劲的扣杀打法,扣杀打法也是力量型队伍取胜的必杀技。典型的力量排球劲旅主要是保加利亚男子排球队以及波兰男子排球队。

技巧排球的特点是：不以身体素质为取胜的筹码，比赛中善于运用技战术；打球和吊球的力量并不大，而是利用巧劲，将更多的精力用在技巧上。这样的队伍往往以巧取胜，典型的技巧排球劲旅的代表是当时的捷克斯洛伐克男子排球队。

以上两种打法称霸世界排坛十几年，使用其他打法的队伍无法与他们相抗衡，直到高度排球打法的出现才打破了这种局面。高度排球的特点主要体现在"两高"上。其一，采用这种打法的队伍进行二传球时，球在空中离地相当高，与地面的高度可达到8米；其二，扣球时，手的动作很慢，同时跳起的高度非常高，这是以运动员优秀的弹跳力为基础的，确保球可以准确地扣入对方场内。

20世纪60年代，国际排联修改了排球规则。这次修改对拦网方式的改变是非常大的。这一改变使得针对扣球与拦网的技术对抗变得更加激烈，同时也导致国际排坛的格局发生翻天覆地的变化，以往国际比赛中占据极大优势的力量型或技巧型队伍开始走下坡路，采用高度排球打法的劲旅成为排坛新宠。他们高举、高打、高拦网的打法一时间称霸世界排坛。

20世纪70年代以后，国际排坛又出现了新的气象。在第二十届奥运会的排球比赛中，采用配合型打法的日本男子排球队击败了其他国家队。这是配合型打法与高度排球打法之间的较量，并以配合型打法取胜而告终。配合型打法的特点是：队员间的配合默契，技战术的发挥主要依靠团体的智慧，打法灵活多变，能够快速掌控场上的主动权。配合与协作是日本男排取胜的关键。日本男排的这次获胜是世界排坛里程碑式的事件，也是亚洲排球队首次夺得世界冠军，这给其他亚洲国家和地区的排球队以极大的鼓舞。与此同时，配合型打法也登上了世界排坛的舞台。

在这一时期，世界各国和各地区的女子排球采用的打法主要有两种。一种是进攻型打法，这种打法以运动员的力量素质为基础。另一种是防守型打法，这种打法以技巧性强的发球及坚不可摧的防守阵型为主要特点，典型的代表队伍是日本女子排球队。世界女排开始迈入进攻型和防守型打法的激烈对抗期，这也为世界女排增添了更多的活力。

排球运动发展到20世纪70年代，世界各国和各地区的排球劲旅不再拘泥于以前的打法，而是以更加开放的姿态吸取经验教训，学习先进的打法，结合各自的特点，将高度、力量、技巧、速度、配合等打法结合起来，吸收各家之长，克服自身弱点。基于此，原本泾渭分明的各家打法渐渐变得界限模糊，并且在日后的发展中逐渐融合。

此后，国际排坛出现了百花齐放的局面，各大球队的实力呈现出不相上下之势。在1974年男子排球世锦赛和两年后的第二十一届奥运会男排项目中，波兰男子排球队以其灵活多变的打法获得了冠军。这个时期是有史以来各大排球队伍竞争最为激烈的时期。由于技战术水平难分伯仲，世界冠军的宝座接连易主，波兰队、美国队、意大利队、巴西队等都取得过世界冠军。这些队伍取胜的原因是相同的，他们都有扎实的基本功、灵活多变的战术、全面的攻防能力以及高度和快速相结合的打法。这种形势一直延续到 20 世纪 90 年代。一支强大的排球队伍必具备灵活且迅疾的打法、扎实完善的技战术、掌控场上局面的能力等，这些因素是取胜的关键。

这一时期，女排的打法也在发生变化。中国女排采用全攻全守、快速反击的独特打法，连续五次站在世界排球大赛的巅峰位置上。此后，俄罗斯女排、古巴女排、巴西女排开始转变打法，采用攻守转换和高快结合的打法，先后在世界大赛中夺冠。此后，以往单一进攻和单一防守的打法彻底从世界女排的赛场上消失了。

二、新式排球的兴起

由于排球运动是群众智慧的产物，从它出现开始一直具有很强的普及性。排球的群众参与性强，竞赛形式也因此变得更加多样化，这也体现出它贴近生活的特点。这里介绍一些当今世界较为流行的新式排球种类。

（一）软式排球

软式排球是日本人发明的，日本排协将其定为娱乐性活动。该活动按照参赛队伍的组成形式大体上分为两种，分别是年龄组和家庭组。所用的球是用软性橡胶制成的，成人组用球重 210 克左右，周长 78 厘米左右；儿童组用球重 150 克左右，周长 66 厘米左右，所用场地为 13.40 米×6.10 米，网高 2 米。比赛在两支队伍中进行，每支队伍的人数为四人。

年龄组又分为三个级别组，按照年龄由老至少分别是金组、银组和铜组。金组的参赛者年龄最大，年龄超过 50 岁的男女均可参加；银组比赛要求参赛者的年龄在 40～49 岁之间；参加铜组比赛的队员要求年龄在 30～39 岁之间。年龄组的比赛所采用的赛制为三局两胜，最高分为 17 分。两方队员按顺时针顺序轮流发球，发球结束后的队员在场上自由选择位置。比赛规则允许所有参赛者进行拦网和网前扣球，但扣发球、拦发球及过网拦网是不允许的。

家庭组比赛在两个家庭中进行，每个家庭派四名代表参赛，包括父母二人和两名儿童。与年龄组不同的是，在家庭组比赛中，在后排的成人不能进入前场进行扣球或拦网。

软式排球的群众性极强，对参赛者几乎没有限制，任何年龄和性别的人都可以参与，这是由软式排球的比赛形式和用球特点决定的。软式排球的尺寸大，球软而轻，很容易控制，对技术没有过高要求。该运动也不激烈，体质稍差的人也可以玩。软式排球学习起来非常简单，发球、传球、拦网等基础技术用起来也极简单，基于这些优点，软式排球的传播速度非常快。现如今，世界各地都能看到进行软式排球运动的人。尤其是对于老年人来说，软式排球是非常适合的强健身体、休闲娱乐的体育活动之一。

中国从 20 世纪 90 年代起开始开展软式排球运动，并在 1995 年第一次举行了软式排球比赛。次年，中国排球协会将发展软式排球纳入到未来的排球运动发展计划中。

（二）沙滩排球

传统的排球运动是在室内进行的，后来随着排球的发展，人们为了在室外也能打排球，便发明出很多花样的排球运动形式，比如沙滩排球。顾名思义，沙滩排球就是将场地设在沙滩上的排球运动形式。该项运动对参赛人数没有限制，同时也没有年龄和性别的限制，运动量可自行调节，因而受到了广大群众的欢迎。

20世纪20年代，美国人在发明了排球之后，又扩展出一项更具群众性的运动，即沙滩排球。有了沙滩排球，每到夏天来临之时，总能看到在海滩上打沙滩排球的人。沙滩这种独特的场地有很多优势：沙滩不是平整的，它会因为人在上面的活动而发生凸凹的变化；它具有松弛和柔软的特点，人摔在上面的时候不会感到疼；夏日的沙滩有着极佳的触感，皮肤直接接触它会感到非常舒适。此外，进行沙滩排球运动时还可享受阳光的沐浴，是追求健康肤色的人最好的选择。在美国，沙滩排球的普及度甚至比传统的竞技排球还高，它是真正的大众运动，沙滩排球与冲浪、游泳一起成为海滩和海洋的三大运动。人们在休闲娱乐的同时，又能够全身心地融入温暖的大自然之中，享受户外的自然趣味。

沙滩排球以其独特的运动形式受到广大群众的欢迎，并很快传播到美洲其他国家，如巴西和阿根廷等，另外还有澳大利亚、新西兰及地中海沿岸的一些国家。沙滩排球发展初期，娱乐性远远大于观赏性，主要是由于规则不够规范和技战术水平还处于初级阶段。后来，随着规则的不断完善以及技战术水平的提高，其观赏性也有了很大的提高。渐渐地，进行沙滩排球运动的人越来越多，随之出现了多种竞赛形式，如4人制、3人制、2人制等。

沙滩排球在美国的影响力是巨大的，并且是很多传统竞技排球运动员最初接触的排球形式。

20世纪80年代，里约热内卢举行了首届世界沙滩排球锦标赛，共有七个国家的运动员参加了这次比赛，很多运动员因此走上沙滩排球的职业化道路。该次比赛也是沙滩排球成为正式竞赛运动的标志。

20世纪90年代，在1993年奥林匹克代表大会上，通过了将沙滩排球列入奥运会正式竞赛项目的决议，这也使沙滩排球项目朝着更加规范化和严谨化的方向发展。1996年，奥运会在亚特兰大举行，在沙滩排球的竞赛项目上，巴西队获得了冠军。

我国开展沙滩排球的时间并不长，引入该项运动的时间大约是20世纪80年代末，也曾举行过几次小规模的比赛。沙滩排球在我国的发展初期，主要采用的赛制为4人制和2人制。因该运动在20世纪90年代成为奥运会正式比赛项目，我国才开始进行正式的全国沙滩排球比赛。20世纪90年代末，我国派代表队参加了沙滩排球世锦赛。

21世纪初，在悉尼奥林匹克运动会上，我国奥运健儿参加了女子沙滩排球的比赛项目，并取得了该项目的第九名。那时的中国沙滩排球正处于起步发展期，与世界高水平阵营存在一定的差距。不过我国体育健儿充分发挥坚持不懈、勇攀高峰的体育精神，通过不断总结与积累比赛经验，竞技水平得到显著提升。在世界沙滩排球锦标赛上，我国奥运健儿取得了第五名的佳绩，这是当时我国沙滩排球在世界最高级别的赛事中取得的最佳成绩。

我国沙滩排球在短时间内取得如此快速的进步，极大地鼓舞了我国发展沙滩排球的士气，加快了沙滩排球大范围普及与传播的速度。

现如今，随着沙排健儿在国际赛场上频频取得振奋人心的荣誉，沙滩排球在我国民间得到了广泛传播。特别是在沿海城市，沙滩排球已经成为人们海边娱乐的重要项目，成为人们强身健体的主要运动方式。

沙滩排球能够得到众多民众的青睐，与其运动的特点是有必然联系的。

首先，沙滩排球在场地和运动设施的准备上相对简单，只要有沙滩和排球，就可以来一场激烈的沙排比赛。沙滩排球的动作要领与比赛规则容易掌握，并且受众群体相对较广，老少皆宜，不分性别和体质，因此该项运动具有良好的群众基础。

其次，运动技术的综合性是沙滩排球受欢迎的又一主要原因。在进行沙排比赛时，场上选手要不断变换位置，既要参与防守拦网，又要插上前排采取进攻扣杀。这些综合技术充分锻炼了选手的肌肉与关节，让平日里忙于工作和学习的人缓解疲劳。

（三）气排球

气排球是源于我国的群众性排球运动。该项运动由内蒙古铁路局的退休老员工发明。气球很轻，稍稍用力就可能打破，后来大家就想到用软塑球代替气球。那时候，老员工们打球没有一定的竞赛规则，只是像一种轻松的游戏一样。后来，大家出于爱好便商议制定了6人制的简易竞赛规则，并称这项活动为"气排球"。

1991年，火车头老年体育协会为气排球编写了正式的竞赛规则，同时又请专业的体育用品厂家制作了适于击打的气排球。1992年，我国组织了老年人气排球学习班，同年又举行了第一届老年人气排球比赛，参加该次比赛的队伍共有13支，其中男子队7支、女子队6支。

气排球的重量在100～150克之间，材质为软塑料，比传统的标准比赛用排球要轻；球的圆周长度在79～85厘米之间，比传统排球大；球体是黄色的；进行气排球的场地长12米、宽6米；男女比赛所用的球网高度是不同的，男子比赛的球网高2米，女子比赛的球网高1.8米；比赛为5人制；气排球的比赛规定与传统竞技排球很相似。

现如今，进行气排球比赛时，不需要太高超的技巧，因为气排球的球速偏慢，而且控球方法比较简单。比赛中可以利用这一点来提高回球次数，借助回球次数的增多发挥出更多的击球技法。气排球是十分适合老年人、少年、儿童参与的一项运动。

（四）妈妈排球

这种排球运动和乒乓球很像，是由日本的家庭主妇发明的。因参与者中的大部分已为人母，故称这种排球运动为"妈妈排球"。20世纪70年代，名古屋市的妈妈排球队到中国访问，并表演了妈妈排球，我国因此而引入了这种在妇女间展开的独特排球运动。20 世纪 80 年代，在上海举行了妈妈排球比赛，共有 4 支队伍参加比赛。目前，妈妈排球广受大众欢迎，已有更多的人加入到学习的热潮中。

（五）小排球

小排球是妈妈排球的变体，但小排球在世界上的普及范围更广。

小排球的重量约 190 克，球体很小。日本的小学生是该运动的主要参与者，他们在升入四年级后就可以学习小排球运动了。俄罗斯也很流行小排球，小学生在升入三年级时开始接触小排球。法国小排球的普及率也很高，他们的儿童长到 12 岁时就要学习小排球。

（六）墙排球

墙排球源自美国，是近年来较为流行的娱乐健身运动。墙排球是在壁球场地进行的排球运动，打墙排球之前需要将场地进行一些改造。通常，壁球场地的长、宽、高分别为 12.19 米、6.1 米、6.1 米，在里面打排球需要在场内设置一面高约 2.13 米的球网。墙排球的竞赛形式有很多种，主要有 4 人制、3 人制、2 人制，其他规则与传统排球差不多。

该运动的突出特点体现在墙面反弹球上。打球时，如果球打在墙上并反弹回来，那么就不会判定为死球，队员可以继续击打来球，这一点与壁球很相似。

墙排球运动的节奏较快，需要参与者有较为敏捷的反应能力、灵活的步法和比较高的击球技术，这也是墙排球的魅力所在。1987 年，中国男子排球队访问美国，男排教练应邀与美国男排教练进行了一次友谊赛，中方教练也因此认识了这种独特的排球运动形式，其极大的运动量和紧凑的比赛节奏给他们留下了深刻的印象。

（七）雪地排球

雪地排球也是美国人发明的，是一种在雪地上进行的排球运动。该项运动采用的竞赛形式为 3 人制，单局的最高分为 7 分。比赛场地往往选择在被积雪覆盖的高山上，室外温度最好在-15℃以下。进行雪地排球运动时，参与者要穿保暖性好的滑雪服、滑雪鞋，并佩戴滑雪手套和滑雪帽。

（八）坐式排球

坐式排球是双下肢残疾者进行的排球运动。参赛者需要通过坐在场地平面上移动来进行竞赛。坐式排球运动的比赛场地长约 10 米，宽约 6 米；男子坐式排球的球网高度为 1.15 米，女子坐式排球的球网高度为 1.05 米，球网宽度均为 0.8 米。该项运动的竞赛主要采用 6 人制。比赛时，参赛者必须始终坐在场地的平面上，即使移动，臀部也不能与地面分离。

（九）站式排球

站式排球与坐式排球都是为残疾人设计的排球竞赛项目，但两者间存在一些区别。与坐式排球不同的是，站式排球的参与者为单肢残疾者，在进行该项运动时，参与者需要装着假肢打排球。这种运动的规则与传统排球没有太大区别，对场地也无特殊要求，竞赛通常采用6人制。

（十）盲人排球

盲人排球是专门为盲人设计的排球运动。由于盲人无法看到任何东西，他们主要依靠触觉和听觉来进行活动。出于这种考虑，设计者将铃铛装在排球中，排球被击打或在空中运动时就会发出清晰的声响。这样一来，盲人就可以获知球的方位并击球。盲人排球给盲人带来了很多的快乐，获得了盲人朋友的广泛欢迎。

第二节　场地设备要求与比赛规则

一、排球比赛的设施与规则

不论是场地设施还是规则赛制，在排球发展的一百多年中，其内容始终在变化，这是排球运动不断进步和发展的标志。以亚洲的排球运动发展为例，从20世纪初的16人制发展到现在的6人制，亚洲排球经历了无数次变化，这不仅仅体现在赛制上，其场地和设施的变化也是显著的。这些变化使排球比赛的观赏性更高，更易于被群众接受和喜爱。

（一）比赛场地的区域划分

排球的比赛场地由两个大的区域组成，分别是比赛场区和无障碍区。内部为比赛场区，外部是无障碍区。比赛场区是一个长方形，长和宽分别是18米和9米，其外围延伸出至少7米的无障碍区。国际比赛的场地要求无障碍区的空间在12.5米以上。

比赛场区：比赛场区被中线分成两个部分，即两个均为9米的场区。

前场区：中线中心线与进攻线之间为前场区。前场区被认为是向边线外延伸的，直至无障碍区的边沿。

换人区：换人区位于边线外，在两条进攻线的延长线之间，这个区域的旁边是记录台。

发球区：发球区在端线外两条边线的延长线上，位于两短线之间。边线延长15厘米，与短线间有20厘米的距离并与之垂直。

准备活动区：准备活动区在离替补席最远的地方，不在无障碍区以内。该区域为长、宽均为3米的正方形。

（二）比赛场地的要求

1. 地面

平整是排球比赛场地应该具备的首要条件。此外，场地还必须是水平、平坦的，表面质地平整、干燥。潮湿且不平整的场地可能给运动员带来安全隐患。国际性排球比赛所使用的场地必须使用木质材料或其他类似的合成材料建设。

2. 界线

界线是用于划分场上区域的，场上的界线不得采用硬物标示。

3. 颜色

室内排球所用比赛场地的地面颜色必须是浅色。界线与地面两者的颜色应该区别开来。在国际比赛中，比赛场地上界线的颜色规定必须是白色，并且地面颜色应该与其有较为明显的区别。

4. 温度、湿度和照明

室内场地的温度应该保持在10℃以上，照明度应该保持在1000～1500勒克斯之间。国际比赛中规定，室内场地的温度应该保持在16℃～25℃之间，对湿度也有要求，应该不高于60%。

（三）比赛的器材与设备

主要的比赛器材包括比赛用球、球网、网柱、标志带、标志杆，另外还有长椅、记录台、裁判台、量网尺、气压表、球架、计分器、换人牌、拖把、小毛巾、气筒、蜂鸣器、表格等。下面简单介绍其中几种器材设备的要求和作用。

长椅供运动员休息使用。

裁判台和记录台是供工作人员使用的，裁判台需要有升降功能，记录台是供记录人员和广播员用的。在国际比赛中，除了需要一名记录员外，还需要一名辅助记录员。

量网尺和气压表都是测量工具。量网尺长至少2.5米，主要用它来测量球网的高度。测量时，先在距离球网最高点的2厘米处做好标记，然后从这个标记处沿着与场地平面的垂直线进行测量。这样做的原因是测量球网是否超出规定网高2厘米以上，如果超过，即不符合规则中对比赛设施的要求。气压表用于测量比赛用球的气压，以拣出不符合规格的球。当比赛用球的气压不足时，还可以临时使用气筒来充气，同时借助气压表将球的气压冲至规定的气压范围内。

计分器、换人牌、蜂鸣器是比赛时必不可少的器具。计分器有两个功能，最主要的功能是显示两支出场队伍的实时分数，另外一个功能是显示两支队伍暂停和换人次数。换人牌必须准备两套，颜色上要有区分，每套18张，从1号到18号不能有残缺。蜂鸣器是教练员和记录员都要用到的，因此其数量要保证足够。

除上述器材外，工作人员还需要一些小工具，如各种表格和清洁用具。不同工作人员使用的表格不同，如记录表、位置表、成绩报告单、广播员用表等。清洁用具包括拖把和毛巾等。拖把用于擦拭比赛场地，使地面保持干燥清洁；毛巾可用于擦地，也可用来擦拭比赛用球。

（四）比赛中的其他规定

1. 运动员的规定服装

比赛规定，每支队伍的运动员穿着统一的服装，服装包括上衣、短裤、运动鞋、袜子。队伍服装的统一性包括服装的样式和颜色，并且服装要整洁。在国际比赛中，运动鞋的商标和样式允许有不同，但颜色必须保持一致。上衣标有号码，从 1 号到 18 号，号码与上衣的颜色必须对比明显。前面的号码高度为 15 厘米，后面的号码高度不能低于 20 厘米，号码笔画至少宽 1 厘米。

2. 禁止佩戴的物品

运动员比赛时不可佩戴任何可能给自身和其他队员造成伤害的物品，尤其是金属制品。比赛时可以戴眼镜，但因此而受伤或引起的后果都由个人负责。

二、比赛规则

（一）简单介绍

现在普遍采用的排球赛制是 6 人制。一支队伍中，球员在场上的位置是不固定的，网前和靠近底线的队员各 3 名。各方的传球次数至多 3 次，不能持球，同一名运动员不能连续击球超过两次。运动员击球时可以使用身体的任何一个部位，连续击球不仅是针对手而言的，身体其他部分连续击球两次也是违规的。

（二）一般规则

排球比赛是在两支队伍中进行，是一项团队竞技运动。比赛场地平均分成两个区域，两队运动员各自在球网的一侧，两支队伍需要在比赛中利用战术和个人技巧将球击打过球网，落在对方场地上才可得分。与此同时，要做好防守，不让对方把球击入自己的场地内。除拦网触球外，每支队伍还有 3 次将球击到对方场地的机会。一方发球后，比赛即开始，队员将球击打过网，对方要在球落地之前将其击回去，双方就这样来回击球。球触地、出界或者有一方没有正确击球时，双方的回击球结束。比赛采取每球得分制，赢一球得一分，如果接发球的队伍得到一分，那么发球权就归给该队。

（三）发球

比赛采用轮流发球制，发球的顺序按照顺时针方向进行。当一支队伍得到发球权后，发球的运动员要站在己方半场的右后角区域将球发入对方半场，这是一个回合。发球运动员可以用拳或掌发球，也可以用手臂发球；可向上发球，也可向下发球。发球的位置相对来讲是自由的，只要发球者站在底线后，可以自由选择一个位置将球发出。此外，发球者的发球方式也是相对自由的。跳发球时，运动员起跳后的脚可以越过底线。球发出后，脚可以落在场地内侧。发出的球落在对方半场内哪一点都是没问题的。此后，拥有发球权的一方可按照顺序继续发球，发球权易主后结束。

裁判员吹响哨子后，发球员开始发球，并且必须在鸣哨后的 8 秒钟内完成发球，发球时可将球抛起来，也可以撤出持球的手，趁着球落地之前，用手或手臂击出球。但在发球时，不论使用抛球还是手撤离的方式让球腾空，都只能使用一次。发球时，不允许拍球或摆弄球。在发球的整个过程中，脚不能接触到场区、端线或发球区以外的任何区域。

（四）得分

采用每球得分制，即一方得到发球权，同时又得分。每场比赛要进行五局。当一方在前四局中得到了 25 分，且对方的分数在 24 分以下，那么在第五局的比赛中，得分占优势的一方只要在本局中得到 15 分就能获得比赛的最终胜利。

（五）自由人

自由人是专职防守的球员，主要负责一传和防守。通常自由人为全队反应速度最快和一传技术最好的队员。由于自由人不需要在网前进攻，所以对自由人的身高没有特别的要求。在比赛中，自由人穿着和其他队员不同颜色的球衣。特别的，自由人在同一局比赛中可以随意替换为不同的球员，不占用换人名额。

（六）教练与换人

比赛时，教练可以在特定的区域内向球队传达战术要求，需要站着进行指导，且不能走出特定区域。换人有次数限制，每局比赛只能有六次换人机会，自由人换人不计入其中。对于替补队员的人选是没有限定的。例如用一名替补队员换下场上队员，此后的比赛中，又用先前被换下的队员去替换那名被换上的替补队员。这些情况都是允许的，只要遵守每局可换人六次的规则就没问题。

（七）运动员在场上的位置

发球时，双方队员必须在各自的场区内站成两排，不能随意走动，球队中只有发球员的位置是不受限制的。脚的位置是队员位置的唯一判定标准：前排队员的脚应当比后排队员的脚更接近中线；后排队员至少有一只脚的某一部位要比前排队员的脚更加接近场地的左侧或右侧边线。发球者将球击出的一瞬间，其他运动员的脚必须在上述要求的位置上。球发出后，场上运动员在各自场区或无障碍区任一位置上都是可以的。

（八）网下穿越

运动员的脚可以从网下穿越球网，接触球网另一侧的对方场区，但要在不妨碍对方比赛的前提下。队员双脚可越过中线，接触到对方场区，也可以不接触场区，而只是置于在中线上空。但只允许脚从网下穿越，队员身体的其他部位是不能穿越球网接触中线和对方场区的，也不能置于其上空。比赛中断后，双方队员交换场地。

（九）触网

触网是犯规行为，但也有例外。如果队员没有击球的意图，且是无意识触网，那么是不算犯规的。没有击球的意图可从两个方面来讲：其一，击球的动作已经完成或试图击球却已告失败；其二，队员的扣球动作已经完成或已经完成掩护扣球动作后不经意间触网。

（十）进攻性击球

该击球技术是指包括发球和拦网等向对方场区的击球。进攻性击球的完成是以球越过球网或球接触对方球员身体为标志的。进行进攻性击球对于前排队员和后排队员是有不同要求的：前排队员可以在任意高度回击来球，当身体接触球时，脚必须在己方的场地内；后排队员的活动范围在后场区，脚不可接触到或越过进攻线，在此前提下，同样可以回击任何高度的来球，击出球可以落到前场区的空间中。此外，后排队员触球时，必须保证球不能高于球网上沿，即球的一部分必须要在球网上沿以下。

（十一）比赛中的击球

击球时，队员身体各个部位都是可以用于击球和触球的，球向任何方向弹出都在规则允许的范围内。击球的动作完成后，就不能再次进行抛球动作了，更不能接球，否则将判定为持球，这是击球犯规行为中的一种。

球在同一时间接触身体的不同部位不属于犯规。但如果接触身体部位是在不同时间点上发生的，那么这种情况属于连击，这也是击球犯规。拦球时，一名或多名队员可以连续或同时触球。

进行第一次击球时，队员可以用身体的不同部位在同一击球动作中连续触球。接发球、接进攻性击球、接本方拦起的球、接对方拦回的球等击球动作都属于第一次击球。进行第二次和第三次击球时，队员如果用身体的不同部位连续击球则属于犯规，不论该连续击球是不是在同一击球动作中进行的。

（十二）其他规则

拦网必须由前排队员来完成。拦网要在不妨碍对方球队正常活动及不接触球网的前提下进行，拦网动作可以在球没有过网前进行。拦网与击球是两个不同的打球方式，拦网不计入击球次数中。一局比赛中，一支队伍有两次要求比赛暂停的权利。

第三节　比赛参与者的基本权利和要求

一、队长

赛前，两支队伍的队长都要在确认记分表上签名，然后开始抽签。队长代表全队抽签，主要是为了确定双方的场地以及发球权。队长不仅要在赛前负责以上工作，比赛过程中还要担负起场上队长的责任。死球时，队长可以与裁判员进行必要的沟通，可请求其对规则与执行方法做出解释，在正常情况下，可以请求允许比赛暂停、换人、换服装和换器材，也可以请求裁定双方球员的场上位置是否正确，或者针对球、地板、球网是否达到比赛标准而进行检查。赛后，队长需要确认计分是否有误，无异议后代表全队在记分表上签字。

二、教练员

比赛前，教练员应核对记分表上队员的姓名与号码，确认没有问题后在上面签字。一局比赛开始前，教练员需要把位置表填好，确认无误后签上名字，然后将其交给记录员，也可以交给第二裁判员。进行比赛时，教练员应该坐在球队席或准备活动区，球队席一般设置在记录员席旁边。教练员在比赛中可以对队员做出指导，但这些行为都必须在球队席或者准备活动区内进行。此外，教练员的行为不能干扰比赛的正常进行。

三、队员的替换

在一局比赛中，一支队伍换人的次数不得超过六次。一次换人是指一名队员离开比赛场地，另一名队员上场填补离开队员空出的位置。一次性换下和换上多名队员是被允许的，一名替补队员不能多次被替换上场，他们每个人只有一次上场比赛的机会。队员因伤不能进行接下来的比赛时，该队员必须被替补队员换下，以使比赛继续进行，且换人应当是合乎规则的；当情况已无法允许进行合法换人时，也可以选择进行特殊替换。一名队员若是在非正常的情况下出场，如被判罚出场或被取消比赛资格，此时该队伍必须进行合法换人，在这种情况下，如果条件已不允许进行合法替换，那么该队伍将以不完整的阵容来进行接下来的比赛，其比赛中获得的分数和比赛完成的局数将予以保留。

四、比赛间断

比赛中的暂停和换人都属于比赛间断。比赛中出现死球后，教练员或队长应当请求比赛间断，请求间断的手势应该在裁判员的发球哨发出前做出。比赛暂停与换人同时进行。一支队伍不能在一次比赛间断中多次提出换人的请求。符合规则的方法是比赛经过一段时间后，在比赛间断时再次提出换人请求。比赛间断时，一次性提出多名队员替换的请求是在规则允许范围内的。在国内一般的比赛中，单次比赛间断的时间限定为半分钟。国际比赛的规则有所不同，比赛间断的时间限定是根据比分来确定的，这种方法属于技术暂停法。例如，当比分达到 5 分时，如出现比赛间断，那么其时间就会确定为 1 分钟。此外，按照国际大赛的规则规定，一局比赛中，双方队伍还有一次暂停时间为 30 秒的比赛间断机会。比赛暂停时，双方队员不能留在场区内，应该进入无障碍区。

五、延误比赛

以下几种行为可判定为延误比赛：
第一，替换球员时拖延时间。

第二，当裁判员已经吹出发球哨时，比赛方没有快速进入到比赛进程中，其行为造成比赛未及时恢复，拖延了暂停时间。

第三，提出不合法的替换请求。

第四，一局比赛中，两次提出的暂停请求都不合规则。

第五，比赛进行中，队员做出延误比赛进行的行为。

队伍中任何人延误比赛，其犯规形式都属于全队性质的，是要按照全队行为犯规判定的。一局比赛进行中，出现首次延误比赛的情况时，裁判员应该给该队以延误警告；如果二次做出延误比赛的行为，则要按延误比赛进行判罚。

六、不良行为

不良行为的判定不仅针对参加比赛的场上队员，还针对教练员和观看比赛的观众。不良行为主要包括以下四类。

（1）非道德行为。对裁判员的判定提出异议并与裁判员争辩，与对方队员发生冲突，恐吓对方队员。

（2）粗鲁行为。比赛前和比赛中做出了有违道德的行为，行为举止不文明，行为或语言侮辱了裁判员、对方队员或观众，让比赛参与者感到难堪。

（3）冒犯行为。用侮辱性的行为和语言诽谤裁判员、对方队员或观众。

（4）侵犯行为。采取或意图采取人身侵犯的行为攻击裁判员、对方队员或观众。

第四节　规则的形成与执行原则

一、规则的作用与形成

（一）规则的作用

首先，规则规定了项目的性质。排球项目的规则中规定的内容包括比赛的方法、比赛的条件、设备、器材、场地、球网和球的规格，以及参赛的人数、正式上场队员、队员在场上的位置和轮转次序。以上内容都限定了项目的性质。

其次，规则规定了合法技术及犯规技术。规则里面需要为各种技术做出清晰明确的技术定义，这些定义不仅针对正确的技术，还有不合法的技术和错误的技术，使其有明显的区别。

再次，规则力图确保比赛是在公平的情况下进行的，这种公平建立在双方队员平等的基础上，具体体现在规则中对场地、设备、器材、技术、行为等方面的规定。规则中对裁判员的判罚标准和行为也做了详细的规定,力图使裁判员的判罚在公正的基础上做到公平,这就需要裁判员对规则有深入理解并准确执行。

最后,规则还有一定的教育意义。规则中对不良行为的定义是比赛参与者体育道德的行为准则。裁判员在其中担任着重要的角色,他们的工作就是维护和执行规则,一切运动的核心就在于此,排球运动也不例外。比赛并不是排球运动的最终目的,规则也不仅仅基于比赛本身,规则的作用是确保比赛在公平、公正的前提下进行,有着维护和宣扬体育道德的教育意义。

(二)规则的形成

排球规则的内容应当与排球运动的发展同步,并且符合排球发展的要求。这就需要依照排球运动的发展情况对规则进行适时的修改,而规则就是在这种情形下形成的,它的形成需要考虑以下几种因素。

1. 技术和战术

适应技战术的发展是对规则进行制定和修改的前提。此外,规则不能只考虑到眼前排球运动的发展情形,还应该对未来有一定的引导性和预见性。通过规则中对技战术的制定与修改,引导该项目朝健康和积极的方向发展,使其发展前景更加广阔和乐观。

2. 观赏性

排球运动在群众中的普及度和影响力在某种程度上是其由本身的观赏性所决定的,运动的观赏性越高,越容易得到大众的欢迎,同时还能提高其在众多体育项目中的地位。通俗来讲,运动的观赏性就是指其对观众的吸引力有多大。对观众的吸引力越大,它的观赏性也就越高。修改规则时,必须重视这一点,一项运动是否吸引人或有多么吸引人,可根据观众观看比赛时的情绪和反应做出判断。提高观赏性是制定和修改排球规则的主要目的之一。

3. 社会传播

社会也是影响排球运动发展的主要因素。不论哪种体育运动,如果没有在社会上传播,就无从发展。在现代,社会传播主要通过宣传。通过宣传,群众才能更加广泛地认识和了解这项运动,继而才有喜欢这项运动的可能。

4. 经济条件

排球运动的发展需要一定的金钱支持,这就是所谓的经济条件。金钱支持可以从两个途径获得:一是财政基金支持,二是赞助商的支持。为了得到更好的经济支持,修改规则的时候,还需要考虑到支持机构或支持者的意见。

二、执行规则的基本原则

规则不仅依靠比赛参与者的自觉维系,更需要裁判员来实际执行。执行规则的基本原则必须基于规则的作用和影响规则形成的因素两个方面。下面主要针对裁判员的工作来介绍执行规则的基本原则。

（一）使比赛在良好和公正的条件下进行

执行规则最基本的原则是形成良好和公正的比赛条件，让运动员在比赛中有更多机会和空间发挥出竞技水平。规则涉及比赛的方方面面，全面和良好地执行规则的比赛可以反映出排球运动员的水平，这也是运动员艰苦训练的目的。从宏观上来讲，排球运动员在比赛中发挥出的水平直接反映了排球运动的水平。例如，在全国比赛中，运动员发挥的水平可以反映各城市排球运动的水平，而通过世界排球比赛就可以看到一个国家排球运动的水平。

裁判员应该对此有一个明确的认识，必须在确保严格执行规则的基础上进行公正判罚，让运动员在一个良好的比赛条件下竞争。裁判员判罚的公正性直接影响运动员的心理稳定度和发挥水平。因此，裁判员只有始终以公正为前提，才能给运动员的发挥带来积极的影响，比赛也才能真实反映出排球运动员的水平，这就是裁判员必须以公正性为基础来执行规则的原因。比赛的公正性来自裁判员判断的准确性、稳定性，以及态度的公正性。

（二）使比赛更具观赏性

前文已经讲过观赏性对比赛是何等重要。因此，为了使排球运动得到更好的发展，就需要提高其观赏性。在制定和修改规则时，需要充分和全面地考虑到观赏性方面的内容；在执行规则时，不仅要秉持严格公正的态度，还要有意识地提高比赛的精彩度。裁判员有责任通过减少比赛的间断次数及公正合理的判罚来达到提高比赛观赏性、调动观众情绪的目的。

（三）加强裁判员之间的协作

排球比赛中的裁判员不止一位，裁判员的工作其实是由多名裁判员组成的裁判组完成的。多人来完成某项工作的时候，就涉及相互之间协作的问题，排球比赛中也是这样。默契和良好的协作是帮助裁判组完成裁判工作的前提条件，裁判组的工作人员有不同的分工，他们的职责和权利都是不同的。与此同时，他们在场地中位置也是规定好的，但并不是各司其职就能够将裁判工作做好。正由于大家分工和所处场地位置不同，其视野也是受限的，这会导致判断、判定不全面。因此，裁判员之间只有进行紧密的协作，才能最大限度地提高判断的准确性，同时也才能提高执行职责的准确性。

第五节　裁判员之间的配合

裁判员间的协作和配合非常重要，这里详细介绍裁判组中各工作人员协作配合的方法与内容。

一、第一裁判员与第二裁判员之间的配合

第一裁判员和第二裁判员应该在赛前来到比赛场地，一起检查比赛场地和器械的情况。如果发现有不符合比赛规则要求的地方，应当及时与场地负责人员沟通，尽快找到解决的办法，保证各项指标达标。

此外，裁判员在赛前还要组织比赛双方的队长进行抽签，然后主持双方队员的入场仪式。在进行上述事宜的过程中，第二裁判员要随时掌握准备活动的时间。

比赛中的每一局开始前，第二裁判员要进行双方队员场上位置的核对工作，该工作的时间由第一裁判员掌控，并且应该让第二裁判员有充足的时间。

比赛开始后，第一裁判员的主要职责是判断发球方、进攻方、球网上沿及自己所在一侧的运动员的行为是否在规则允许的范围内；第二裁判员的主要职责是判断接发球方、拦网方、球网下沿及自己所在一侧的运动员的行为是否触犯规则。此外，比赛间断包括比赛暂停和换人，这个工作由第二裁判员来掌控，暂停和间断的时间则由第一裁判员来掌握。对于比赛间断中延误比赛的行为，第二裁判员应当马上把情况反映给第一裁判员，判罚由第一裁判员来执行。比如遇到换人延误或拖延暂停时间等情况，第二裁判员都要及时通过手势告知第一裁判员，由第一裁判员做出和公布判罚的决定。

本侧场地是第二裁判员的职责范围。当球碰到本侧场上的标志杆或未从标志杆内过网时，第二裁判员应及时鸣哨，做出相应的手势。如果在本侧场地发现其他犯规行为，应该及时对第一裁判员做出相应手势。这些犯规行为是：球触手出界、四次击球、在第一裁判员背后做出连击。第二裁判员应该在胸前做出准确和明显的手势，若第一裁判员没有回应，那么第二裁判员的正确做法是收回手势并不再坚持之前对犯规行为的判断。

由于第一裁判员的位置会出现盲区，因此第二裁判员的职责之一就是针对第一裁判员无法看到的界内球进行判断，并鸣哨和做出手势。

在第一裁判员吹响发球哨时或之后，第二裁判员遇到有球队提出比赛暂停或换人的请求是不能予以许可的。

当发球次序错误时，记录员发现后会鸣哨以中止比赛。此时，第二裁判员与记录员一起确认错误是否存在。如确实存在，应该及时与第一裁判员说明情况，交由第一裁判员判断和处理。

第一裁判员的每次判罚都要讲明原因，这也是第二裁判员需要从第一裁判员那里获知的，记录员所记录的判罚及原因由第二裁判员转告。

裁判员发现场上运动员因受伤而无法进行接下来的比赛时，应及时鸣哨，换人事宜由第二裁判员掌控。

二、第一裁判员与记录员之间的配合

赛前主持抽签的工作由第一裁判员和第二裁判员完成后，第一裁判员还要将抽签结果及时告知记录员，以便让记录员做好及时而准确的记录。每一局的赛前，第一裁判员要合理安排时间，给记录员留出充分的时间，让其登记和核对队员的位置和动作，换人时也是一样。记录员完成记录工作后，应及时以举起双手的手势告知第一裁判员，然后第一裁判员可以进行接下来的工作。

一些需要查阅记录来查明情况的工作都是与记录员配合完成的。因此，在这种情形下，第一裁判员应该给其留出足够的核对和检查时间。这些情况主要包括比分错误、场上队员的位置错误、发球次序错误、得分有误、换发球错误等。

第一裁判员对队员或队伍进行判罚时，还应该及时把情况用手势告知记录员，以便让记录员做好记录。

两队在决胜局的比赛中，如果其中一支队伍率先得到 8 分，那么此时两队应当交换场区。记录员始终担任着记录两队得分的工作，当遇到上述情况时，应当及时鸣哨并做出交换场区的手势。第一裁判员应当给记录员以充足的时间，以便做好场区交换的记录。

一支队伍在一局比赛中请求暂停比赛的次数已经达到两次或者换人已经达到五次时，记录员应该及时用手势将情况告知第一裁判员。

三、第一裁判员与司线员之间的配合

司线员的职责范围是对界限附近的球做出判断。通常情况下，司线员对界内、外球的判断应该得到第一裁判员的尊重。球落下后，其所在的位置在界线附近时，第一裁判员应当等待司线员做出判断，依据司线员给出的旗示做出定论。司线员必须看清球的确切位置后再做出判断并给出与之相符的旗示；如果用旗示无法说明情况，可直接向第一裁判员口述说明。

司线员还需要判断球是否是触手出界。针对球出界的情况，司线员要对直接造成球出界的原因做出判断。如果判断是触手出界，司线员需要及时向第一裁判员做出手势，第一裁判员应该尊重司线员的判断，并依此对出界球做出最终判定。

第一裁判员对球触及标志杆或球从标志杆外过网的判定需要依靠司线员的配合，且就近与左侧或右侧的司线员协作，第一时间参考他们的意见。针对发球队员是否踩到端线或在发球区外起跳发球的情况，司线员应该及时做出判断，并以旗示的方式告知第一裁判员。

四、第二裁判员与记录员之间的配合

一局开始前，第二裁判员要核对双方运动员的场上位置，然后等待记录员将队员的场上位置做好记录。记录员记录完毕后，应该向第二裁判员举手示意。每次比赛暂停期间，第二裁判员都要与记录员沟通，了解比赛至今已经暂停几次。第二次暂停时，记录员需要主动告知第二裁判员此次为第二次暂停。

每次换人都要经过记录员审核、记录。不论是合法还是不合法的替换，记录员都应该向第二裁判员做出相应的手势。如果打出合法换人的手势，第二裁判员将允许此次换人，并在换人区监督整个换人过程。此时，记录员需要将替换队员和被替换队员的号码记录清楚，第二裁判员应该给予记录员充分的记录时间。

对于一次替换多人的情况，第二裁判员要使换人有秩序地进行，且按照一定的次序。记录员记录完成后，应该向第二裁判员打手势，以示完成。

发球时，记录员应该依据记录监督发球顺序是否有误。当记录员发现发球顺序有误时，应当马上鸣哨中止比赛，最好能够在球未发出之前便鸣哨示意。此时，第二裁判员要向记录员了解情况，如果的确是次序有误，应该马上纠正。

裁判员对球队或队员做出判罚时，记录员应该做好记录，该工作由第二裁判员协助完成，确保记录准确无误。

五、第二裁判员与司线员之间的配合

第二裁判员与右侧的司线员一起负责对本侧球触标志杆或从标志杆外过网的情况做出判断。此外，还需要一起对本侧界内、外球做出判断。

六、司线员之间的配合

一条边线和端线由两名司线员共同负责。球落下时，如果其位置在边线与端线形成的角附近，那么共同负责该边线和端线的两名司线员应该互相参考对方的意见，协同做出判断。在此过程中，两名司线员的判断需要遵循以下原则：

（1）看到界外球者应率先举旗示意，另一名司线员随后举旗。当两人均未看见球出界时，两人则应该以眼神交流，双方会意后，一同打出界内球的旗示。

（2）两名司线员虽然一同负责边线和端线，但两人的职责有主线和辅线之分。如果一名司线员负责的边线为主线，那么当球落在边线附近时，这名司线员的判断为主要判断，另一名司线员只是配合判断。

第六节　排球竞赛的组织和编排

一、排球竞赛的种类

排球比赛根据竞赛的目的、任务不同，竞赛的规模大小、种类也不同，主要有如下几种。

（一）综合运动会

排球被列为综合运动会例如奥运会、亚运会、世界大学生运动会、全国运动会、省运动会和市运动会等的主要比赛项目之一。

（二）锦标赛

锦标赛是一种规定参赛资格，由各区域选拔出来的优胜队参加的高档次、高水平、高荣誉的比赛。世界排球锦标赛每四年举行一次。

（三）杯赛

国内杯赛有全国青年排球"育星杯"赛和全国中学生"三好杯"赛，每年举行一次。世界杯赛是近似锦标赛性质及水平的世界性重大单项赛，每四年举行一次。

（四）联赛

世界联赛是一种只设男子项目并带有奖金的比赛，每年举办一次，分主、客场比赛，以总分决定参加决赛资格，再参加决赛。目前国内一般性的联赛除全国排球联赛外，还有大学生排球联赛等。

（五）大奖赛

世界大奖赛目前只设女子项目，是带有奖金的比赛，每年举办一次，比赛采用混合制和变换比赛地点的方式进行。

二、竞赛的组织工作

（一）竞赛前的工作

1. 成立组织机构

根据不同的竞赛类型和竞赛规模的大小，成立竞赛组织机构。

竞赛组织机构的分工如下。

（1）竞赛的领导机构。竞赛的领导机构是组织委员会。筹备期间，负责制订和执行工作计划、审查和批准各组的工作计划、检查准备工作情况、解决各组在工作中出现的问题；竞赛期间，检查各组工作情况，处理和解决竞赛中出现的问题。竞赛结束，组织闭幕式和颁奖仪式，领导各组进行工作总结。

1）竞赛组。设组长、副组长、工作人员（若干名）。负责竞赛的组织、编排，安排比赛场地，记录比赛成绩，公布比赛成绩，印发秩序册、成绩册等。

2）裁判组。设裁判长、副裁判长、各组裁判员和负责人。负责组织学习规则，安排执行裁判工作，统计每天各队成绩并交竞赛组，各组赛后小结。

3）场地组。设组长、副组长、工作人员（若干名）。负责场地、设备等有关工作，为比赛提供良好的条件。

4）后勤组。设组长、副组长、工作人员（若干名）。负责运动会的接待、住宿、交通等工作。

5）宣传组。设组长、副组长、大会记者（若干名）。负责竞赛期间的宣传报道、文娱活动、会场布置、奖品发放等工作。

6）医务组。设组长、副组长、医生（2~3名）。预防竞赛期间疾病发生，深入赛场及时处理发生的伤害事故。

7）保卫组。设组长、副组长、保卫人员（若干名）。负责比赛期间的安全保卫和比赛场地的秩序等工作。

（2）仲裁。监督竞赛规程和规则的正确执行，复审和裁决违规等问题。

2. 制定竞赛规程

竞赛规程是竞赛工作的指导性文件，是实施竞赛工作的依据，在竞赛前由举办单位根据竞赛目的、任务而定。竞赛规程应提前发给有关单位，使之做好准备工作。竞赛规程包括如下内容。

（1）运动会名称。根据竞赛任务确定，如×××市第四届"三好杯"或"振兴杯"中学生排球运动会等名称。

（2）运动会内容。

1）目的任务。根据比赛的要求和各参加单位开展排球活动的情况、水平来确定。

2）参加办法。提出比赛组别、队数、人数、年龄、比赛服装等。

3）竞赛办法。规定竞赛制度（如单循环、混合制等）及编排的方法，明确所采用的规则。

4）比赛时间、地点。规定比赛日期和地点。

5）报名办法。指定报名时间和单位，提出报名的有关规定、手续等，如报名时提交报名表和队员组别的年龄、身份证明等。

6）抽签日期和地点。规定抽签时间与各队代表。

7）奖励办法。规定集体、个人及"精神文明"队、个人奖励的办法等。如前三名的优胜队、最佳运动员、最佳教练员、"文明队"及个人奖励。

8）附加规定。设集体、个人精神文明奖的办法，运动员的资格审查，运动员个人携带的用品规定等。

3. 竞赛前的筹备工作

第一，领导小组组织各小组负责人会议，宣布工作计划，提出筹备工作要求，听取筹备工作意见等。

第二，各小组按照分工职责确定具体工作计划和措施，组织小组会议，分工、落实工作，向领导小组汇报阶段工作情况等。

第三，按时检查参加单位的报名表和运动员的资格、体检表等。

第四，比赛前召开领队、教练、裁判长会议，介绍大会情况（含筹备情况）和竞赛规则的有关问题，提出要求，听取意见，统一认识。

（二）竞赛期间的工作

第一，各小组按其工作任务，尽职尽责，发现问题及时解决。

第二，各小组保持联络，做好沟通配合工作，例如竞赛组、裁判组应经常检查各场地的器材设备，发现问题及时联系协同处理；遇到特殊情况需要更换场地，应及时通知场地组和各参赛队。

第三，领导小组深入检查、了解情况，若发现问题，特别是出现执行规程、规则的有关问题，则要采取相应措施处理，确保比赛的顺利进行。

第四，按规定时间及时做好各队"精神文明"评选工作。

（三）竞赛结束工作

第一，各组做好总结。

第二，组织闭幕式，宣布比赛成绩，举行颁奖仪式。

第三，清理器材设备，做好归还入库工作。

第四，召开领队、教练、各小组负责人会议，总结比赛情况，听取大家的意见和建议，向上级汇报。

三、竞赛制度、编排与成绩计算方法

排球竞赛制度与编排，应根据竞赛的任务、规程的有关规定确定。排球比赛采用的制度有三种：循环制、淘汰制、混合制。

（一）循环制

循环制分单循环、双循环、分组循环三种。

1. 单循环

单循环就是所有参赛队都相互比赛一次，最后按照全部胜负场数与得分多少排列名次。这是一种比较公平合理的竞赛方法，一般在参加比赛的队数不多又有足够的竞赛时间时选用。

（1）单循环比赛轮数和场数的计算方法。

1）比赛轮数。在循环比赛中，各队都参加完每一场比赛即为一轮。参加比赛队数为单数时，比赛轮数等于队数，如5个队参加比赛，则比赛轮数为5轮；参加比赛的队数为双数时，比赛轮数等于队数减1，如6个队参加比赛，则比赛轮数为6-1=5。

2）比赛场数用下面公式计算。

$$比赛场数 = 队数 \times (队数 - 1) / 2$$

如5个队比赛，则比赛场数为：

$$5 \times (5-1)/2 = 10（场）$$

若6个队比赛，则比赛场数为：

$$6×(6-1)/2=15（场）$$

（2）编排方法。排球比赛一般采用"贝格尔"编排方法。

如果6个队参加比赛，编排方法如下：将各队按1~6号"U"字形排列（序号用抽签方法确定）即得第一轮的比赛组合，之后按"贝格尔"编排方法的顺序排列。

如果是单数队参加比赛，用加"0"的方法组成多出一位数的偶数队。排列原则（口诀）：尾数队左右摆（奇数队为"0"），右下角队提到第一排，其余各队依次跟上来（无论队数多少均通用）。排列完毕，按抽签队的名称对号入座，然后进行日程编排。

2. 双循环

双循环是各参赛队相遇两次比赛的方法，一般在参赛队数较少时采用。其编排与单循环相同，一般是赛完第一循环后，再赛第二循环，分两次记录成绩，最后计算总分，排列名次。

3. 分组循环

分组循环是在参赛队较多且竞赛时间较短时采用的比赛方法，具体做法是把参赛队平均划分成若干小组（一般为2~4组），分别进行单循环比赛，然后各组的优胜队或同名次队再分别进行第二阶段决赛，排出名次。

各小组比赛名次确定之后，决赛阶段可采用以下几种方法：

第一，各小组的第1名组成一组决出第1、2名，各小组的第2名组成一组决出第3、4名，以此类推。

第二，各小组第1、2名组成一组决出第1~4名，各小组第3、4名组成一组决出第5~8名，其余队不再继续比赛。

第三，如在预赛中已经相遇的队，决赛中可以不再比赛，将预赛中的成绩带入决赛。

4. 循环制的成绩计算及名次决定方法

（1）记分方法。胜一场得2分，负一场得1分，弃权为0分。

（2）确定名次的方法。首先根据比赛中各队的积分排列名次，高分者名次列前。若两队或两队以上积分相等，则按积分相等队的Z值决定名次，Z值高者，名次列前。若两队或两队以上的Z值相等，则按C值决定名次，C值高者名次列前。Z值和C值的计算公式为：

$$Z=X（总得分数）/Y（总失分数）$$
$$C=A（胜局总数）/B（负局总数）$$

（二）淘汰制

淘汰制有单淘汰制和双淘汰制两种。淘汰制规定在比赛中失败一次或两次即被淘汰，胜者继续比赛，直到最后决出冠军为止。淘汰制一般在参赛队较多且比赛期限较短时采用。

1. 单淘汰制

单淘汰制比赛轮数和场数的计算方法如下：

（1）比赛轮数。当参赛队是 2 的整乘方数时，比赛轮数正好是以 2 为底等于参赛队数时的指数。例如，8 个队参加比赛为 3 轮，因为 $8=2^3$；16 个队参加比赛为 4 轮，因为 $16=2^4$。当参赛队不是 2 的整乘方数时，也就是说参赛队数介于上述两数之间，则轮数按下一个数字计算。例如 14 个队参赛，则按 16 个队来计算，应为 4 轮。

（2）比赛场数。单淘汰制比赛总场数等于参加队数减 1。如 8 个队参加比赛，共赛 7 场。

2. 双淘汰制

双淘汰制可以弥补单淘汰制的不足，给初次失败者增加一次比赛机会。采用双淘汰制比赛所产生的冠、亚军比单淘汰制合理。全胜者为冠军，失败一次者为亚军。

（三）混合制

一次比赛中同时采用循环制和淘汰制，称为混合制。采用混合制，是把竞赛分为两个阶段进行，前一阶段采用分组单循环制，后一阶段采用单淘汰制进行决赛，决出名次。

如果采用先用分组单循环制后用单淘汰制的混合制，比赛时最好分成双数组进行循环，如 2 组、4 组，以便于以后编排单淘汰制的比赛秩序表。

思 考 题

1. 简述软式排球的年龄分组。
2. 简述排球场地、设备要求。
3. 简述比赛参与者的基本权利。
4. 简述规则的作用。
5. 简述司线员之间配合的内容。
6. 简述排球竞赛工作的内容。

第三章 排球教学与训练的理论基础

通过排球训练教学与训练的理论基础加强学生的集体荣誉感和社会责任感，引导学生树立正确的价值观，为成为德智体美劳全面发展的社会主义建设者和接班人打下坚实基础。

排球教学主要是传授排球基本知识、基本理论、基本技术和基本战术，以及各种不同形式的排球活动方法。教学和训练的关系是互相渗透的，教学中包含着训练的因素，训练中又离不开教学的因素。

第一节 排球教学理论基础

一、排球教学的任务

排球教学的任务是传授排球相关知识以及不同形式的排球活动方法，培养学生团结协作、勇于拼搏的团队精神。对体育院校专门学习排球的学生来说，还应培养他们的排球教学能力、组织竞赛能力、裁判工作能力、自我教育能力和解决实际问题的能力等。

二、排球教学的原则

排球教学应遵循教育学教学论中有关的一般原则，如教师主导作用和学生主动性相结合原则、直观性原则、系统性原则、巩固性原则、因材施教原则、循序渐进原则等。

分科教学法分别研究各门学科的教学规律、教学原理等。各科教学法要符合各门学科的教学规律，而教学原则又是教学客观规律性的反映。因此，具体到排球学科，排球教学应有其自身的教学原则。

教学论研究告诉我们，排球教学原则主要用以阐明教师在教学过程中应怎样依据排球教学的客观规律进行教学活动、加速教学进程和提高教学效果。它是教师在排球教学过程中实施教学最优化所必须遵循的基本要求和指导原理。

排球教学原则是在科学分析排球教学过程及相关因素的基础上构建起来的。它有赖于对以运动技能学习为主并与思维活动相结合的认知过程、排球教学目的、排球教学内容、排球教学手段的再认识。基于这样的观点，在教育学教学论有关教学的一般原则的指导下，在排球教学原则构建及运用的过程中，应着重考虑以下六个方面的基本要素。

（一）人性化教学

在教学目标的设计中，必须考虑以学生为主体，促进学生自主发展，培养学生的创新精神和竞争条件下的合作意识，使学生人格、个性得以发展。教学对象的主体性是人性化教学原则的核心内容之一。学生的主体性表现在排球教学中应突出学生的积极性、主动性，以及创造良好的人性化排球教学环境，让传统排球教学"让我学""让我练"的模式转化为"我要学""我要练"的模式。教学主导的科学性是人性化教学原则的又一个核心内容。教师通情达理、友好、负责、有条不紊、富有想象力和亲切热忱的良好品质，以及善于根据排球教学的规律，掌握不同年龄、性别的学生的生理、心理特征，注重教材的系统性，教法的实用性、游戏性和竞技性，合理安排运动负荷等进行教学组织的工作能力，可使学生产生积极的情感体验，成为教学双边关系中的一种动力源。

（二）教学过程元素安排的可接受性

教学活动应该依据学生的接受能力，把握好教学活动的难度分寸。因此，教学目标的制定应符合学生可接受的心理逻辑，遵循学生心理发展历程。也就是说，在设置教学目标时，必须依据目标难度与动机之间的关系理论，保持适宜的难度。

教学内容的安排应符合教材的科学逻辑，即教材内容各构成要素应具有科学、合理的逻辑关系。就教学过程的总体而言，应先教授基本技术，后教授技术运用；先教授技术，后教授战术；先进行技战术术科教学，后进行技术、战术、竞赛规则、教法作业等理论课教学。就单个动作技术来说，排球技术由多个环节构成，各个环节又由小的技术细节和相应的知识组成，因此，排球技术教学应由最基本的知识与动作环节开始，进而进行完整乃至技术细节的教学。与此同时，根据排球动作技术特点，在学习排球技术时，应从准备姿势开始，依次学习击球手型、击球点和击球用力。

教学手段的运用，应根据人对事物的认知规律、运动技能形成规律，遵循由徒手模仿练习到用球练习、由诱导性练习到辅助性练习、由不使用球网练习到使用球网练习、由简单条件下的比赛逐步过渡到复杂条件下的竞赛的操作方式方法。

（三）球感发展领先

实践经验告诉我们，对排球运动技战术来说，判断人或物与自己的距离的能力、知觉人和物的状况与速度的能力（迅速知觉本队和对方队员的动向以及各种不同来球的方向和速度，以及由此做出反应的时间）、空间关系视觉化的能力（不仅能知觉球与人，而且能认知其场上位置与人球空间的关系，洞察其变化）、在时间上统一运动协调的能力（迅速连续进行不同的动作时，按照动作方法或串联序列使之融合统一）等具有特殊意义和起特殊作用。因此，在排球教学过程中，根据不同的教学阶段，针对性地运用各种发展球感的诱导性和辅助性练习手段是至关重要的。

（四）教学手段可视化

在排球动作技术教学之初，对运动知觉（如对球的本体的感觉），以及对球在空中运行的时空感知等状况的辨别、判断的比重很大，然而在学习的后期，这种比重有减少的倾向。同样，对视觉的依赖也是在学习初期比在后期更为重要。在学习的后期，视觉的帮助几乎被肌肉运动的知觉所替代。当然，继续有效地利用视觉帮助，动作技术将完成得更为标准。因此，排球技战术教学优先运用完整与分解示范、正误对比示范、边讲解边示范，以及运用挂图、图表、照片、幻灯、电影、录像、投影等直观教具和现代化的多媒体教学手段是必不可少的。

（五）合理运用动作迁移

在排球动作技术教学过程中，通过学习某种动作技能而得到的能力向同等或类似的横向技能迁移的情况，可以说比其他球类项目要来得多一些，例如正面上手发球与正面扣球的挥击臂动作。而就排球正面上手发球与正面上手发飘球的挥击臂动作而言，它们虽同属排球发球类动作技术，表面上看动作很相似，但因其挥击臂动作技术在本质和内在联系中有着截然不同的区别，所以它们之间的迁移量并不大。可见，技能之间所显示的类似性，并不等于在动觉、运动刺激、运动反应、同一运动反应动作的形式和运动的控制方式等方面的共同性。这就提示我们在排球动作技能的教学过程中，既要注重运用动作正迁移的有利效应，又要防止动作负迁移效应的干扰。

（六）在有效操作下适度增加练习量

练习量对学生学习动作技能起着至关重要的作用。传统观点认为，练习量越大，练习者在未来情景中的操作越好。排球教师指导学生学习和改进基本技术的正确性时，采用的方法大多是通过增加触球次数，让学生多做击球练习。但运动程序理论与动力模式理论关于练习变异对于动作技能主要作用的研究指出，持续练习相同的动作会导致记忆动作和迁移动作能力的降低。因此，"多练有益"的大量重复练习并不是提高技能操作的最佳选择。练习不能产生完美的动作技能，只有完美的练习才能产生完美的动作技能，亦即练习量只有与其他诸如强调动作方法、注重动作效果、变换操作条件等变量共同作用时，才能产生最佳的技能学习效果。

三、排球教学工作文件

排球教学工作文件是排球课程教学的依据，是排球教学工作赖以进行的重要环节，主要包括教学大纲、教学进度和教案三个部分。

（一）教学大纲

排球教学大纲是体育院校学科专业教学计划的具体表现形式，是按照学科专业教学计划的要求，规定排球课程具体内容、实施排球教学工作的一个指导性文件。它是选编教材、教师实施教学、合理进行考试命题与课程评价、促进课程建设的依据和标准。

1. 教学大纲的基本结构和内容

第一，说明，主要包括课程定义、大纲编写依据、课程的目的任务、课程编号、学时与学分。

第二，教学安排与时数分配，主要包括理论课教学的基本内容（纲目）与时数分配，技术、战术、运动素质教学和训练的基本内容与时数分配。

第三，教学内容与知识点，主要包括理论课教学、技术教学、战术教学、运动素质各章节的具体内容，如理论课教学内容为第二章排球技术中排球技术基本理论，知识点为排球技术的概念、特点、分类和力学问题。

第四，考核方法与标准，主要包括考核的形式和成绩计算。

第五，教材与主要参考书目。

2. 编写教学大纲应注意的几个问题

第一，要考虑排球学科自身的特点，在实现培养目标的总体前提下既要使教学内容紧密衔接，又要防止遗漏、避免重复。

第二，大纲所列的教学内容要有相对稳定的基本知识理论和基本技能，反映出学科的最新成果。能力培养等实践性教学环节应在教学大纲中占重要的位置。

第三，按照学科的科学体系和教学法的特点建立严谨的课程教学内容顺序。

第四，在所学知识的分量上既符合培养目标的要求，又适合学生的接受能力。

第五，文字清楚、语言精练、格式统一、名词和术语规范准确，使教师能准确把握学生掌握教材的程度。

（二）教学进度

排球教学进度是具体落实排球教学大纲中所规定的教学内容、教学时数、考试考核等核心要素的教学工作文件，是教师编写教案的重要依据之一。科学地安排教学进度是保证教学质量的基本途径。

1. 教学进度的基本结构和内容

教学进度一般以卡线表的形式出现，其基本结构和内容如下。

第一，表题：进度使用的对象及年、月、日。

第二，表格的纵向结构与内容：一级纲目由理论部分、实践部分、其他三个部分组成；二级纲目由理论教材，技战术的主要教材及次要教材和介绍教材，其他的具体安排（如教学实习、教学比赛、裁判实习、考试、机动）三个部分组成。

第三，表格的横向结构与内容：一级纲目由周次构成；二级纲目由每周所对应的课次构成。

第四，表体由若干次课及其内容构成。

2. 编写教学进度应注意的几个问题

（1）合理划分教学阶段。教学阶段的划分是整个教学过程中确定教材的教学时数和教材内容在进度中出现时机的基本依据，是保证课程教学质量的基本途径之一。排球普修教学进度一般包括以下五个阶段：①单项基本技术教学及其串联阶段；②单项基本技术运用及其串联阶段；③多项基本技术运用及进攻战术教学阶段；④多项技术运用及防守战术教学阶段；⑤多项技术运用及攻防战术运用提高阶段。由于五个阶段的教学目的、任务有所不同，所以各阶段教学时数分配的比重亦应有所侧重。一般而言，第一阶段占 30%，第二阶段占 25%，第三阶段和第四阶段各占 20%，第五阶段占 5%。

（2）合理安排各阶段教材序列。合理安排各阶段教材序列是保证课程教学质量的又一个基本途径。其操作要点主要有：①先进行单项基本技术教学；②复杂的单项基本技术一经出现，就必须连续出现，例如垫、传、扣；③随机出现单项基本技术运用，并连续出现；④技术串联，例如发—垫、垫—传等；⑤基本技术分析理论课；⑥出现进攻战术教学；⑦防守战术教学；⑧攻、防战术教学后应为基本战术分析理论课；⑨规则与裁判法理论课；⑩排球技战术教法理论课；⑪教学比赛，并逐步向完整、复杂的条件过渡；⑫一般教材穿插安排在相应的基本技战术教材之后；⑬介绍教材安排在课程结束前，以多媒体视频教材的形式进行。

（3）合理安排课时教材序列。合理安排课时教材序列是保证课程教学质量的另一个重要方面，其操作要点主要有：①每次课的教材最多不超过 3 个；②新教材每次课最多 2 个；③战术教材应与匹配的技术教材一起安排；④一般教材应与匹配的主要教材一起安排；⑤教学比赛不以教材形式出现，而以技战术教材中练习手段的形式出现。

（三）教案

排球教案是根据排球教学进度中特定课次所规定的教材，根据授课的实际情况编写而成的每次课的具体计划。它是教师实施、控制教学进程的重要依据之一。科学地编写课时教案是保证教学质量的基本途径之一。

1. 教案的基本结构和内容

教案一般以预先印制的表格形式出现，其基本结构和内容如下。

第一，教学任务（或者教学目标）。

第二，教学内容与要求。在这个目录下，又分准备部分、基本部分和结束部分。每部分均有活动的内容及活动时的操作要求。

第三，时间。90分钟课：准备部分20~25分钟；基本部分60~65分钟；结束部分5分钟。40~45分钟课：准备部分7~10分钟；基本部分30分钟；结束部分3~5分钟。

第四，次数。

第五，组织教法。准备部分、基本部分和结束部分所有活动相对应的练习方法，其中包括教师的活动（讲解、示范、纠正错误）、学生练习队形、操作的方式方法。

第六，课后小结。课时教学任务（或目标）完成状况及其成因，以及下次课所要采取的主要对策。

第七，课外作业。布置本次课实践或者理论作业；布置下次课实践或者理论教材的预习内容。

2. 编写教案应注意的几个问题

（1）教学任务（或教学目标）。课时的教学任务应具体。例如，某个技术（战术）教学任务（或目标），必须具体到某个技术（战术）的某一个环节。课次的教学任务须具有递进性，以建立某项技术（战术）的概念，初步掌握、改进、强化、提高和巩固某技术（战术）某环节的序列依次延伸。课时目标制定时，例如技能目标，必须使用诸如"能够模仿""能够领悟""能够做到"等行为动词，并使用诸如"至少完成多少次什么动作""准确判断率达到95%"等指标予以量化。在一个课次中，教学任务必须有道德品质教学任务，例如培养积极进取的集体主义精神。教学目标必须有情感教育目标，例如培养团队竞争与合作意识。

（2）准备部分。准备部分的主要功能是使学生的注意力迅速集中到课时任务（或目标）及操作的要求上来，进而使学生的身体各器官、系统机能逐步进入兴奋状态，为基本部分做好心理、生理准备。排球课准备活动的形式多种多样，但无论采用何种形式，准备部分的活动内容都必须与课时任务相匹配，即为基本部分服务。体育院系排球课程可在准备部分有目的地安排学生进行教法实习。

（3）基本部分。基本部分是实施课时教学任务（或目标）的主体部分。首先，在教材安排的次序上，新授课教材优先，随后才是复习教材；技术教材在前，战术教材随后，身体练习教材则最后安排。其次，在教学内容一栏里，每项教学内容的下面都须有要求，即操作过程中的详细注意事项。第三，在组织教法一栏里，应图文并茂地说明与每项教学内容相匹配的练习操作方式方法，并与教学内容一栏里相应的教学内容对齐。

（4）结束部分。结束部分的内容主要由使学生身体各器官和系统的兴奋度逐步趋于相对安静状态的整理活动、小结课时任务（或目标）的达成度、布置课外作业和整理场地器材等部分组成。

四、排球教学课的类型

排球教学课，按其内容和教学方式、方法的指向性，可分为实践课、理论课、教法课、讨论课、演示课、比赛课、实习课和考试课等。

实践课是排球教学过程中运用最频繁的授课形式。它是通过讲解、示范、纠正错误和各种练习手段及方式、方法，使学生掌握排球运动基本技能和习得一定教学能力的课程。

理论课是围绕实践课的教学内容，传授排球运动基本理论，使学生了解排球运动发展趋势，基本掌握排球技战术的基本原理、规则与裁判方法的课程。

教法课是传授排球技战术教学的基本理论与实践知识，使学生基本掌握排球技战术教学的基本规律，教学手段的选择和方法的运用，以及课时教学评价等操作方法，培养学生教学能力的课程。

讨论课是围绕排球教学理论与实践中的有关技战术原理和教学过程中的重点与难点，通过范例、发现、探究等教学方法，拓展学生的思维空间，深化学生对这些问题的理解，培养学生分析问题和语言表达能力的课程。

演示课是依据教学进度中有关教材的规定，运用可视化教学手段，或者观摩高水平排球运动员的现场实践操作，使学生加深对高难技术和复杂战术直观认识的课程。

比赛课是发展学生综合运用排球技战术能力，培养学生排球比赛意识，实践排球竞赛组织与编排、规则与裁判方法，交流教学经验，检查教学效果的课程。

实习课是运用频率仅次于实践课的授课形式。它是通过"微型课"（准备部分或课程中某一个教学内容实习）的形式，培养学生编写教案，实施讲解、示范和组织教法等能力的课程。

考试课是运用诊断性、形成性、终结性评价的方式、方法，评定学生学业成绩的授课形式。它是获取教学反馈信息以评价课程教学效果，为以后改进教学措施、提高教学质量提供依据的课程。

五、排球课时教学组织

教学组织受一定的教学思想、特定的学生和场地器材以及教学内容的制约。因此，正确认识教学组织的种类及其优缺点，科学、合理地选择和正确运用教学组织形式，有利于学生运动技能的形成与发展，有利于学生的个性和情感的培养与发展，有利于提高教学的效率。

（一）课时教学组织的基本含义

课时教学组织是在排球教学过程中为了实现课时教学目标而确定的教师与学生以及学生与学生之间的组织结构方式。它是将教学内容、教学手段和教学方法等教学要素，以一定的教学程序有机联结起来的纽带。课时教学组织具有多维性和多样性的特征。

（二）课时教学组织的种类及基本特征

技术分组、体能分组、固定分组、临时分组和升降级分组大都属于能力分组范畴。这类分组形式大都属于教师主导型的传统教学组织形式，学生相互之间的联系相对比较松散。

兴趣分组、非正式群体分组和分层次分组属于心理分组范畴。这类分组形式大都属于既注意教师的主导作用，又强调学生的主体作用的现代教学组织形式，学生相互之间的联系相对比较紧密，有利于优化课时教学的人文环境，创设适宜的教学环境，有利于达成课时教学目标。

（三）两种现代教学组织形式的特点和操作方法

兴趣分组是根据学生相同的兴趣与爱好将其分为一组实施教学的教学组织形式。教学实践证明，这种教学组织仅仅适合于选用教材和传统项目的教学。从这个意义上说，这种教学组织形式不适于排球课程教学。基于这样的认识，这里着重阐述非正式群体分组和分层次分组两种教学组织形式。

1. 非正式群体分组的特点和操作方法

非正式群体分组是将心理、动机和倾向一致，以及观念接近、信念一致、需求类似、情绪相投的学生分为一组实施教学的教学组织形式。由于非正式群体成员心理相融，相互吸引，他们在练习时更容易产生愉悦的心理体验，形成团体凝聚力，营造团结向上的课堂气氛。因此，在排球教学中，采用非正式群体分组进行教学，不仅可给学生提供更多的交往机会，满足学生寻求友谊的社会需求，为建立和保持良好的人际关系创造必要条件，而且也可为学生相互合作，提高学习的积极性、主动性和创造性，提高学习的效果，创设良好的心理环境。

2. 分层次分组的特点和操作方法

分层次分组是指依据学生由个体差异而导致的认知能力和掌握能力的差异，设计不同层次的教学目标、教学内容和要求，给予不同层次的指导，采用不同层次的检测手段与标准，从而使各层次学生分别在各自起点上选择不同的学习速度和数量、不同的知识与技能等的教学组织形式。其最大的特点是强调措施和目标的对应性，使每个学生都能在原有的基础上得到完善与提高。其操作的基本方式方是：首先，确定排球基础知识、身体素质、技术达标与评定的测试指标；其次，使用标准分计算所测得的每个学生的三大项参数；最后，依据每个学生综合评价的标准分，进行等级排序，从而完成分层次分组。

（四）运用教学组织形式应注意的几个问题

第一，排球教学过程是师生交流互动的过程。在选择和运用教学组织形式时，应营造师生平等、民主、合作的心理氛围，创设多向的师生教学交流情境。

第二，教学场所、设备、器材是师生互动的中介和传递教学信息的媒介。因此，合理地组织和充分利用教学中的物质资源是优化课时教学组织形式的一个重要途径。

第三，课时教学组织形式取决于课时的性质和内容。因此，课程性质与内容的多样性，必然使课时教学组织形式多样。

第四，尊重学生的个体差异。在确定课时教学组织形式时，应充分注意到学生在身体条件、兴趣爱好和运动技能等方面所存在的个体差异。

第五，每一种课时的教学组织形式都有其利弊与得失。因此，强调综合运用课时的各种教学组织形式是提高教学效率的一个重要因素。

六、排球课时教学方法

排球教学方法是在排球课时教学过程中，教师指导学生时为达到一定的课时教学任务（或目标）所采取的一系列活动方式、途径和手段的总和。

教学方法是连接教师教和学生学的桥梁，是进行教学活动的必要条件，是激发学生学习动机和提高教学效果的途径。它具有传授知识、促进技能技巧形成、指导教学实践、发展教学经验、培养操作能力、影响世界观形成等基本功能。因此，排球教学方法是构成排球教学活动的重要因素之一，在排球教学过程中具有不可或缺的重要作用。

依据现代体育教学论的观点，排球教学方法可分为指导法、练习法。

（一）指导法

排球课时教学过程中，学生能否掌握排球基本理论、技术、战术，养成良好的练习习惯，与教师的指导有着密切的关系。在排球课时教学过程中，常用的指导方法有讲解法、示范法、完整法、分解法和预防与纠正错误法。

1. 讲解法

讲解法是教师使用语言向学生传授课时教学任务（或目标）、教学内容、动作名称、动作方法、练习手段及操作形式、练习时间、练习次数、练习要求，以指导学生进行实践操作的方法。

（1）直述讲解。它是使用简明扼要的语言，且多用于对课时任务与内容、简单的技术环节与动作方法、练习形式与要求予以说明的一种讲解方法。

（2）概要讲解。它是使用技术动作、战术方法等要领或要点，提纲挈领地说明操作方式、方法，且多用于较复杂技战术环节教学的一种讲解方法，例如将扣球的挥臂击球动作归纳为"鞭"。

（3）分段讲解。它是依据技术动作、战术方法的若干环节，按其主次轻重，逐一说明，且多用于较复杂技战术教学的一种讲解方法，例如扣球技术、拦防战术。

（4）侧重讲解。它是在分段讲解或概要讲解时，为突出重点、难点，且多用于较复杂技战术教学的一种讲解方法，例如扣球技术中关键的人-球关系保持。

（5）对比讲解。它是运用技战术相关理论，对某一环节操作时的异同、正误、优劣等予以辨析，且多用于解决较复杂技战术教学难点的一种讲解方法，例如垫球击球点的空间位置。

运用讲解法应注意的几个问题如下。

第一，明确讲解的目的。针对课时任务（或目标）和练习要求，要讲清重点和难点。针对练习过程中出现的问题，依据其涉及的范围，选择性地使用个人、小组和集体讲解形式。

第二，讲解的内容既要科学，又要符合学生的实际接受能力。尽可能使用相关学科原理进行讲解，但必须将其转换为实际生活中的实例，以便学生理解与接受。

第三，讲解应少而精。尽可能使用最集中、最概括、最精炼的专业口诀、术语，讲清教材的重点、难点和关键环节，例如扣球两步助跑的节奏"先慢后快"。

第四，讲解要富有启发性。教师的讲解应尽可能联系日常生活中的经验，启发学生结合教材内容，引导学生积极思维，例如利用物体高速运行时突然停止所产生的状况，说明起跳过程中"制动"的动作功效。

2. 示范法

示范法是指教师（或指定的学生）以具体的操作为模型，展示动作技术的结构、要领和过程的教学方法。动作示范具有真实感强、灵活便捷、伸缩性大、针对性强、运用范围广和视觉效果好等特点。

运用示范法应注意的几个问题如下。

第一，示范动作必须按照动作规格的要求进行，力求准确、熟练、轻松、连贯、完美，给学生建立一个生动的动作视觉表象。

第二，合理选择示范的时间维。在教新教材时，为了使学生建立完整的动作概念，应进行常速的完整示范；在掌握技术的某一动作或动作的某一环节时，则应进行中速、低速，甚至静止的示范。例如正面传球的手型与触球部位，可采用静止示范。

第三，合理选择示范的空间维。对于不需要固定场地的教学内容，例如准备姿势、移动、垫球，可以在队列中央的正面、侧面选择示范位置；对需要固定场地、器材的教学内容，例如发球、扣球和一般二传，则需要合理安排学生的队形和示范位置。与此同时，对于复杂的技术，例如传球和扣球，还应合理选择示范的方向。

第四，示范与讲解相结合。在学习新教材时，介绍了技术动作的名称、作用之后，应先做一次完整的动作示范，再讲述动作方法；在复习教材时，应先讲解，后示范，并将关键环节的讲解与强化性示范同步进行，例如扣球击球臂的动作轨迹、传球的退让性动作。

3. 完整法

完整法是从动作开始到结束，不分部分和段落，完整、连续地进行教学的方法。其优点是不割裂动作环节之间的有机联系，不破坏技术动作结构。其缺点是不易掌握技术动作的关键环节。它多用于技术动作结构相对简单和技术动作内在结构严密而不易分解的教学内容，例如垫球和扣球技术。

运用完整法应注意的几个问题如下。

第一，简化动作要求。在开始进行复杂技术动作的完整教学时，应降低动作难度，用简化动作要求的措施达成完整技术教学的目的，例如助跑起跳扣固定球。

第二，先注重技术动作的外形，后强调技术动作的内核。在进行复杂技术动作教学时，应在粗略掌握动作技术的基础部分和动作过程的前提下，逐步突出诸如方向、路线、节奏、发力顺序等动作细节。

第三，尽可能多地运用诱导性练习。以技能形成和迁移规律为基本原理的诱导性练习，具有与所学技术动作的结构相似、肌肉用力顺序趋于一致、练习情景雷同的特征。因此，它对正确掌握动作技术的重点和难点，加速动作技能的形成具有较大的促进作用，例如传实心球、扣击吊球。

4. 分解法

分解法是把完整的技术合理地分成几个部分或几个段落，然后按部分或段落逐次叠加，直至最后完整掌握技术动作的教学方法。其优点是可以简化动作技术的掌握过程，有利于动作技术重点和难点的学习。其缺点是易于破坏技术动作结构，干扰正确技术动作的形成。

（1）单纯分解。它是一种将技术或战术分成若干个部分，按其先后次序，依次逐一教学，最后再将若干个部分全部综合起来的教学方法。此法适用于技术动作或战术结构相对松散而又较分明的教材，例如发球，先教准备姿势，再教抛球，然后教挥臂击球动作，最后将三个部分连接起来。

（2）递进分解。它是一种将技术或战术分成若干部分，按其先后次序，先教第一部分，再教第二部分，然后将第一、二部分联合起来学习，学会后再教第三部分，第三部分学会后，再联合第一、二、三部分进行学习，直至完整地掌握技术或者战术的教学方法。此法适用于技术动作或战术结构相对严密的教材，例如"中一二"进攻战术，先教后排三人接发球站位，再教三人接发球，然后将三人接发球站位和三人接发球结合起来学习，基本掌握以后再教"中一二"进攻阵型，最后将"中一二"进攻阵型与前面的两个部分联合起来练习。

（3）顺进分解。它是一种将技术或战术分成若干部分，按其先后次序，先教第一部分，学会后再教第二部分，第一、二部分学会后再加教第三部分，直至完整地掌握技术或战术的教学方法。此法适用于技术动作或战术结构相对较严密的教材，例如正面扣球，先教助跑起跳，学会后再教原地挥臂击球动作，助跑起跳与原地挥臂击球动作学会后再教助跑起跳扣固定球，助跑起跳扣固定球学会后再教助跑起跳扣抛球，直至完整地掌握正面扣球技术。

（4）逆进分解。它与顺进分解相反，是一种先学最后一部分，依次增加前一个部分直至完整地掌握技术或战术的教学方法。此法适用于技术动作或战术难度相对较大的教材，例如正面扣球可先教空中击球动作。

运用分解法应注意的几个问题如下。

第一，技术动作环节的划分应以不影响动作技术结构的特征和不破坏各技术动作环节之间的有机联系为前提。

第二，运用分解法的时间不宜过长。为了防止分解的动力定型和破坏动作技术完成的连贯性，应适当地与完整法结合起来加以运用。

5. 预防与纠正错误法

预防与纠正错误法是教师为了防止和纠正学生在学习中出现错误动作所采用的教学方法。预防法具有超前性的特点，需要教师能预见学生在操作过程中可能出现的障碍和错误，而纠正错误法则具有实时性的特点，需要教师针对学生在学习过程中所出现的障碍和错误，迅速、及时地采取相应的有效措施予以纠正。

运用预防与纠正错误法应注意的几个问题如下：

第一，钻研教材，总结教学经验，廓清错误成因，把握教材的重点和难点，预设预防措施，及时提供纠正手段。

第二，合理选择与运用诱导性练习，预防旧的动作技能对新学动作技术的干扰，适时采用有效的专门化练习，纠正错误动作。

第三，找准直接关系到动作技术完成的关键环节，采取相应限制性练习的纠正措施，予以及时强化。

（二）练习法

练习法是指依据课时教学任务（或目标）有目的地反复完成某一动作，以达到提高身体素质、习得动作技能的教学方法。在排球教学过程中，学生除了遵循认知规律，通过视觉、听觉感知动作技术的过程、方法和要领之外，更重要的是通过肢体的各种活动形式来进行学习。这一基本特征，决定了练习法在整个排球教学过程中的作用与地位。在排球教学过程中，常用的练习方法有重复练习法、变换练习法、循环练习法、游戏法与比赛法，变换练习法和循环练习法多用于运动训练。

1. 重复练习法

重复练习法是指在不改变动作结构和运动负荷的相对固定的条件下，根据动作的操作规范进行反复练习的教学方法。其特点是无严格的间歇时间规定。重复练习法有单一重复法、连续重复法和间歇重复法三种。间歇重复法多用于身体训练。

（1）单一重复法。它是每练习一次就间歇一下的反复练习方法。其特点是持续时间较短，练习次数较少，练习密度较小，练习强度较低。

（2）连续重复法。它是在连续不断地重复某一个动作的练习过程中无间歇的练习方法。其特点是持续时间较长、练习次数较多、练习密度较大、练习强度较高。

运用重复练习法应注意的几个问题如下。

第一，在动作技术学习的初始阶段，为了使学生的练习注意力集中于动作方法以及便于教师观察，应多使用动作频率较低、练习难度不大的单一重复法。

第二，在动作技术的改进阶段使用连续重复法时，应适当控制连续重复的次数，在间歇时间相对固定的状况下逐步增加连续重复的次数，或在连续重复次数相对固定的情况下逐步缩短间歇时间。

2. 游戏法与比赛法

游戏和比赛有同一属性，即竞争以获得胜利。游戏法是指在排球教学中，运用游戏的内容与方法，组织学生进行练习的教学方法，其特点是具有一定的娱乐情景和竞赛因素。比赛法是指在比赛的条件下，学习基本技术、运用基本技术、学习基本战术和发展专项能力的教学方法。

运用游戏法和比赛法应注意的几个问题如下。

第一，无论在课时的准备部分还是基本部分，运用游戏法时，其内容与形式都要服务于课时教学任务（或目标），例如在课时的准备部分应尽可能使用发展球感和熟悉球性的游戏。

第二，无论在课时的准备部分还是基本部分，运用游戏法时，其运动负荷都应遵循人体活动的生理学规律，例如在课时的基本部分应尽可能采用跑动中的接力性传、垫练习。

第三，比赛可以在最简单、简单、较简单、复杂、较复杂的条件下和正式比赛的状况下进行，比赛规则可以变通，如传球比赛，在学习传球初始阶段可允许球落地一次再击球。

第四，比赛分组时双方实力应该基本均衡。

第五，比赛过程中执法必须准确、公正、公平。

七、排球教学模式

在现代教学理论的指导下，不少排球教学模式的理论与实践研究取得了具有一定实效性的成果。这些教学模式的研究成果主要是由以行为科学、社会科学和认知学科理论为指导的现代教学理论建构起来的。

（一）以行为科学教学理论为指导的学导式教学模式

1. 学导式教学模式的基本含义

学导式教学是以操作条件反射学习理论（刺激—反应）和程序教学思想（反馈控制与强化）为理论基础，融合以人为本的现代教育思想（学生主体），遵循运动技战术的程序性适应原理建构起来的一种教学模式。

2. 学导式教学模式的运作程序

第一，分步子。将所要学习的教材、所要达到的教学目标和练习要求，按照教材的内在逻辑顺序，划分成若干个难度，逐级递增。

第二，依据分步子的段落，编制所分段落及其内在联系的流程图。

第三，按分步子的段落，编写集排球基本理论、基本技术、基本战术、理论和技能操作习题、评价等于一体的图文并茂的自学教材。

第四，按照教学进度，在课时中将若干个段落一步接一步地呈现给学生，并依次进行操作。

第五，制定每一个段落检测、考核的标准与方法，通过者随即进入下一段落的学习，未通过者则在同伴的帮助下，采用矫正练习继续学习，直至通过。

（二）以认知学科教学理论为指导的掌握学习教学模式

1. 掌握学习教学模式的基本含义

掌握学习是在学校学习模式的基础上，以绝大部分学生能达到既定教育目标的理念（即学生的学习能力倾向呈偏态分布的人人都能学好的信念），运用形成性评价理论构建起来的以教学目标达成度为掌握标准的一种教学模式。

2. 掌握学习教学模式的运作程序

第一，运用程序教学教材编制的原理与方法，依据教学大纲和教学阶段的划分理论，将所要学习的教材分解成逻辑单元。

第二，教学目标分析与编制。依据课程目标、教材的逻辑单元和授课对象的具体状况，精选和明确单元与课时教学目标，并使之结构化、层次化，即将目标分解成若干个子目标与符合逻辑关系的层次。教学目标应包括认知、动作技能和情感三个领域，每个领域的目标必须遵循导向性、递进性、难度适度性的基本原则，使用诸如情感领域的"接受""反应""价值评价""组织化""性格化"的行为动词，描述在教学后学生应表现出的以前所不能完成的行为。

第三，课时教学组织形式。以班级群体教学为主，并辅之以每个学生所需的频繁的反馈与个别化校正性帮助。

第四，评价。依据单元、课时教学目标，编制教学评价的标准与办法。参照教学评价的标准与办法，运用课时实施前的诊断性评价、教学过程时间序列上多次进行的形成性评价和课程结束时的总结性评价，对单元、课时教学目标的达成度进行及时和有效的评价。

（三）以社会科学教学理论为指导的合作学习教学模式

1. 合作学习教学模式的基本含义

合作学习是以建构主义学习理论、最近发展区理论、社会互赖理论、学生是学习主体的现代教学理论为理论基础，以学习小组为教学基本组织形式，通过教师与学生之间、学生与学生之间的协调活动，运用共同完成学习任务和小组总体表现为主要奖励依据的学习方式和教学策略建构起来的一种教学模式。

2. 合作学习教学模式的运作程序

（1）分组。

1）分组规模。小组成员应具有不同背景、特点、个性等特质，以利于集思广益。合作学习小组最多不要超过六人。

2）分组形式。小组结构以异质组为好。教师首先对学生情况进行摸底测试，依照学生现有的排球基本理论、技能和身体素质水平，并且充分顾及学生的性格、性别、学习品质等因素，将全班学生先分成四个等级，再进行随机分配，确保组内同质、组间异质。只有这样才有可能达到最近发展区的教学效果、促进相互学习和共同参与的合作教学的目的。

（2）组内活动。

1）组内成员角色分配。每一个小组成员轮流担任教师的角色。其必须依据课时教学目标，解释和说明课时需要完成的学习任务；采取检查、倾听、鼓励参与、补充、帮助、给予口头表扬等措施，促进组内成员在合作的过程中共同学习；提供课时教学目标达成的基本标准；进行课时目标完成情况的总结。

2）组内合作学习。以每个学生按照教师呈现的课时学习目标，独立阅读与思考学习材料，并做出完成课时教学目标的预案，然后在组内讨论，共享最终实施方案的形式为最基本的操作形式。当组内出现特困学习成员时，则采用小组加速教学，即在组内使用个别的特殊帮助的学习形式。

（3）学习评价。在形式上，采取每一次课和每一个教学阶段的形成性评价；在评价方法上，使用个人、小组和教师 3 个方面的书面（使用专门的登记表格录入）评价；在评价标准上，则视每个小组的目标达成情况和个人进步（包括动作技能学习和合作技能，即对特困学习成员的帮助能力）的发展水平而定；在评价的要求上，必须达到小组能够得出确切答案，并能够使每个成员都理解他们在各自测试中出错的动作环节及原因。

（4）教师控制与介入。教师需要组织学生分组；进行技术教学单元规划和单元、阶段、课时教学目标的设计；传授合作教学过程中诸如积极对话、交流感情和提出建设性的评价等社会交往技能；阐述每一节课的任务、目标结构、课时目标，提供必要的练习手段；对学生的学习和小组间的合作给予反馈，提供必要的帮助，调控学生的学习交往活动；评价学生的成绩。

第二节 排球训练理论基础

一、排球训练的任务

排球训练的总体任务是改进、巩固、提高与发展运动技能和不断提升运动竞赛成绩。

在这一总体任务下,排球训练的基本任务有:发展作为排球训练基础和更快、更好提升运动成绩的多元身体素质;发展保障运动员轻松而又流畅地表现排球动作技能的专项身体素质;发展合理、经济、准确地完成排球技术动作的能力;形成与发展针对未来竞技对手的战术策略模式;改善与提升纪律、毅力、意志力、自信心和勇气的竞技心理能力;发展运动员之间良好的人际互动、亲和力和团队归属感的团队能力;发展运动员健康和伤病预防的认知能力;传授排球技术、战术、竞技心理调适、拟订训练计划等训练理论与方法以及相关的运动营养、能量代谢、疲劳消除等方面的生理学、心理学理论知识。

二、排球训练的基本特征

(一)强调个体、团队全面与整体的竞技能力

排球运动的技术全面性和高度的技巧性以及严密的协同性特征,决定了现代高水平排球竞技中的一个极其重要的制胜因素——不仅需要全面提高运动员个体的身体、技术、战术、意识、心理、临场应变等竞技能力的诸元素,而且更为重要的是需要全面提高全队整体协同作战和处于逆境而后生的竞技力。

(二)训练"时间短,强度大,次数多"

每次课重点解决1~2个训练内容,并在准备活动后迅速进入主项训练的训练组织方法,既有利于运动员在体力充沛和注意力高度集中的状况下竭尽全力去完成训练任务,以提高训练效果,又有利于确保某项技术训练的质量,兼顾全队技战术的整合,还能突出训练强度、控制负荷的变化节奏,防止伤病累积。

(三)网上技术训练领先

掌握网上扣、拦的制空权已经成为现代竞技排球的主流打法。因此,突出网上扣、拦技术训练,特别是在掌握先进快攻技战术的前提下,更加注重强攻、远网扣球和后排扣球的技术训练,再带动后防及其他技术训练的先网上后其他的技术训练理念和方法,已成为高水平排球运动训练的典型特征。

(四)小周期的多周期训练

实行主客场制的竞赛体制以后,赛季的时间长度由原先赛会制的14分钟,延长到了90~120分钟,甚至更长,对竞赛期中涉及小周期的多周期训练过程中大和较大负荷课的次数与较小负荷课交替轮换、局部与整体战术针对性、薄弱技术的战略性准备、综合训练运用等的科学性提出了更高的要求。

(五)重视心理训练

运动员的心理素质已成为竞争日益激烈的竞技排球赛场上一个不可或缺的制胜因素。世界各国强队都把心理调节、控制和恢复技术用于提高运动员对突发事件的心理承受能力,或把针对竞技对手技战术打法以及在比分相持、落后,客场观众喧哗,裁判员漏判、误判

等情况下的模拟训练自觉纳入日常的训练过程之中。

（六）科学安排运动负荷，注重训练后的恢复

充分考虑生理负荷刺激所造成的心理负荷，合理要求运动员使用动员更大的能量、付出更大的努力的间歇训练法，谨慎使用可能会形成错误动作和导致运动员极度疲劳，出现运动损伤的极限训练法，是近年来在对大运动量训练赋予了"科学化"新理念后，科学安排运动负荷的基本特征。与此同时，使用物理技术和营养药物使运动员在大负荷训练后得以及时恢复的措施已被广泛运用。

三、排球训练原则

训练原则是建立在生物科学、心理科学和教育科学之上的反映训练特征的指导训练的基本准则和规范。正确运用训练原则将有助于设计更加科学的训练计划，选择更加合理的训练内容，运用更加科学的训练手段与方法。基于这样的认识，排球训练原则应该在运动训练学有关训练一般原则的指导下，继承和发展排球训练。应该在技术、战术、身体素质、心理、作风有机结合的"五结合"原则的基础上，有针对性地运用如下7项排球训练原则。

（一）主动参与原则

教练员只有通过与运动员进行各种沟通，让他们了解排球训练的范畴和目标、独立性和创造性，以及长期从事排球训练过程中应承担的责任、权利和义务，运动员才能主动接受教练员的指导，并自觉、积极地进行运动技能、体能和心理特质的自我改造与完善，从而义无反顾地与训练过程中的一切困难做不懈的斗争。

（二）多元发展原则

改造身体形态和发展机能能力的多元训练是排球运动员器官和系统之间、生理和心理过程之间相互作用使然，是排球专项训练和获得高水准竞技成绩的基础。因此，不论是初级的排球运动员，还是高水平的排球选手，其运动生涯始终贯穿着多元训练。只不过其多元训练的比例，随着训练年限的逐步递增，以及排球专项运动能力的提升，而逐步递减，但始终维持在一定的水准上。

（三）专项化原则

专项化训练是使排球运动员的身体形态、机能、技术、战术和心理特质适应排球运动项目特殊需求的，具有发展排球运动技能和排球运动员身体素质双重功效的专门训练，是建立在多元发展基础之上的训练形式。排球运动实践证明，只有准确把握在排球运动多年训练过程中，运动员适应生理、心理强度刺激的生物学、社会学规律，科学地控制训练负荷变化节奏，才能降低运动员成才年龄，进而缩短优秀选手的培养过程。

（四）实战训练原则

强队之间的比赛的实质就是一次高水平的实战训练，它是验证训练成果、发现薄弱环

节、积累比赛经验、提高实战能力、增强竞技心理能力、保持较高训练水平和竞技状态的有效训练方法。因此，在小周期的多周期训练过程中，特别是在赛前训练中，要有针对性地科学安排强强对抗和热身赛，以达到"以赛促训"的实战训练目的。

（五）合理负荷原则

竞技能力的提升是运动员在训练过程中完成负荷量、负荷强度的直接结果，其提升的速度直接取决于运动负荷递增的速度和方式。因此，所有等级的运动员首先应遵循的是负荷逐年渐增原则，但又应谨慎地通过调整阶梯高度和阶梯长度的方式、方法，逐步增加训练负荷。与此同时，因训练周期不同、训练程度不同，而应采用阶梯式负荷（在由小到大的递增负荷之后，安排一个中等负荷阶段）、平台式负荷（在持续大负荷之后，安排一个小负荷阶段）等不同的负荷方式。

（六）有效控制原则

及时调控训练状态的偏离，阻止偏离继续发展，使偏离的训练状态恢复到最佳，是有效调控原则的本质反映。因此，在宏观控制层面上，必须遵循周期训练的理论与方法，严格进行持续不间断的系统训练。而在微观层面上，应采用量化的指标，对每次课的技术、战术、身体训练的达成度予以监控、测量与评价，以使训练过程最佳通道波动的振幅降到最低。

（七）个别化原则

不论运动员的训练程度如何，教练员都应该按照运动员的生理、心理特点，依据其性别、生物年龄、运动经历、学习特性、专项运动能力和潜质、运动成绩和现时训练状态、大强度负荷后恢复的速度、身体形态和神经类型、机能状态和健康状况等元素，制定相应的训练计划，采取相应的训练内容、手段与方法。

四、排球训练计划

排球运动训练计划具有方法合理和程序科学的特征。它是教练员有序组织和安排训练的重要工具。因此，它又是使运动员通向高水准训练程度的基本保障。排球运动训练计划由多年训练计划、全年训练计划、阶段训练计划、周训练计划和课堂训练计划等相互衔接的五个部分组成。所有的训练计划一般都以表格（含周期划分、阶段划分、负荷曲线图等）的形式出现。

（一）多年训练计划

多年训练计划是训练计划体系中的一个重要环节，它是教练员使用排球运动专项指标和测试标准，以运动员的现时竞技能力为依据，规划个体、团队未来的竞技能力和运动成绩目标，并以此规范长期（4年）训练过程的客观方法。基于这样的客观分析，在排球多年训练计划中，应包括以下基本内容。

第一，测 4 年和当年的运动成绩。

第二，根据国内外排球运动发展态势、国际排联有关规则修改的情况，为每一个训练元素确定目标。

第三，确定重大比赛的日期（例如 4 年一次的大赛和每年 1~2 次的国内大赛）。

第四，确定年预期成绩的检测指标与标准。

第五，确定一个训练元素目标达成的主要步骤和措施，以及检测指标与标准。

第六，确定 4 年一次大赛的周期训练划分。

第七，确定每年 1~2 次的国内大赛的周期训练划分。

第八，新老队员更替。

（二）全年训练计划

全年训练计划是多年训练计划中，每年 1~2 次的国内大赛周期训练划分模式的具体化。它是教练员依据当年运动员的竞技能力状况，根据次年的赛程安排而规划训练内容、量化训练内容比重和设定训练负荷变化节奏而定的下一年的大周期训练计划。排球运动全年训练计划的结构与内容如下。

1. 前言

第一，说明计划使用的持续时间长度，例如，2021-09-10 至 2022-08-10。

第二，球员基本资料，包括性别、年龄、身高、体重、训练年限、运动等级、运动成绩。

2. 回顾分析

为了精确地计划下一年度的训练目标和运动成绩，必须运用成绩、测试指标及标准，定量分析前一年训练目标和运动成绩的达成度及成因，即：

第一，球技、战术进步状况与体能发展的吻合程度；

第二，技术及其运用的有效率，技术训练时数；

第三，战术运用与本队特性和比赛特征（对手竞技特征）的准确性；依据运动员日常和参赛行为，评估其个体和团队心理状况。

3. 运动成绩预测

客观对比与分析下一年技术、战术、体能、心理抗衡的量化指标，找出制胜因素，预测竞赛名次。

4. 设定训练目标

训练目标是以前一年度竞赛成绩、测试标准的达成度和竞技能力发展速度为基准而设定的。设定训练目标时，应着重考虑训练因素中最为重要的因素，以及制约运动员竞技能力施展的训练因素，例如体能和技术等，并据此设定体能、技术、战术、心理等训练因素的优先顺序。

5. 设定测试指标与预期标准

（1）身体素质测试指标：5级蛙跳；助跑摸高；6米进退移动；仰卧收腹速度；10秒引体向上；羽毛球掷远；12分钟跑。

（2）技术测试指标：一传到位率；防起能攻率；发球成功率（得分、破攻、破战术）；扣死率减扣失率；拦网成功率（拦死、拦回、拦起）。

（3）战术测试指标：攻防战术运用频率；各轮次接发球进攻组成率；各轮次防反组成率；各轮次快速反击组成率。

6. 设定周期

周期是由下一年重大比赛的时间和次数决定的。如只有一次重大比赛，则全年训练计划只有一个周期，即单峰周期；如上半年和下半年各有一次重大比赛，则全年训练计划由两个周期组成，即双峰周期。

（三）阶段训练计划

阶段训练计划是全年训练计划中周期的具体化，由准备期、比赛期两个阶段组成。

1. 准备期

准备期是阶段训练计划中时间最长、内容最多的训练阶段。根据不同的训练目的，准备期还应再细分为三个小的阶段。

（1）适应阶段。运动员个体和团队训练调节，体能恢复和改进基本技术。时间长度约占准备期时间总量的20%。

（2）提高阶段。全面提高身体素质，发展基本技术运用能力，通过增加触球次数提高练习密度，逐渐增大训练量，控制训练强度。时间长度约占准备期时间总量的40%。

（3）强化阶段。突出专项身体素质，强化个人特长技术和团队攻防能力，通过高难度的有球对抗练习增大训练强度，并有针对性地组织多次热身赛。时间长度约占准备期时间总量的40%。

2. 比赛期

实行主客场制的竞赛制度以后，赛季的时间变得漫长。多周期的小周期训练，即由若干个竞赛周（小周期）组成的多周期训练，则成为必然。从这个意义上说，设定竞赛周（小周期）训练计划是比赛期制订多周期的小周期训练计划的关键部分。其训练因素及方法如下。

（1）训练内容。解决本队薄弱技战术环节的针对性训练；以局部和全队战术配合为主，并针对对手具体的技术和战术打法、个人习惯进行模拟训练；保持一定量和强度的力量训练。

（2）训练方法。以综合训练方法为主，使技术、战术、体能、作风、心理训练有机地结合起来。合理而又有目的地运用局部和全队快速、连续攻防的专项技战术训练手段，不仅可以保持准备期获得的体能训练水平，而且还是使体能训练与技能、战术训练有机结合。

（3）训练负荷节奏。赛程决定了竞赛周结构、恢复和减量的安排方法。国内排球联赛，一般是每周一赛，其负荷安排的基本规律是：上周六比赛，上周日零强度（在旅途中或休息），这周一上60%低强度恢复课，周二上80%～90%中等强度课，周三上90%～100%大强度课，周四和周五上80%低强度的减量课，周六比赛，周而复始。

（四）周训练计划

周训练计划是依据阶段训练和训练因素的重要性而形成的。周训练计划的结构由每周训练课的数量和训练课的功能决定。课次的数量和课次的功能又是由阶段训练计划中特定的训练阶段、训练目标和运动员的训练状态决定的。制定周训练计划时，必须考虑以下8个基本因素：①周训练目标；②周训练课的次数；③每次课的训练时间；④每次课的训练内容、重点及其比重；⑤每次课的训练手段与方法；⑥周训练负荷的变化节奏；⑦每次训练课的量与强度；⑧在准备期内，同质（如训练目标、内容、手段、方法）的周训练计划可以重复2～3次，但是，随着周次的延伸，训练量和训练强度应递增。

（五）课堂训练计划

课堂训练计划应该包括4部分。

1. 训练课的任务或目标（约5分钟）

训练课的任务（或目标）一般为2～3项，但不超过3项。这些目标必须与周训练计划的目标、运动员的能力水准相契合。宣布课时训练科目，说明每个科目训练的目标，解释训练科目的重点与难点。

2. 准备部分（约30分钟）

热身活动由一般热身和专项热身两个部分组成。一般热身常由较长时间的低中强度的各种行进间步法练习开始，随即进行各种全身静力性拉伸运动，最后亦可安排一些递增速率低于专项的球类游戏。专项热身必须根据训练课时的科目，选用与之相匹配的、能够改进专项运动能力的动作技术练习。

3. 主体部分（约75分钟）

主体部分内容一般有技术动作学习、技术或战术磨炼，发展速度和协调性，发展力量和耐力。每一项训练内容都须有手段、组织形式、要求、数量、时间和强度的说明。

4. 结束部分（约10分钟）

采用低负荷的活动性游戏或慢跑后，进行伸展肌肉的恢复性活动。

五、排球技战术训练方法

（一）提高基本技术运用能力的训练方法

1. 使用移动练习手段强化基本技术训练

例如，一场高水平的排球比赛，男、女选手移动的平均距离分别为 900 米和 1000 米。其中，3 米以内的移动占 50%，6 米以内的移动占 95%。除了发球技术以外，其他基本技术都是在移动过程中完成的。因此，在强调动作方法规格化的前提下，采用变换练习条件（变换来球的性能，变换移动距离、速度和方向，变换连接技术）和变换运动负荷（变换间歇方式，变换练习人数，变换组数和次数，变换完成指标的质与量）的变换练习法，对二传、攻手、接发球、接扣球、拦网队员进行不同步法的移动训练，不仅可以改进、提高、巩固、强化基本技术运用过程中人—球保持的时空能力，而且能够有效提高训练的密度、强度和难度。

2. 使用技术串联的练习手段强化基本技术训练

在排球比赛的一个回合中，基本技术是以发、垫、传、扣、拦的顺序出现的。而在多回合的对抗中，往往又以拦、垫、传、扣的顺序出现。因此，依据比赛过程中基本技术运用的基本规律，将各项技术按实战的需要，在教练员的掌握与控制下进行"技术串联"训练，不仅有利于提高单个基本技术运用的规格化程度，有利于发展基本技术的运用意识，而且有利于增大基本技术训练的密度、强度和难度。此法特别适用于准备期训练中对技术操作模式的调整和对比赛技术动作的改造。一般而言，在准备期的前期，多采用以磨炼基本技术为目的的 2 项基本技术的串联训练，而在准备期的后期，为了逐步适应战术训练的需要，则多采用 3 项或 3 项以上的基本技术的串联训练。

3. 在对抗条件下强化基本技术训练

技术对抗是排球运动竞技的一个基本特征。从这个意义上说，排球基本技术只有在对抗中进行训练，才能真正解决其在实战过程中运用效率的问题。因此，在基本技术训练时，依据训练目标、训练内容、训练条件，合理选择对抗训练的对立面（教练员、陪打员、老队员），进行攻击性强于防御性的基本技术对抗训练，不仅可以大幅提高防御技术的运用能力，而且可以加大基本技术训练的密度、强度和难度。此法多用于准备期中发展基本技术运用能力的提高阶段。

4. 在竞赛条件下强化基本技术训练

竞赛具有强烈的挑战性。在基本技术训练过程中纳入竞赛的元素，不仅有利于激发运动员训练的积极性，而且有利于提高训练的效果，更有利于有效地培养与发展运动员对竞赛心理的承受和调节能力。竞赛的形式可以在 2~3 人或 2~4 人组成的小组间进行，也可以在主力与替补之间开展。竞赛的内容可以是单项技术成功率，也可以是单位时间内单项技术或者技术串联完成的速度和质量。竞赛的标准可以是简单条件下完成技术的质量，也可以是在对抗中完成技术的质量，还可以是正式比赛中额定指标的完成数量。不论何种类型的比赛，均需设定"施加心理压力的要素"，例如误判、错判、反判等最容易导致运动员产生心理障碍的运动情景。

5. 在强对抗的条件下强化基本技术串联训练

技术串联的练习手段虽然是个强化基本技术及其运用能力的有效训练方法，但是在强对抗的条件下进行基本技术串联训练，则对基本技术的运用能力提出了更高的要求。因此，使用接发球条件下的扣拦对抗、调整传球条件下的扣拦对抗、发球条件下的攻防对抗练习手段，不仅有助于改进，提高和巩固网上争夺的基本技术及其运用能力，还有助于提高和发展攻防链中各保障环节（相关的基本技术）的运用能力。此法多用于比赛期中解决本队薄弱技术环节的针对性训练。

（二）提高战术训练质量的训练方法

战术训练是阶段训练中准备期里强化阶段和比赛期内的主要任务之一。其训练效率与质量直接关系到比赛的成绩。其训练方法主要有3种。

1. 强化攻防链的环节训练

排球比赛，从战术的角度上说，有接发球及其进攻系统，接扣球及其进攻系统，接拦回球及其进攻系统，以及接垫、传球及其进攻系统四个战术系统。无论哪种战术系统，都有相应的战术环节，例如接扣球及其进攻系统中的扣—拦、拦—防、防—调、调—扣等一系列战术环节。克服攻防链上的某一个薄弱环节，就能提高某个战术系统的运作效率，提高总体战术系统（四攻系统）的作战能力。在进行攻防链的环节训练时，应注意：①应以本队的战术打法为依据，以贯穿本队战术意图为准绳，以强调战术运用意识为宗旨；②应分清主次轻重，抓住重点环节，狠抓薄弱环节，选择具有针对性的技术串联练习手段，采用重复训练法、变换训练法、比赛训练法进行长期训练。

2. 强化轮次配合训练

从战术组成的角度上看，排球比赛的战术过程是由攻防回合体现的，而特定的攻防回合又是由特定的攻防轮次完成的。因此，攻防轮次就成为攻防回合最基本的战术单位。从这个意义上说，强化轮次配合训练无疑是提高球队战斗力的一个基本途径。轮次配合训练具有强烈的针对性，它主要是为了解决：①发挥本队某种配合的特长；②克服制约全队总体战斗力水准的薄弱轮次；③学习、巩固与提高某个轮次全新的攻防打法的套路。轮次配合强化训练应视特定的状况选择不同水准的对立面，以控制训练的难度和接近实战的程度。

3. 成队对抗训练

成队对抗训练是赛前训练的重要内容，是最常用、最接近实战并能有效提高队伍整体一攻和防反能力的综合训练。依据成队对抗训练的特定需求，这种训练必须在模拟实战情景的条件下进行。从这个意义上说，在进行成队对抗训练时，采用模拟竞赛压力心境的训练手段，更加符合赛前训练的需求。因此，应把握运动员最容易产生心理障碍的特征——害怕自己失误，而及时、正确地对其施加心理压力。例如：规定主力阵容达到 25 分时，替补方不得超过 20 分；在关键局和关键分时，替补方扣死一球得 2 分，主力方拦死一球得 0.5 分；替补方发球破攻得 2 分，主力方发球失误扣 2 分；等等。此外，为了达成网上扣—拦强对抗的训练意图，可以聘请陪打予以强化。

技术是战术实施的制约因素，或者说战术是技术的"函数"。因此，不论采用何种提高战术训练质量的训练方法，在训练过程中，均应注重技术训练的因素，即在战术训练中既要练技术，又要提高技术运用的意识。

思 考 题

1. 简述排球教学的原则。
2. 简述排球训练的任务。

第四章 排球技术教学

通过中国女排艰苦训练的故事,教育学生学习女排运动员敢于挑战难以想象的困难,勇于挑战自我极限,在排球课学习和比赛中、在体能测试中展现出来,同时教育学生遇到困难要勇于直面困难,不能逃避责任,践行竹棚精神。

排球基本技术包括准备姿势和移动、传球、垫球、发球、扣球和拦网。对于初学者来说,应首先学习准备姿势和移动,熟悉掌握各种移动步法后,再学习传球和垫球技术,接着学习发球技术,学习了传、垫、发球技术后,就可以进行简单的教学比赛。最后综合各方面的技术后再学习扣球、拦网技术,简单地组织进攻和防守战术。训练方法包括传球、发球、扣球、拦网等,排球技术教学和训练方法的教学为排球的学习奠定了基础。

第一节 准备姿势与移动及其教学

准备姿势与移动是排球基本技术之一,属于无球技术,是完成发球、垫球、传球、扣球和拦网等各项有球技术的前提和基础,并对各项有球技术的运用起串联和纽带作用。准备姿势和移动是相辅相成的,准备姿势主要是为了移动,而要快速移动,又必须先做好准备姿势。

一、准备姿势

为了便于完成各种技术动作而采取的合理的身体姿势称准备姿势。合理的身体姿势是指既要使身体重心处于相对稳定的状态,又要便于移动和完成各种击球动作,为迅速启动、快速移动及击球创造更好的条件。为完成某项有球技术而做的准备姿势,称为专项技术准备姿势,例如拦网、发球、传球等都采用不同的准备姿势。

一般来讲,按照身体重心的高低,准备姿势可分为半蹲、稍蹲和低蹲三种。

（一）半蹲准备姿势

1. 动作方法

两脚左右开立稍比肩宽，一脚稍前，两脚尖内收，脚跟稍提起；膝关节保持一定的弯曲，其投影在脚尖前面；上体前倾，重心靠前；两臂放松，自然弯曲，双手置于腹前；全身肌肉适当放松，两眼注视来球，两脚始终保持微动。

2. 技术分析

第一，脚跟稍提起，膝关节保持一定弯曲，便于及时向各个方向蹬地启动，预先拉长伸膝肌群和增大移动时的后蹬力量，也便于及时起跳、下蹲和倒地。

第二，上体前倾有利于向前或向侧前移动，两臂置于胸腹之间有利于移动时的摆臂和随时伸臂做各种击球动作。

第三，肌肉保持适度放松比肌肉完全放松和过度紧张更有利于启动。两脚保持微动使神经系统处于适当的兴奋状态，有助于肌肉的快速收缩和克服静止的惯性。

3. 技术要点

屈膝提踵，含胸收腹，微动。

（二）稍蹲准备姿势

稍蹲准备姿势比半蹲准备姿势的重心稍高，动作方法相同。

（三）低蹲准备姿势

低蹲准备姿势比半蹲准备姿势的重心更低、更靠前，两脚左右、前后的距离更宽，膝部弯曲程度更大；肩部投影过膝，膝部投影过脚尖，手置于胸腹之间。

二、移动

从启动到制动的过程称为移动。移动的目的主要是及时接近球，保持好人与球的位置关系，以便击球。迅速的移动可占据场上的有利位置，争取时间和空间。能否及时移动到位，直接影响着技战术的质量。移动由启动、移动步法和制动三个环节组成。

（一）启动

启动是移动的开始，是在准备姿势的基础上，变换身体重心的位置，破坏准备姿势的平衡，使身体向目标方向移动。

1. 动作方法

根据场上的情况，采取不同的准备姿势，有利于随时改变移动方向和迅速移动。以向前移动为例，在正确准备姿势的基础上，迅速向前抬腿收腹，使上体向前探出，同时后退迅速用力蹬地，使整个身体急速向前启动。

2. 技术分析

（1）力学原理。启动的力学原理是破坏平衡。人体向前抬腿，身体失去平衡而前倾，开始了启动。收腹和上体前倾，有利于身体重心的前移和降低，从而减小了蹬地角，增大了后蹬的水平分力，达到了快速启动的目的。

（2）主要动力。启动时的主要动力来源于蹬地肌肉的爆发式收缩，蹬地腿预先拉长肌肉的爆发力越大，启动就越快。

3. 技术要点

抬腿蹬地，破坏平衡。

（二）移动步法

排球运动中的移动步法有很多种。启动后应根据临场技战术的需要，灵活采用各种移动步法进行移动。

1. 动作方法

（1）并步与滑步。并步如向左移动，则右脚蹬地，左脚向左跨出一步，右脚迅速跟上做好击球准备（图4-1）。连续并步就是滑步。

图4-1 并步

（2）跨步与跨跳步。跨步如向前移动，则后腿用力蹬地，前脚向来球方向跨出一大步，膝部弯曲，上体前倾，身体重心移至前腿上。跨步可以向前跨步，也可向侧跨步。跨步过程中有跳跃腾空即为跨跳步。

（3）交叉步。交叉步一般指侧向移动时两脚交叉移动。以左交叉步为例，上体稍向左转，右脚从左脚前面向左交叉迈出一步，然后左脚再向左跨出一大步，同时身体转向来球方向，保持击球前的姿势（图4-2）。也可一脚先后撤一步，然后另一只脚进行交叉步移动。

图4-2 交叉步

（4）跑步。跑步时两臂要配合摆动。如球在侧方或后方，应边转身边跑。

（5）综合步。以上各种步法综合运用。

2. 技术分析

第一，并步移动时后腿迅速跟进，较易保持身体平衡，便于做各种击球动作。

第二，跨步移动时的步幅较大，身体重心较低，便于接1～2米处低球。交叉步采用两步移动，所以移动距离比跨步移动更远。

3. 技术要点

抬腿弯腰移重心，第一步要快。

（三）制动

在快速移动之后，为了保持稳定的击球姿势和克服身体惯性，必须运用制动技术。

1. 动作方法

（1）一步制动法。一步制动时，最后跨出一大步，同时降低重心。膝和脚尖适当内转，全脚掌横向蹬地，抵住身体重心继续移动的趋势，并用腰腹力量控制上体，使身体重心的投影落在两脚所构成的支撑面内。

（2）两步制动法。两步制动时，以倒数第二步做第一次制动，紧接着跨出最后一步做第二次制动，同时身体后仰，重心下降，双脚用力蹬地，使身体处于有利于做下一个动作的姿势。

2. 技术分析

第一，制动的本质是恢复平衡。在最后跨出一大步跨出脚蹬地的同时，地面给人体一个支撑反作用力，其水平分力与身体的移动方向相反，从而使身体重心移动速度减慢。

第二，最后跨出一大步时，上体后仰，降低身体重心，使蹬地角减小，稳定角增大，有利于制动。

3. 技术要点

跨大步，降重心。

三、准备姿势与移动的运用

稍蹲准备姿势一般应用于扣球助跑之前，对方正在组织进攻不需要快速反应启动的时候。半蹲准备姿势多用于接发球、拦网和各种传球时。低蹲准备姿势主要用于防守和各种保护动作时，其重心低，便于倒地和插入球下防守低远球。

队员根据其所防守位置的不同，准备姿势中两脚站立的方法也有所不同。为了对准来球，便于及时移动，在左半场区时应左脚在前，身体稍右转；在右半场区时应右脚在前，身体稍左转。

并步的特点是容易保持平衡，便于做各种击球动作，主要用于传球、垫球和拦网；跨步适用于来球较低、离身体1～2米垫击时；当来球距体侧3米左右时，可采用交叉步，其特点是步子大、动作快、制动强,主要用于二传、拦网和防守;当来球距身体更远时,可采用跑步。移动要快,关键是在不同的情况下采用不同步法,以适应来球。为了更好地击球,并达到良好的击球效果,应力求在移动结束后能正面击球,或保持良好的击球面。

一步制动法多在短距离移动之后,前冲力不大时采用;两步制动法多在快速移动之后,冲力较大时使用。制动有多种方法,关键是最后一步都要跨出一大步。

四、准备姿势与移动的教学及练习方法

(一)教学顺序

首先学习基本的半蹲准备姿势,然后学习稍蹲准备姿势和低蹲准备姿势。按照并步、跨步和交叉步的顺序学习移动,同时介绍滑步、跑步和综合步法。准备姿势和移动的教学应同时进行。

(二)教学步骤

1. 准备姿势的教学步骤

第一,讲解:准备姿势的目的与运用;准备姿势的分类;半蹲准备姿势的动作方法;稍蹲准备姿势、半蹲准备姿势和低蹲准备姿势的异同点。

第二,示范:边讲解边示范。示范时,既要正面做也要侧面做。

第三,组织练习:由原地做过渡到移动中做。

第四,纠正错误动作。

2. 移动的教学步骤

第一,讲解:移动的目的与作用;移动与准备姿势的关系;移动步法的种类及在比赛中的应用时机;各种移动步法的动作方法。

第二,示范:边讲解边示范。示范时,既要正面做也要侧面做。

第三,组织练习:徒手练习,结合球练习,结合其他基本技术练习。

第四,纠正错误动作。

(三)练习方法

1. 准备姿势的练习方法

第一,成两列横队,在教师指导下做各种准备姿势。

第二,两人一组,一人做准备姿势,另一人纠正其错误。两人交换进行。

第三,原地跑步,在跑步的过程中根据教师的手势、口令、哨音或其他信号做不同的准备姿势。

2. 移动的练习方法

(1)徒手练习。

第一,成半蹲准备姿势,根据教师口令和手势做各种步法和不同方向的移动。

第二，两人一组相对站立，一人跟随另一人做同方向的移动。

第三，以滑步和交叉步进行 3 米往返移动，手触及两侧线。

第四，从端线起，以教师规定的步法进 6 米，退 3 米，如此连续往返进到场地的另一端。

（2）结合球练习。

第一，两人一组，相距 6 米，各持一球，两人同时把球滚向对方侧体 3 米左右处，移动接住球后再滚给对方。如此反复进行。

第二，两人一组，一人持球向不同方向空中抛出 2~3 米，另一人移动对准球，用双手在额前接住球。

第三，成纵队立于网前，依次接教师抛向场地不同方向及不同弧度的球。

（3）结合其他技术练习。结合准备姿势练习，结合传、垫、扣等技术练习。

五、准备姿势与移动的易犯错误及其纠正方法

准备姿势与移动的易犯错误及其纠正方法见表 4-1。

表 4-1　准备姿势与移动的易犯错误及其纠正方法

项目	易犯错误	纠正方法
准备姿势	只在意提脚跟	强调脚跟提起是腰、膝、踝弯曲所引起的自然动作的道理
	全脚掌着地	提示提脚跟，使其两脚前后略分大些
	直腿弯腰	多做低姿势移动辅助练习
	臀部后坐	讲清重心靠前的道理，使双膝投影超过脚尖
移动	启动慢	做辅助练习，如各种姿势下的起跑
	移动时身体起伏大，身体重心过高	讲清道理，多做穿过网下的往返移动
	制动不好，制动后不能保持准备姿势	脚和膝内扣，最后一步稍大

第二节　发球技术与教学

发球是排球的基本技术之一，也是排球比赛中一项重要的进攻技术。发球是①号位队员在发球区内自己抛球后，用一只手将球直接击入对方场区的一种击球方法。发球是排球技术中唯一不受他人制约的技术。

在 20 世纪 50 年代，各队在比赛中主要采用勾手大力发球和正面上手发球技术，发球的特点主要是力量大、速度快。20 世纪 60 年代，各队广泛采用发飘球技术，由于发出的球飞行时飘晃，给接发球造成很大困难。20 世纪 70 年代，发球技术没有很大进展，但在发球

技术运用上有很大提高。进入 20 世纪 80 年代以后，各队广泛采用跳发球技术，给接发球带来较大威胁。现在的发球区位于整个 9 米长的端线外，发球队员可在 9 米宽的发球区内任意地方发球，从而使发球有了更大的威胁。

发球是比赛的开始，也是进攻的开始。排球比赛中真正意义上的第一次进攻是发球。准确而有攻击性的发球可以直接得分或者破坏对方的战术组成，减轻本方防守压力，为反击创造有利的条件，同时能振奋精神，鼓舞全队士气，在心理上给对方造成很大压力。反之，如果发球威力不大，不但失去直接得分或者破坏对方战术的机会，还会给本方的防守造成很大的困难，形成被动的局面。发球失误，将直接失分和失权。因此，发球在比赛中的重要性越来越得到体现，发球也越来越受重视。

一、发球技术的动作方法

发球按照发出球的性能主要可分为发飘球和发旋转球。发飘球主要有正面上手发飘球、勾手发飘球和跳发飘球，发旋转球主要有正面上手发球、跳发球、正面下手发球、侧面下手发球、勾手大力发球、侧旋球和高吊球。

（一）正面上手发球

正面上手发球要正面对球网站立，以便于观察。这种发球的准确性较高，并能充分利用蹬地、转体和收腹带动手臂加速挥动，以及运用手指手腕的推压动作，加大发球的力量和速度，同时使球呈前旋飞行，不易出界。

1. 动作方法

队员面对球网，两脚前后自然开立，左脚在前（以右手发球为例，下同），左手持球于身前，手臂用手掌平托着球向上送，将球平稳地垂直抛于右肩前上方，高度适中。在左手抛球的同时，右臂抬起。屈肘后引，肘与肩平，上体稍向右转。击球时，利用蹬地、转体和收腹带动手臂挥动，在右肩前上方伸直手臂的最高点，以全手掌击球的中下部。击球时，手指自然张开吻合球，手腕迅速主动做推压动作，使击出的球呈前旋飞行。

当然，也可以用右手抛球，或者双手抛球（图 4-3）。为了加强发球的力量和攻击性，许多运动员还向前一步、两步或者多步正面上手发球。

图 4-3　正面上手发球（双手抛球）

2. 技术分析

第一，准备姿势时，左脚在前，便于右臂后引和身体自然后转，同时也便于向左转体挥臂击球。

第二，抛球平稳、准确、高度适中，是为了提高击球的准确性。抛球过前时，易造成推球，不易过网，不能充分发挥转体和收腹的力量；抛球过高时，不易掌握击球时机；抛球过低，则来不及充分挥臂用力。

第三，挥臂前肘关节后引，可拉长胸腹和手臂的部分肌肉，并积累一定的弹性势能，同时延长挥臂，有利于加快转体和挥臂速度，从而加大挥臂力量。

第四，击球时转体并收腹发力，腰带动肩，肩带动上臂，上臂带动前臂，前臂带动手腕，最后传递到手上，能够使手获得最大的速度。

第五，击球时两脚蹬地，使上体加速做向前的运动，加快了手臂挥动的速度，有利于加大击球力量。

第六，以全手掌击球的中下部，能够增大击球面积，延长手作用在球上的时间，易控制球。手腕的推压动作能够使球呈前旋飞行，不易出界。

3. 技术要点

抛球，弧线挥臂，包击推压。

（二）正面上手发飘球

正面上手发飘球是采用正面上手的形式，使发出的球不旋转、不规则地飘晃飞行的一种发球方法。正面上手发飘球可分为重飘、轻飘、远飘、下沉等。正面上手发飘球时面对球网，以便观察对方的接发球情况。

1. 动作方法

准备姿势同正面上手发球，但抛球较低、较靠前。抛球的同时，右臂屈肘后引，上体稍后仰。击球前，手臂自后向前做直线挥动。击球时，五指并拢，手腕稍后仰，用掌根平面击球的中下部，作用力通过球体重心。击球瞬间手指、手腕紧张，不做推压动作，手臂挥动有突停动作。击球发力突然、快速而短促。

2. 技术分析

第一，抛球比正面上手发球稍前、稍低，便于挥臂击球时向前用力。

第二，击球前手臂的挥动轨迹呈直线，便于作用力通过球体重心，使球体不旋转地向前飞行。

第三，用掌根或手臂其他坚硬部位击球，击球面积小，力量集中、短促，易造成飘晃。

第四，击球时手指、手腕紧张以及击球手臂的突停动作，可使球体迅速脱离击球手，缩短手对球的作用时间，从而使球产生较大变形，更易产生飘晃。

3. 技术要点

抛球，直线挥臂，短促击球，作用力通过球体重心。

（三）勾手发飘球

勾手发飘球简称勾手飘球，又称勾飘。勾手，指手臂做侧向大回转挥动。勾手发飘球是侧对球网站立，利用勾手的形式，使发出的球不旋转、不规则地飘晃飞行的一种发球方法。这种发球方法能够较多地借助下肢和腰部力量，所以不仅可用于近距离发球，也非常适合远距离发球。

1. 动作方法

身体侧面对网，两脚自然开立，左手持球于胸前，将球平稳地抛在左肩前上方约一臂高处。击球时，右脚蹬地，上体向左转动发力，带动手臂挥动。挥动时手臂伸直，用掌根在右肩的左上方击球的中下部。在击球前，突然加速挥臂，手的挥动轨迹保持一段直线运动。击球瞬间，五指并拢，手腕后仰并保持紧张，手臂挥动有突停动作。

2. 技术分析

第一，利用蹬地和上体转动，带动手臂加速挥动，使肩关节负担较小，可发长距离飘球。

第二，用掌根击球中下部，击球面积小，力量集中、短促，易造成飘晃。也可用半握拳或拇指根部击球。

第三，击球点不在伸直手臂的最高点，便于手臂在击球前保持一段直线挥动，从而使作用力通过球体重心，使球不产生旋转。

第四，击球时手指、手腕紧张及击球时手臂挥动突停动作的原因与正面上手发飘球相同，是为了保证球的飘晃。

3. 技术要点

抛球，转体发力，直线挥臂，短促击球，作用力通过球体重心。

（四）跳发球

跳发球是为了加强进攻性，以助跑起跳的方式，在空中将球直接击入对方场区的发球方法。跳发球也可做跳发飘球，但主要是跳发旋球，这种发球由于是跳起在空中击球，击球点较高，身体能充分伸展，有利于充分发力，故而力量大、旋转强、速度快。

1. 动作方法

面对球网，站在距端线 2～4 米处，利用单手或双手将球抛在前上方，离地面高 4～5 米，甚至 6～7 米，随着抛球离手向前助跑跳起。起跳时，两臂要协调摆动，摆幅要大。击球时利用收腹和转体动作带动手臂挥动。击球点保持在右肩前上方，手臂伸直，利用全手掌击球的中下部，并加推压动作，使球呈前旋飞行。击球后，双脚落地，双膝缓冲，迅速入场。

2. 技术分析

第一，助跑起跳不但使身体获得了一定的水平方向初速度，增强了击球力量，而且也提高了击球点，降低了球体飞行轨迹的弧度，使球更具有威胁性。

第二，击球的中部是因为跳发球的击球点高，在保证过网的前提下，压低球的飞行弧度，加大威力。

3. 技术要点

抛球，助跑起跳，腰腹发力，包击推压。

（五）正面下手发球

正面下手发球是身体正面对网，手臂由后下方向前摆动，在腹前将球击入对方场区的一种发球方法。正面下手发球动作简单，因此最适合初学者学习和运用。

动作方法：面对球网，两脚前后开立，左脚在前，两膝微屈；上体稍前倾，重心落在后脚。左手持球于腹前，将球轻轻抛起在体前右侧，离手高约20厘米，在抛球的同时右臂伸直，以肩为轴向后摆动，借右腿蹬地力量，身体重心随着右手向前摆动击球而移至前脚；在腹前以全手掌、掌根或虎口击球中下方。

（六）侧面下手发球

侧面下手发球是身体侧对球网站立的一种下手发球方法。动作简单，因此也适合初学者学习和运用。

动作方法：左肩对网，两脚左右开立，约与肩同宽，两膝微屈；上体稍前倾，重心落在两脚间；左手将球平稳抛送至体前，距身体约一臂远，离手高20~30厘米；在抛球的同时，右臂摆至体侧后下方，利用右脚蹬地向左转体的力量，带动右臂向前上方摆动，在腹前用全手掌、掌根或虎口击球的中下方。

（七）勾手大力发球

勾手大力发球是采用勾手的形式，充分运用全身的爆发力，发出力量大、速度快、弧线低、旋转强的球的发球方法（图4-4）。

图4-4 勾手大力发球

动作方法：身体侧向对网，两脚自然开立，左手或双手持球于胸前，将球抛在左肩前上方约一臂高度；抛球的同时，两膝弯曲，上体顺势向右倾斜，并稍向右转，右臂随之向右侧后方摆动，身体重心移向右脚；击球时，利用右脚蹬地、转体动作发力，带动右臂做直臂弧形挥动，同时身体重心由右脚移至左脚；手臂在伸直的最高点，在左肩的前上方以全手掌击球的中下部。击球时手指自然张开吻合球，手指手腕主动做推压动作，使球强烈前旋飞行。

为了加强勾手大力发球的攻击性，还可采用助跑勾手大力发球。

（八）侧旋球

按照发出的球在飞行时旋转的方向，侧旋球可分为左侧旋球和右侧旋球。

动作方法：准备姿势、抛球和手臂的挥动动作与正面上手发球相同。击球时，以全手掌击球的右（左）部，从右（左）向左（右）带腕，做旋内（外）的动作，使球向左（右）侧旋飞行。

（九）高吊球

这种发球高度高，且旋转，可利用球体下落的速度和弧线造成接发球困难。由于它的高度高，易受光线和风力的影响，故较适合在室外运用。

动作方法：右侧对网站立，两脚自然开立，右脚在前，身体重心落在右脚。两膝稍屈，上体微前倾。左手将球抛在脸前，使球在身前一臂远的地方落下。在抛球的同时，右臂向后摆动，然后借助蹬地展腹的力量以右臂猛烈向上挥动，击球前屈肘，以加快前臂挥动速度，在腹前以虎口击球的下部偏左处，使球在旋转中高高上升。

二、发球的注意事项

发球的方法很多，但不管采用哪种发球方法，都必须注意以下几点。

1. 抛球稳

抛球稳是影响发球准确性的主要因素，每次抛的高度和距离都应基本稳定，忽高、忽低、忽近、忽远都会影响发球的准确性。

2. 击球准

以正确的手型击球的相应部位，才能使发出的球的性能与预期一致。

3. 手法正确

击球的手法不同，发出的球的性能也不同。只有采用正确的手法击球才能发出相应性能的球。

4. 用力适当

用力大小与发球站位的远近、击球弧度的高低、发出的球的性能、落点密切相关。

三、发球技术的运用

发球时，应根据比赛中的具体情况，或需稳定，或需凶狠，或需找人、找区，或控制发球落点，应灵活地运用各种发球技术，力争用相应动作发出不同性能的球。

四、发球技术的教学与练习方法

（一）教学顺序

发球技术的种类很多，动作难易程度差别也很大，教学时应根据教学对象的不同水平和性别来选择教学内容以及确定教学的先后顺序。同时，应将发旋转球和发飘球技术的教学穿插进行，以便加深对发旋转球和发飘球技术动作的理解。

（二）教学步骤

第一，讲解：发球在比赛中的地位与作用；发球的动作方法；抛球、击球、手法三要素。

第二，示范：先做完整的发球动作示范，然后边讲解边做分解动作的示范，再做完整动作的示范。

第三，组织练习：徒手练习，结合球练习，结合球网练习，结合战术练习。

第四，纠正错误动作。

（三）练习方法

1. 徒手练习

第一，徒手抛球练习。

第二，徒手模仿发球，包括抛球、引臂、挥臂、击球等完整的连续动作。

第三，对固定目标做挥臂击球练习。

2. 结合球练习

第一，自抛练习，抛球高度和位置应符合发球动作的要求。

第二，结合抛球进行引臂和挥臂练习，解决抛球引臂与挥臂击球动作的配合。

第三，近距离地对墙发球练习，将抛球、挥臂、击球、用力等环节有机衔接起来。

第四，两人一组相距 9 米左右发球。

3. 结合球网练习

第一，近距离地隔网发球练习。

第二，站在端线向对区发球。

第三，站在端线左、中、右三个不同的位置向对区发球。

第四，站在距端线远、中、近不同距离的位置发球。

4. 结合战术练习

第一,把场地分成若干区,向指定区域发球。

第二,向接发球站立的空当发球。

第三,向场地边、角处发球。

五、发球易犯错误及其纠正方法

发球易犯错误及其纠正方法见表 4-2。

表 4-2　发球易犯错误及其纠正方法

发球技术	易犯错误	纠正方法
正面上手发球	击球点偏前或偏后	找一个高度位置合适的悬挂物,反复练习向上抛球;或设一圆圈,使垂直上抛的球进入圈内
	转体过大	击固定球,徒手练习挥臂动作
	没有推压带腕	对墙近距离发球,要求手包住球,使球前旋
	全身协调用力不好	上手抛羽毛球或实心球
正面上手发飘球	击球不准或挥臂动作不固定	距墙 5~6 米,用掌根轻击球,徒手练习挥臂
	身体重心偏后,身体不协调	击球前,教师轻推发球者,使其体会向前跟进重心。做徒手挥臂向前跟进重心练习
勾手发飘球	抛球不准,偏高	一人立于高台上,一只手置于适当高度;另一人在下边抛球,抛球高度不得碰到高台上人的手
	弧线挥臂	讲明击球前手臂运动轨迹,击固定球
	击球点偏高或偏下	徒手练习挥臂。面对墙或网,利用墙或网的平面做挥臂练习
跳发球	抛球不稳	使用平托上送的方式抛球,保持球的稳定性,不让其旋转。设置固定目标,反复练习抛球,以提高准确性
正面下手发球	击球点不准确	练习在腹部高度击球,确保击球点在球的后下方,可以通过固定球练习来提高击球点的准确性
侧面下手发球	抛球动作错误	练习手臂伸直抛球,确保抛球方向与目标一致,可以通过目标引导练习来提高准确性
勾手大力发球	击球点错误	练习在正确的击球点(通常在腹部高度)击球,注意击球时手掌的控制和力量的运用
侧旋球	抛球不稳定	练习稳定的抛球动作,可以通过反复练习来固定抛球的位置和高度
高吊球	发球节奏感差	练习控制发球节奏,可以通过音乐节奏练习来提高动作的节奏感

第三节　垫球技术与教学

通过手臂或身体其他部位的迎击动作，使来球从垫击面上反弹出去的击球动作，称为垫球。垫球是排球基本技术之一。随着排球运动的不断发展，垫球技术也不断发展和创新。20 世纪 50 年代先后出现了虎口垫球、抱拳垫球和翘腕垫球技术；20 世纪 60 年代初期，由于飘球的盛行，出现了前臂垫球技术。目前，随着技术的不断发展与提高，垫球动作和击球手法越来越多样化、合理化。

垫球在排球比赛中占有重要的地位，主要用于接发球、接扣球和接拦回球，是防守和组织进攻的基础。接发球好，有利于打好接发球进攻，否则就会陷入被动或失分；接扣球好，有利于防守反击和组织；接拦回球好，能变被动为主动。因此，垫球是可以使队伍在比赛中多得分、少失分，由被动转为主动的重要技术，是稳定队伍情绪、鼓舞队员士气的重要手段。垫球还可在无法运用传球技术进行二传时用来组织进攻或处理球。

一、垫球技术的动作方法

垫球的动作方法主要有正面双手垫球、体侧垫球、背垫、挡球、跨步垫球、跪垫、让垫、滚翻垫球、前扑垫球、单手垫球、侧卧垫球、鱼跃垫球、铲球、脚垫球等，按用途可分为接发球、接扣球、接拦回球和接其他球。

（一）正面双手垫球

正面双手垫球是双手在腹前垫击来球的一种垫球方法，是各种垫球姿势的基础，是最基本的垫球方法，适合接各种发球、扣球和拦回球，在困难时也可以用来组织进攻。

1. 动作方法

正面双手垫球的基本手型有抱拳式、叠掌式和互靠式（图 4-5），无论采用哪种手型都应注意手腕下压、两臂外翻。正面双手垫球按来球力量大小可分为垫轻球、垫中等力量来球和垫重球。

  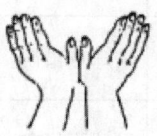

（a）抱拳式　　　（b）叠掌式　　　（c）互靠式

图 4-5　正面双手垫球的基本手型

（1）垫轻球。采用半蹲准备姿势，当球飞来时，双手成垫球手型，手腕下压，两臂外翻形成一个平面。当球飞到腹前一臂距离时，双臂加紧前伸，插到球下，向前上方蹬地抬臂，迎击来球，利用腕关节以上 10 厘米左右处的桡骨内侧平面击球的中下部，身体重心随击球动作前移，击球点保持在腹前。

（2）垫中等力量来球。动作方法与垫轻球相同。来球有一定力量，所以击球动作要小，速度要慢，手臂适当放松。

（3）垫重球。要根据来球的高低和角度，采用半蹲或低蹲准备姿势。击球时含胸、收腹，帮助手臂随球屈肘后撤，并适当放松，以缓冲来球力量。在撤臂缓冲的同时，用前臂和手腕微小的动作控制垫球方向和角度。

2. 技术分析

第一，准备姿势的高低应根据来球的高低、角度以及腿部力量的大小来决定，在不影响快速启动的前提下，重心应适当降低，以利于双手插到球下，同时也便于低垫高挡。

第二，触球部位在腕关节以上 10 厘米左右的桡骨内侧平面，该处面积大而平，肌肉富有弹性，可适当缓冲来球力量，起球比较稳、准。

第三，击球点保持在腹前，以便控制用力大小、调整手臂击球角度和控制球的落点及方向。

第四，击球的用力方法和大小因来球力量、弧度的不同而变化。垫轻球时，主要靠手臂上抬力量，以增加反弹力，如果需要把球垫得较高、较远，那么在适当加大抬臂动作的同时，还要考虑蹬地跟腰和提肩动作的协调配合；垫中等力量来球时，来球有一定的力量，所以迎击球的动作要小，速度要慢，主要靠来球本身的反弹力，以免弹力过大；垫重球时，由于来球速度快、力量大，不但不能用力击球，而且手臂要随球后撤，以达到缓冲的目的。一般来说，垫球用力的大小应与来球力量成反比，同垫出球的距离和弧度成正比。来球弧度不同，垫球用力方法也不同：如果来球过高，垫球时可利用伸膝、蹬腿来提高身体重心，必要时还可稍稍跳起垫球，以保证正确的击球点；如果来球较低，可采用低蹲垫球。

第五，手臂的角度因来球的弧度、旋转及垫球的目标和位置而变化。

（1）来球弧度高，垫球时手臂应当抬得平些；来球弧度低平，垫球时手臂与地面夹角应大些。这样才能使球以适当的弧度反弹飞向目标。

（2）垫球的目标在侧前方时，手臂的垫击面一定要适当地转向。

（3）来球带有较强旋转时，应调节手臂形成的平面，以抵消由旋转引起的摩擦力。

3. 技术要点

手型，触球部位，击球点，协调用力。

（二）体侧垫球

体侧垫球简称侧垫，是在身体侧面垫球的一种垫球方法。其特点是控制面宽，但较难把握垫击的方向、弧度和落点（图 4-6）。

图 4-6 体侧垫球

1. 动作方法

以左侧垫球为例。右脚前脚掌内侧蹬地,左脚向左跨出一步,身体重心随即移至左脚,并保持左膝弯曲,两臂夹紧向左侧伸出,左臂高于右臂,右臂向下倾斜,击球时以向右转腰和收腹力量配合两臂在体侧截击球的中下部。垫球时不应随球摆臂。

2. 技术分析

第一,左脚向左侧跨出一步,是为了扩大控制面积,更接近球,采用近于正面双手垫球的方法垫击球,以便更好地控制球。

第二,左臂高于右臂,右臂向下倾斜,是为了使双臂组成的平面与水平面形成适当的角度,以便截击来球。

第三,垫球不随球摆臂,是为了保证侧垫动作稳定。

3. 技术要点

垫击面,转腰收腹。

(三)背垫

背对出球方向的垫球称背垫。背垫大多用于接应同伴垫飞的球或将球处理过网,其特点是垫击点较高。背垫时由于背对垫球方向,不便于观察目标和控制击球的方向、落点。

1. 动作方法

背垫时,首先判断来球的落点、方向和离网的距离,迅速移动到球的落点处,背对出球方向,两臂夹紧伸直、插到球下。击球时,蹬地、抬头、挺胸、展腹,直臂向后上方抬送击球。在垫球时,也可利用屈肘、翘腕动作,以虎口出球将球向后上方垫起。

2. 技术分析

第一,背对出球方向,则使背垫的方向准确。

第二,两臂夹紧伸直插到球下及蹬地、抬头、挺胸、展腹等,更便于向后的力击球。

第三,垫低球时的屈肘和翘腕是便于向后发力击球。

3. 技术要点

击球点,抬头、挺胸、展腹,发力。

(四)挡球

来球较高,不便于用手臂垫击时,用双手或单手在胸部以上挡击来球的击球动作,称为挡球。双手挡球多用于挡击胸部以上力量大、速度快的来球，单手挡球多用于来球较高、力量较小、在头部上方或侧上方的来球。运用挡球可扩大控制范围，善于挡球的队员防守可前压，提高前区的防守效果。挡球可分为双手挡球和单手挡球两种。

1. 动作方法

（1）双手挡球。双手挡球手型有抱拳式和叠掌式两种。抱拳式两肘弯曲，一手半握拳，另一手外包。叠掌式两肘弯曲，两虎口交叉，两臂外侧朝前，双掌合并成勺形，挡球时手臂屈肘上举，肘部向前，手腕后仰，双手手掌外侧和手掌掌根所组成的平面挡击球的中下部。击球瞬间手腕要紧张，用力要适度。

（2）单手挡球。挡球时，手臂屈肘上举，肘部向前，手腕后仰，用手掌掌根或拳心平面击球的中下部，击球瞬间手腕要紧张。如球较高，还可跳起挡球。

2. 技术分析

第一，屈肘和手腕后仰是为了击球时能够根据来球的具体情况，加大或者缓冲来球的力量，以便更好地控制球。

第二，用双手掌外侧、手掌掌根或拳心平面击球，是为了扩大与球的接触面，这样起球比较稳和准。

第三，挡击球的中下部，是为使挡起的球有一定的高度。

3. 技术要点

手型，手腕紧张，击球部位。

（五）跨步垫球

向前或向侧方跨出一步进行垫球的方法称跨步垫球。跨步垫球适合于来球距身体一米左右，来球较低或速度较快来不及移动对正来球时采用。

动作方法：判断来球的落点，及时向前或向侧方跨出一大步，屈膝制动，重心落在跨出腿上，上体前倾，两臂插入球下，垫击球的中下部。

（六）跪垫

跪垫适用于来球较低而远时。

动作方法：在低蹲准备姿势的基础上，向来球方向跨出一步，跨出腿的膝关节外展，后脚内侧和膝关节内侧着地，犹如半跪，取得稳定的支撑。上体尽量前倾，塌腰、塌肩、屈肘，使两臂贴近地面插入球下，用翘腕动作以及双手虎口部位将球垫起。

（七）让垫

让垫在来球弧度平、速度快、前冲追胸时使用。

动作方法：迅速向一侧跨出一步，跨出腿稍屈，上体向跨出腿让出，身体重心移至跨出腿上，让开身体的同时，用体侧垫球的方法，截住来球进行垫击。或者向侧后跨出一步，让开身体，使球飞向体侧，用体侧垫球的方法垫击来球。

（八）滚翻垫球

当来球距身体较远而低，用跨步垫球不能触及到来球时，可采用滚翻垫球。滚翻垫球的特点是能够充分发挥移动的速度接近球，且控制范围较大，能够保护身体不受伤，并可迅速起立转入下一个动作。

动作方法：迅速向来球方向移动，跨出一大步，重心下降，上体前倾，使胸部贴近大腿，重心完全落在跨出腿上。双臂或单臂伸向来球，同时两脚用力向后蹬地，使身体向来球方向伸展，用前臂、虎口或者手腕部位击球的下部。击球后在身体失去平衡的情况下，顺势转体，依次用大腿外侧、臀部外侧、背部、肩部着地，同时低头、含胸、收腹、团身做后滚翻动作，并顺势迅速起立。

（九）前扑垫球

来不及向前跨步、移动去接近球时，可采用前扑垫球。前扑垫球主要用于防前方低而远的球。

动作方法：准备姿势要低，上体前倾，重心偏前，下肢用力蹬地，身体向前扑出，同时双肩或单肩插入球下，用前臂、虎口或者手背将球垫起。击球后，双手迅速撑地，两肘顺势弯曲缓冲，膝关节伸直以免触地，胸腹部着地。

为扩大防守范围，垫击离身体更远的低球时，可单手向前尽量伸展击球，用一只手臂屈肘撑地缓冲，胸腹着地后继续向前滑动。

（十）单手垫球

当来球较远、速度快、来不及或不方便用双手垫球时，可采用单手垫球。单手垫球的特点是动作快，垫击范围大，但触球面积小，不易控制。

动作方法：单手垫球可采用各种步法接近球，并可用虎口、半握拳、掌根、手背或前臂内侧击球。

（十一）侧卧垫球

接侧向低而远的球时，可用侧卧垫球。

动作方法：击球前先向侧面跨出一大步，成深弓箭步，同时重心移至跨出腿上，并通过跨出腿的用力蹬地使上体向侧面伸展、腾出，击球手臂前伸，用双手或单手将球垫起，以体侧着地成侧卧侧向滑动。

（十二）鱼跃垫球

若来球低而远，也可采用防守中难度较大的鱼跃垫球技术，其特点是跃得远，控制范围大，但动作难度也大。

动作方法：采用半蹲准备姿势，上体前倾，重心前移，向前做一两步助跑或原地用力蹬地，使身体向来球方向腾空跃出，手臂向前伸展，插到球下，用双手或单手击球的下部。击球后，双手在体前身体重心运动的方向线上着地支撑，两肘缓慢弯曲，同时抬头、挺胸、展腹，两腿自然弯曲，使身体呈反弓形，以胸、腹、大腿依次着地。如前冲大时，可在两手着地支撑后，立即向后做推撑动作，使胸、腹着地后，贴着地面顺势向前滑行。

（十三）铲球

当来球低而突然，来不及使用双手垫球或其他形式的单手垫球时，可采用铲球。

动作方法：铲球用单手手背垫起。动作时，手掌贴地犹如一把铲子向前运动，使球击在手背反弹而起。

（十四）脚垫球

当来球用手无法触及时，可采用脚垫球。脚垫球技术还处于探索阶段，尚未形成完整的技术动作。一般用脚面较为平整的部位，以适当的力量和角度触及球，使球弹起一定的高度。

二、垫球技术的运用

垫球技术在比赛中主要用于接发球、接扣（吊）球、接拦回球，以及在二传传球困难时作为二传技术组织进攻。

由于来球的速度、弧度和线路不同，以及垫球的目的不同，在运用垫球技术时，应根据来球的性能和垫球的目的，选择不同的垫球技术。正面双手垫球是所有垫球技术中最常用、最基本的垫球技术，应该尽可能地使用。即便是使用正面双手垫球，也应注意垫球的细微变化。如接击球点过低的大力发球时，可采用翘腕。当无法正确使用正面双手垫球时，可根据不同的来球选择垫球技术。比如接快速下降的拦回球，可采用前扑、半跪或侧倒等姿势；在接较高的拦回球时，可采用双手或单手挡球；来不及用手垫或挡的球，可用上臂、肘部外侧或脚把球垫起。

垫球技术不论运用于接发球、接扣球、接拦回球，或者组织进攻，都要求正面判断、取位适当、选择动作得当。

（一）接发球

接发球是比赛的重要环节，是组织战术进攻的基础，质量如何直接影响着进攻效果、心理变化和比赛结果。

接发球主要采用正面双手垫球，由于各种发球的性能不同，接发球的方法也有所不同。但不管采用何种方法，都要做好判断和准备。要判断准确，移动快速，对正来球，协调用力。在腹前用前臂击球，保持好手臂与地面的适度夹角。

1. 接一般飘球

一般飘球的特点是球速慢、轻度飘晃。接发球时，要判断好落点，迅速移动取位，并降低重心，待球开始下落时，将手臂插入球下垫起。

2. 接下沉飘球

下沉飘球的特点是球刚过网即突然减速下沉。接发球时，要判断好来球落点，迅速移动取位，采用低姿势垫球的方法将球垫起。

3. 接平冲飘球

平冲飘球的特点是速度快、弧度平、飘晃平冲追胸。接发球时，身体要对正来球，升高身体重心，膝关节伸直，有时还可以轻微跳起，以保持击球点在腹前。如果来球较高，不适合高位垫球，还可采用让垫。

4. 接大力发球

大力发球的特点是速度快、力量大、球旋转力强。接发球时，可采用半蹲或低蹲的准备姿势，对准球后手臂不动，让球自己弹起。如来球较低，可采用翘腕垫球。

5. 接跳发球

跳发球比大力发球的速度更快、力量更大，球的旋转力更强。接发球时，可采用半蹲准备姿势对准来球，在击球的一瞬间收胸、收腹、后撤手臂，以缓冲来球力量。

6. 接侧发球

侧发球会向左或向右旋转飞行，接发球（如接左侧旋转）时对正来球后，身体要靠向右侧，右臂抬高，以免球反弹后向侧偏斜。

7. 接高吊球

这种发球的特点是飞行的弧度高，下降的速度快，有一定力量。接球时两臂要向前平伸，手臂肌肉要适当放松，等球落到胸腹间再垫击。击球点不宜过低，不必多加抬臂动作，让球向前上方自然反弹出去。

（二）接扣（吊）球

接扣球防守是反攻争取得分权的基础，是从被动到主动的转折点，还具有鼓舞士气、激发斗志的作用。

接扣球要运用各种垫球姿势，一般采用上挡下垫。在垫击低球时，还可以用屈臂翘腕或铲球等动作进行垫击。接扣球时要及早判断，迅速移动卡好位，做好正面的准备姿势，根据不同的来球采用不同的接球方法。

1. 接轻扣球和吊球

轻扣球和吊球的速度不快，力量小，但比较突然。因此，如能预料对方要轻扣或吊球，应及时跟进，将球垫起；如未能及时判断或来不及跟进，可采用前扑或鱼跃垫球的方法。

2. 接快球

快球的特点是速度快、力量大、线路短、落点较为靠前。防守的关键是预先判断其进攻路线。一般要适当向前取位，重心要低，身体不要过于前倾，手臂也不宜太低，做好上挡下垫的准备，灵活运用单、双手。

3. 接强攻扣球

对方强攻时,在有前排队员拦网的情况下,防守取位应适当靠近后场,身体不宜过早深蹲,以免影响移动步伐。

4. 接拦网触手球

拦网触手的球往往会改变原来扣球的方向、线路和落点,因此接网边球时,要注意制动,不要触网或过中线犯规。接飞向后场的触手高球时,可用挡球或跳起单手挡球。

(三) 接拦回球

拦回球指本方队员进攻被拦回来的球,由于拦网水平不断提高,拦回球的比例有所增加。拦回球一般速度快、路线短,落点大多在扣球队员身后、两侧或进攻线附近。因此,缺位重点应该在前场,宜采用半蹲、低蹲准备姿势,上体基本保持正直,两手不宜太低,应置于胸前,以增加控制范围。接快速下降的拦回球可采用前扑、半跪、侧倒等姿势,击球手法多样,尽可能用双手垫球。无论采用双手或单手,手臂都要伸到球的底部,贴近地面,从上向下击球。在身体附近且较高的拦回球,可用双手或单手将球挡起。来不及用手垫的球,可用上臂、肘部外侧或脚将球垫起。在击球动作上,要有明显的屈肘、抬臂或翘腕动作,尽量将球垫向②号位和③号位之间。

(四) 接其他球

1. 垫二传

当一传来球低而远,来不及移动到球下做上手传球时,可进行垫击二传。垫二传一般采用正面双手垫球。击球前要降低重心,面向垫球方向,两臂平直插入球下。击球时,用下肢和身体的协调用力向上抬臂击球的下部。这种垫球也叫抬垫。

2. 垫入网球

比赛中常有球失控飞入网内,因来球速度快、入网部位不同,反弹的方向、角度、速度、落点也不相同。一般落入网上半部的球,顺网下落的多;落入网中间的球,反弹也不远;只有落在网下半部的网绳附近的球,可以反弹起来。垫入网球时,要判断入网的方向和落点,然后迅速移动到落点上。侧身对网,降低重心,手臂插到球下,由低向上向外垫起。垫击时,应加大屈肘翘腕的角度,增加起球高度。若是第三次击球,垫球时应有"兜球"动作,使球前旋,以便过网。

三、垫球技术的教学与练习方法

(一) 教学顺序

正面双手垫球是一切垫球的基础。首先学习正面垫球,然后学习边方向垫球和移动垫球,侧垫和背垫可靠后安排。由于接发球和接扣球防守对垫球基本技术的依赖性较强,只有在基本垫球方法掌握之后,方可进行接发球和接扣球教学。

（二）教学步骤

1. 正面双手垫球的教学步骤

（1）讲解。垫球在比赛中的应用范围与作用；正面双手垫球的动作方法及要领。

（2）示范。先做完整的垫球示范，建立正确的技术概念，然后做徒手或分解示范，边示范边讲解，再做正面和侧面的完整示范。

（3）组织练习。徒手练习，结合球练习，结合其他技术练习。

（4）纠正错误动作。

2. 接发球的教学步骤

（1）讲解。接发球在比赛中的地位与作用；接不同性能发球时的取位与动作要求；接发球站位阵型，各位置分工与配合及轮换方法；接发球站位的有关规则。

（2）示范。接发球教学常用挂板和真实场地演示，或者把两种方法结合起来，演示5人接发球的位置与阵型。

（3）组织练习。一般性技术练习，专位练习，串联练习。

3. 接扣球的教学步骤

（1）讲解。接扣球在比赛中的重要性；接扣球的判断、准备姿势、移动及接不同扣球的动作方法；如何控制球的力量。

（2）示范。采用侧面示范的方法，使学生重点看击球前准备姿势、击球的手臂及身体动作。

（3）组织练习。一般性练习，专位练习，串联练习。

（三）练习方法

1. 正面双手垫球练习方法

（1）徒手模仿练习。

第一，原地徒手模仿完整的垫球动作。

第二，随教师信号做多种移动步法后的徒手模仿垫球练习。

（2）垫击固定球练习。

第一，一人持球固定在小腹前高度，另一人从准备姿势开始，做垫击模仿动作。

第二，将球置于垫球者手臂垫击处并轻轻地扶住，垫球者做垫球模仿练习。

（3）垫击抛来的球。

第一，两人一组，相距4~5米，一抛一垫；或一人向另一人两侧1.5米处抛球，使其移动垫球。

第二，三人一组，两人抛球，一人垫球，抛垫相距4~5米。抛球两人侧向相距3米左右，径直向前抛球，另一人左右移动将球垫回。

（4）对垫。

第一，两人一组，相距 4~5 米连续对垫。

第二，两人一组，一人固定，一人移动。固定者把球垫向另一人两侧 1.5 米左右的地方，另一人移动将球垫回。

2. 接发球练习方法

（1）不隔网的接发球练习。

第一，两人一组，相距 9 米以上，一人发球，另一人将球垫向指定位置。

第二，2~4 人一组，一人发球，其余人排队轮流接发球。

（2）隔网的接发球练习。

第一，两人一组，一发一垫，将球垫到②号位和③号位之间。

第二，排球场纵向一分为二。三人一组，半场接发球练习，一人发、两人垫，将球垫到②号位和③号位之间。

（3）结合场上位置的接发球练习。

第一，在场上指定位置或区域进行接发球练习。

第二，加强配合，全场接发球。

第三，加强发球攻击性和性能变化，提高接发球难度。

3. 接扣球的练习方法

（1）一般性练习。

第一，两人一组，一扣一防，要求扣球队员将球准确地扣到防守队员身前，防守队员体会接扣球的技术动作。

第二，三人一组做扣球—防守—调整传球练习，或做两扣一防练习。

第三，接教师从对区高台上扣来的球。

（2）结合位置练习。

第一，三人一组，分别站在①号、⑤号、⑥号位置，接对方②号位、④号位的扣球。要求把球垫到②号位和③号位之间。

第二，三人一组打垫调。一人在②号位、③号位之间，负责平网传球；一人在④号位或②号位，负责扣球；一人在后场，负责防守垫球，要求垫向②号位和③号位之间，以便传球。

第三，四人一组打垫调。一人在②号位和③号位之间，负责向②号位和④号位平网传球；两人分别在④号位和②号位，负责扣球；一人在后场，负责垫球，要求垫向②号位和③号位之间，以便传球。

第四，五人一组打垫调。一人在②号位和③号位之间，负责向②号位或④号位平网传球；两人分别在④号位和②号位，负责扣球；两人在后场⑤号位和⑥号位或①号位和⑥号位或①号位和⑤号位，负责垫球，要求垫向②号位和③号位之间，以便传球。

第五，2~4人在教师指定的某个位置，轮流防守，垫教师扣来的球。

第六，接扣球单兵防守。一人在后场连续防守教师的扣球或吊球。

四、垫球易犯错误及其纠正方法

垫球易犯错误及其纠正方法见表4-3。

表4-3 垫球易犯错误及其纠正方法

易犯错误	纠正方法
击球时手臂并不拢、伸不直	两手手指交叉轻握，垫抛球、固定球或多做徒手模仿练习
臀部后坐，全身用力不协调，主要用抬臂力量垫球	两手并拢用手绢绑住，臂与胸之间夹一球，然后垫抛球、防扣球、垫固定球
垫球不抬臂，身体向上顶或向前冲	坐在凳子上垫抛来的球，教师用手置于垫球者头后顶上，给高度信号
击球时上体后仰或耸肩	穿过网下垫球，讲清垫球时手要向下插的道理，击球后接着用手触地面

第四节 传球技术与教学

传球是排球的基本技术之一，是利用手指、手腕的弹力和全身的协调力量将球传至一定目标的击球动作。由于手指、手腕灵活，感觉灵敏，双手控球面积较大，因而传球的准确性较高、传球的击球点较高。在传球瞬间可用手腕的动作来改变传球的方向、线路和落点，变化比较灵活。

传球可以用双手，也可以用单手，但主要是用双手。单手传球往往在球过于近网或在网口附近时运用，以避免球直接飞向对区。

传球技术主要用于二传，以衔接防守和进攻，为进攻创造条件，起着组织进攻的作用，是进攻的桥梁。传球是各种技术串联的纽带，起着穿针引线的作用。传球技术也经常用来接发球，接对方的处理球、吊球和拦回的高球，从这一角度看，传球也是一项防守技术。传球还可用来吊球和处理球。

一、传球技术的动作方法

按照传球的方向，可把传球动作分为正面传球、背传、侧传、跳传。

（一）正面传球

面对出球方向的传球动作，称正面传球，简称正传。正面传球是最基本的传球方法，是其他一切传球方法的基础。

1. 动作方法

正面传球一般采用稍蹲准备姿势，抬头看球，双手自然抬起，放松置于脸前。当来球接近额时，开始蹬地、伸膝、伸臂、两手微张经脸向前上方迎球。击球点在额前上方约一球距离处。两手自然张开成半球形，手腕稍后仰，两拇指相对成"一"字或"八"字形，两手间有一定距离，用拇指、食指全部，中指的二、三指节触球的中下部，无名指和小指在球两侧辅助控制传球方向。两肘适当分开，两前臂之间约成90°角，传球时手指、手腕要适度紧张，运用弹力以及蹬地伸臂等身体协调力量将球传出。

2. 技术分析

第一，由于传球的击球点较高，采用稍蹲准备姿势有利于快速移动。

第二，击球点一般在额前上方一球距离处，以便观察来球和传球目标，有利于控制传球的准确性，同时有利于伸臂击球。击球点过高，传球时肘部伸直会影响手臂的传球推送；击球点过低，将影响传球手臂的伸展用力，难以控制传球的准确性。

第三，拇指相对成"一"字形或"八"字形传球，使手型与球体较吻合，触球面积比较大，容易控制球，增加传球的准确性。同时，由于触球面积大，有利于缓冲来球力量。

第四，传球所需要的力量是由多种力量合成的，如伸腿蹬地的力量，伸臂的力量，手指、手腕的力量等，要根据来球的具体情况及传球的要求，采用不同的动作方法，运用不同的力量击球。

3. 技术要点

手型，击球点，协调用力。

（二）背传

背对传球目标的传球动作称背传。在比赛中采用背传可以变化传球方向和路线，迷惑对方，组成多变的进攻配合。

1. 动作方法

身体背面对正传球目标，上体保持正直或稍后仰，身体重心在两脚之间，双手自然抬起，放松置于脸前。迎球时，抬上臂、挺胸、后仰上体。击球点保持在额上方，比正面传球稍高、稍后。触球时，手腕后仰并适当放松，掌心向上，击球的下部，手型与正面传球相同。背传用力要靠蹬地、展腹、抬臂、伸肘和手指、手腕的弹力，把球向后上方传出（图4-7）。

图4-7 背传

2. 技术分析

第一，传球前上体保持正直或稍后仰，以利于蹬地、抬臂等动作向后用力，使球向后传出。

第二，击球点保持在额上方，比正面传球稍高、稍后，以利于向后用力。

3.技术要点

准备姿势，击球点，用力。

（三）侧传

身体侧对传球目标，将球向体侧方向传出的传球动作称侧传。二传队员背对球网时往往运用侧传，由于对方看不清二传侧传的出球路线，难以判断二传的方向，所以侧传有较大的隐蔽性（图4-8）。

图4-8 侧传

1. 动作方法

准备姿势、迎球动作、手型与正面传球相同，击球点应偏向传球目标一侧，上体和手臂向传球方向伸展，传球方向异侧手臂的动作幅度、用力距离和动作速度要大于传球方向同侧手臂。

2. 技术分析

第一，击球点偏向传球方一侧，有利于向该方向的侧向传球。

第二，上体和手臂向传球方向伸展，传球方向异侧手臂的动作幅度、用力距离和动作速度要大于传球方向同侧手臂，有利于向侧向发力，并保持良好的手型向侧向传球。

3. 技术要点

击球点，用力方向。

（四）跳传

跳起在空中进行单、双手传球叫跳传。跳传的击球点较高，能有效地缩短传球与扣球之间的时间间隔，使快攻更快。同时，跳传往往能与二传手的二次进攻联系在一起，使二传具有较大的迷惑性。当前，跳传在高水平的排球比赛中已被大量运用，有些优秀运动员已把跳传作为二传的主要方式。跳传可以正传、背传和侧传。

1. 动作方法

跳传的起跳动作，无论是原地起跳还是助跑起跳，最好都向上垂直起跳，以保持身体的平衡，当身体上升到最高点时，靠迅速伸臂以及指、腕的弹力将球传出。跳传的正传、背传和侧传，其传球手型、击球点分别与原地的正传、背传、侧传的手型和击球点基本相同。

2. 技术分析

第一，跳传的起跳应垂直向上，以便保持身体的平衡，减少对传球准确性的影响。

第二，在身体上升到最高点时触球，才能有充分的时间来完成迎球、击球、送球的动作，否则会导致击球乏力或动作失调。

第三，跳传应加大伸臂动作的幅度和速度，因为跳传时身体没有支撑点，无法借助蹬地的力量。

3. 技术要点

最高点触球，击球点，加大指、腕力量。

二、传球技术的运用

传球技术在比赛中主要用于组织进攻，即用作二传。二传是从防守转入进攻的桥梁和纽带，二传质量的好坏，直接影响进攻的质量和战术的发挥。二传质量好，可以弥补一传和防守的不足，还可以用假动作迷惑对方，达到助攻的目的。有时二传可直接吊球，出其不意，攻其不备。二传质量不好，不能充分发挥扣球队员的作用和威力，不能保证战术配合的质量，不能组成最有效的进攻，往往造成被动局面。传球还可以用来接发球、吊球以及第三次传球（即处理球）。

（一）组织进攻

1. 顺网正面二传

顺网正面二传是二传中最简单、最常用的技术。传球动作与正面传球相同。由于一传多来自后场，二传运动员需要改变来球方向，转一个角度传球。因此当一传来球时，二传运动员身体不宜正对来球方向，而要适当转向传出方向，尽量保证正面传球，使球保持顺网飞行。顺网正面二传技术可根据扣球手的需要将球传的高一点或低一点。

2. 调整二传

将一传不到位且离网不远的球传至便于进攻队员进攻的位置及高度，称调整二传。调整二传应根据球和扣球人的位置来确定传球的方向、弧度和距离，传球时应充分利用蹬地、伸臂及手指、手腕的协调力量。传球路线与网的夹角越小越易扣球。传球目标越远，传球的弧度应越高。调整二传不宜拉得太开，以便于扣球队员观察和上步扣球。

3. 背向二传

背向二传可以利用球网全长，增加进攻机会和进攻点，并具有一定的隐蔽性和突然性。传球前要先移动到球下，背对传球方向，利用球网等参照物确定自己的位置和传球方向，并利用"手感"控制传球角度、速度和落点。一般背传拉开高球，要充分利用挺胸、展腹和向上方提肩伸臂动作。如果来球较高，击球点比正传应稍向后一些；如果来球较平，击球点可适当前移；如果来球较低，应迅速移至球下，尽力保证准确的击球点。

4. 侧向二传

二传队员背对球网向两侧传球称侧向二传。这种传球适用于来球近网或平冲网的球，可以增强进攻的隐蔽性和突然性，也可用于二传吊球。由于是侧向传球，难度较大，不易控制球。

5. 跳二传

跳起在空中给进攻队员的传球称跳二传。这种传球过去主要用于传球网上沿着高球和抢传即将飞过网的球。目前，许多强队为了加快进攻节奏，缩短进攻时间，或运用两次球进攻战术，大量地运用跳二传。

（1）跳起双手二传。跳起双手二传要掌握好起跳时间，在身体上升到最高点时传球，这样既可传高球，又可加快传球节奏，并有利于二次进攻。

（2）跳起单手二传。在一传高而冲网，跳起后又无法运用双手二传时，可用单手二传。当来球接近网上沿时，二传队员侧身对网起跳，在空中最高点时，靠近网手臂的肘部弯曲上举，手腕后仰，掌心向上，五指适当收拢，构成一个小的半球形手型，用伸肘动作及手指、手腕力量将球向上传起。

跳起单手二传适于传高球。一般是在被动的情况下用来组织简单快攻战术。当拉球过高时，单手传球只需要轻轻一"点"既可；如需要传高球，上臂要适当下降，以增加上抬和伸臂的距离，手指、手腕的紧张程度也应大一些。

（3）晃传。跳起做扣球动作，突然改为二传把球传给同伴进攻，这种二传称晃传。晃传的助跑起跳要掌握时机，既要能扣，又要能传。起跳后，佯做扣球动作，展腹、屈小腿、提右臂等，然后改为做传球动作。晃传有两种：一种是在空中做假动作后，面对球网用侧传方法转移给同伴进攻；另一种是在空中先做扣球假动作，接着再转身使肩对网，将球正面跳传给同伴进攻。无论采用哪种晃传，传出的球均不宜过高，否则就失去晃传的掩护作用。

6. 倒地二传

在来球很低的情况下可采用倒地二传。倒地二传有后倒和侧倒两种。倒地二传不能勉强，如来球过低，运用倒地二传无法保证传球的准确性，可采用垫二传。

（1）后倒传球。以全蹲姿势钻入球下，上体顺势后仰，身体重心移至后脚，在身体瞬时平衡时将球传起。传球后顺势倒地，团身后退后滚，并迅速站立。

（2）侧倒传球。向来球方向跨出一大步，降低重心，身体重心落在跨出腿上，人钻入球下。当向前传球时，击球点保持在脸前；向侧后传球时，击球点在额侧前上方。在身体瞬间平衡时将球传出。传球后，身体顺势倒地，再快速收腿起立。

7. 传快球

传出高度低、节奏快的二传球称为传快球。传快球的难度较大，是一项较复杂的技术。二传队员应根据一传来球的弧度、速度、落点和扣球队员的助跑路线、上步速度、起跳时间、起跳点和手臂挥动的快慢以及弹跳高度等来决定相应的传球速度、高度和出手时间。传快球的关键是主动与扣球队员配合，具体方法有两种。一种是二传队员可以利用升高或降低击球点的方法来调整传球时间，如队员上步起跳较迟，可有意降低击球点来推迟传球的时间；反之，可以升高击球点来加快节奏，使传球的速度与扣球队员的起跳在时间上匹配。另一种是二传队员可利用手指、手腕动作来控制传球的时间与速度，如扣球队员上步起跳稍迟，手指、手腕可以有意放松，从而加长球在手上的缓冲时间，减慢传球速度；反之，则手指、手腕要适当紧张并加快传球出手的速度，以达到与扣球队员准确配合的目的。

传快球按其特点可分为三类，即传低快球、传平快球和传半高球。

（1）传低快球。传低快球主要包括传近体快球、背快球、调整快球、后排快球等，主要靠加大指腕的弹力和适当的伸肘动作来控制传球的力量，并适当提高击球点，以提高快攻节奏。由于球向上传，所以击球点不宜靠前。

1）传近体快球。当扣球队员做起跳动作时，二传队员开始手触球。传球时击球点稍高，肘关节微屈，手腕后仰，指腕放松。当扣球队员跳起在空中最高点时，球也传到最高点。如来球较高而近网，则可采用双手跳传快球；如来球高而冲网，也可采用单手跳传快球。

2）传背快球。传背快球既有背传的特点，又有传近体快球的要求。背向传球不容易配合，故传球的弧度、高度应尽量固定，以便扣球队员主动适应。传球前，侧身对网站立，击球点保持在头上，手腕后仰，用手指、手腕动作，将球传向头后。如球稍低，也可采用翻腕动作将球传出；如来球高且近网，也可用跳传背快球。

3）传调整快球。在一传不到位且距网稍远时，可传调整快球。传球前，迅速移动到球的落点上，上体稍向右转，击球点在右肩前上方，将球向网上沿传出，传到扣球队员的前上方合理的高度和位置。

4）传后排快球。二传队员可直接将球传给在进攻线以后起跳扣远网快球的队员，这种传球高度比近身快球稍高，距离要视后排队员的冲跳能力而定，一般距网1~2米，传球时可用任何一种双手传球方法。

（2）传平快球。传平快球一般指传短平快球、平拉开球、背平快球和背飞球等。向前传各种平快球时，要适当降低击球点，注意伸肘和指腕的推压动作，以加快球的飞行速度和进攻节奏。向后传球时，要略有翻腕动作。

1）传短平快球。击球点保持在脸前，以便伸肘平推，使球快速向前平飞。为了加长球在网沿上空平飞的距离，加宽球区，可采用跳传短平快。二传与扣球的配合主要靠传球的速度来控制。

2）传平拉开球。二传队员在②号位和③号位之间向④号位标志杆处平传拉开快球，即为传平拉开球。这种传球速度快、弧度平、距离长、击球点多、攻击区域宽。传平拉开球的技术与传短平快球基本相同，但需要加速伸臂和指腕推压充分送球。当来球较低时，可利用后退向后蹬地、伸膝和收腹动作来加快伸臂速度；当来球较高时，可用跳传。击球时，靠伸肘和主动加大手指、手腕力量把传球路线压平。

3）传背平快球。二传队员背向②号位，以网为参照物，凭方向感觉控制传球方向，凭手感控制传球弧度、速度和距离。传球时，要迎击来球的下部，利用抬臂、翻腕、展腹和挺胸动作，把球向后平传到②号位标志杆附近，传球速度和弧度要尽量固定，以便扣球队员主动适应。

4）传背飞球。动作与传背平快球基本相同。传球的速度和距离要根据扣球队员的起跳时间和冲跳能力加以调节控制。传球前，做传近体快球的准备动作。传球时，突然抬肘、翻腕、挺胸、展体向后传出。如传单脚起跳背飞，则传球的速度和节奏都要加快。

（3）传半高球。传半高球主要包括各种交叉、梯次、夹塞等的半高球，以及传时间差球、位置差球、空间差球等。

1）传交叉半高球。在前快和背快的基础上，将球向前或向后稍拉开并稍微传高，即可组成各种交叉进攻战术。传球时，击球点不变，稍加大指腕力量即可。

2）传梯次球。传梯次球的技术动作与传交叉球相仿，但传出的球应离网稍远，以便扣梯次球的队员进攻。

3）传夹塞球。在一名队员扣短平快上步起跳的同时，二传队员佯做传短平快球，但突然翻腕向上传半高球，把球传至扣短平快队员和二传队员之间。传球时击球点可降低至脸部前。

4）传时间差球。在传近体快球的基础上，不改变任何动作，仅适当加大指、腕力量，将传快球变为传半高球，以便佯做扣快球的队员晃过对方拦网后，再原地起跳扣半高球。

5）传位置差球。传球弧度稍高，为半高球，传球距离在佯跳地点旁约一步远。

6）传空间差球。传前飞时，二传队员佯做传短平快球，但突然向上翻腕，将球传在身前接近快球的位置上，高度略高于近体快球。传背飞球时动作同传背快球，但突然向后翻腕，将球传在身后背平快球的位置上，高度略高于背平快球。距离可根据扣球人员起跳位置远近和扣、冲、跳能力而定。如果传单脚起跳的背飞球，传球的弧度可适当降低，距离可适当延长。

8. 二传假动作

二传队员利用身体动作和传球的技巧，制造假象，迷惑对方拦网，称二传假动作。这些动作要求做得逼真、隐蔽、快速。主要方法如下。

（1）改变常规击球点传球。如向前移动似要正传，但突然翻腕向后做背传；向后移动似要背传，但突然压腕又向前传球等。

（2）用手臂假动作传球。二传队员利用两手在脸前向上伸臂的虚晃动作，佯做向前传球，但突然改为背传。

（3）利用头部假动作传球。如面向左侧，眼看左侧，示意从左侧进攻，但传球时突然向右侧传球；或传球前先看右侧扣球队员和对方拦网情况，但在传球时，突然改为向左侧传球。

（4）利用上体倾、仰假动作传球。传球前，利用上体的后仰，抬头挺胸，似做背传，但突然收腹，使身体前倾，改为向前传球；或上体前倾，两手前举，似向前传球，但突然挺胸展腹，上体后仰，做背传。

（5）利用转体假动作传球。如二传原面向②号位，传①号位来球，主动转体180°，成面向④号位，似向④号位传球，实际却把球仍背传给②号位。

（二）传球技术的其他运用

1. 一传

对来球过高的发球来不及移动时，也可采用正面上手传球来接发球；对对方处理过来的高球或本方拦起的高球，为保证一传准确到位，也可采用正面上手传球。传球时根据来球力量适当控制指、腕的紧张程度，主动用力将球传给二传。有时还可直接组织二次球进攻，或者直接将球传入对方空当。

2. 二传吊球

二传吊球是二传队员进攻的一种手段。在对方没有防备的情况下，二传突然吊球，往往奏效。吊球时，可采用双手或单手。双手吊球时，以侧传吊球较好，动作隐蔽，比较突然。单手吊球时，手指并拢，轻拨球，使球落入对方空当。由于二传队员一般站在②号位和③号位之间，所以单手吊球以左手吊球为佳。

3. 第三传

当防守欠佳，无法阻止进攻时，可用传球方式把球击入对区空当。传球时，手指、手腕紧张，要有蹬地伸膝、伸臂和压腕动作，将球快速传入对方场地。

三、传球技术的教学与练习方法

（一）教学顺序

首先安排正面传球教学，包括正确地掌握最基本的正面传球技术，再学习各种移动及改变来球方向的正面双手传球。在正面传球的教学中配合安排背传、侧传、跳传。调整传球要在掌握远距离传球的基础上进行。顺网二传是所有二传的基础，要有足够的练习时间，尽早安排，以便与其他技术串联。

（二）教学步骤

1. 传球教学步骤

第一，讲解：传球在比赛中的地位与作用；正面传球的动作方法和要领；其他传球的特点；各种传球方法的运用时机以及动作方法和要领。

第二，示范：先做完整动作的示范，建立正确的动作概念；然后进行分解动作的示范，手型和用力要分开讲解与示范；再做完整动作示范。

第三，组织练习：徒手练习；结合球练习。

第四，纠正错误动作。

2. 顺网二传教学步骤

第一，讲解：顺网二传在比赛中的重要性；顺网二传的判断、步法和动作方法，对不同球的处理。

第二，示范：顺网二传主要采用侧面示范，让学生看清楚二传的移动、传球动作、球飞行的方向、弧度及落点。

第三，组织练习：一般性二传练习，与接发球串联练习，与防守串联练习。

（三）练习方法

1. 正面传球的练习方法

（1）徒手模仿练习。

第一，成两列横队，随教师口令做徒手传球练习。

第二，自然站立，做传球正确手型，反复做传球时手指、手腕的模仿动作。

第三，两人一组，一人做徒手传球练习，另一人纠正错误动作。

（2）结合球的练习。

第一，每人一球，向自己头顶上方抛球然后用传球手型接住，自我检查手型。

第二，连续自传，传球高度不低于50厘米，传球时力争少移动。

第三，距离墙50厘米，对墙连续传球，以建立正确的手型，体会手指、手腕的发力。

第四，两人一组，相距3～4米，传对方抛到额前的球。

第五，两人一组，相距3～4米，对传。

第六，三人三角传球。

第七，移动传球。

2. 顺网二传的练习方法

（1）一般二传的练习。

第一，教师在⑥号位或⑤号位向③号位抛球，学生在③号位向④号位或②号位传不同高度和弧度的球。

第二，在③号位自抛球，做向②号位或④号位的一般二传。

第三，教师在⑥号位抛球，学生从①号位插上，向②号位、③号位、④号位传不同弧度和高度的球。

（2）与一传串联练习。

第一，⑥号位队员将对区抛来的球垫到③号位，③号位队员向前排各个位置传球。

第二，队员从后排插上，将⑥号位垫到②号位和③号位之间的球传向前排各个位置。

第三，5 人接发球，将球垫到②号位和③号位之间，二传将球传向前排各个位置。

第四，同上方法，做插上二传，组织各种进攻。

（3）与防守串联练习。

第一，③号位队员向⑤号位扣球，⑤号位队员再把球垫回③号位，③号位队员向各个位置传球组织进攻。

第二，②号位队员拦对区④号位扣球，⑤号位队员防守；拦网后立即转身做二传，传防起的或教练抛来的球。

第三，③号位队员将后排抛球传向④号位，④号位扣球，③号位立即保护。

第四，①号位队员插上向④号位传球后，立即后撤至①号位进行防守，接本区④号位扣来的球。

四、传球易犯错误及其纠正方法

传球易犯错误及其纠正方法见表 4-4。

表 4-4　传球易犯错误及其纠正方法

传球技术	易犯错误	纠正方法
正面传球	手型不正确，形不成半球状	一抛一接轻实心球或自抛自接，接住后自我检查手型。距墙 40 厘米左右连续传球，并不断检查和纠正手型
	击球点过前或过高	击球点过前时多做自传，击球点过高时多做平传或平传转自传
	传球时臀部后坐，用不上蹬地力量	讲解协调用力的重要性；一人手压球，传球队员做传球模仿练习

续表

传球技术	易犯错误	纠正方法
正面传球	传球时上体后仰	两人对传，一传出球，立即用双手触及地面
	传球时有推压或拍打动作	多做原地自传或对墙传球，增加指腕力量，体会触球感觉
背传	背传翻腕太大，身体过多后仰	自传中穿插背传。距墙3米，自抛自做背传，近距离背传过网
侧传	侧转时身体侧倒太大	3人三角传球，有意练侧传
跳传	起跳过早或过晚	跳起接抛球，体会空中时间

第五节　扣球技术与教学

扣球是排球基本技术之一，是跳起在空中将高于球网上沿的球有力地击入对区的一种击球方法。

随着排球运动的发展，扣球技术也在不断提高和创新。20世纪50年代，一般采用正面扣球、屈体扣球和勾手扣球，在快球中采用近体快球和半快球；60年代，我国创造了平拉开扣球技术；70年代出现了短平快、背平快、时间差、位置差等扣球技术，之后我国又创造了空间差扣球技术，如前飞、背飞、拉三、拉四等，以及单脚起跳扣快球和快抹技术。20世纪70年代以前，大多采用前排扣球，70年代后期，出现了后排扣球技术，并在80年代得到了很大的发展。目前，排球进攻充分利用了网长与纵深，组成了前排与后排、拉开与集中、强攻与快攻、单人与多人的立体进攻。

扣球在比赛中占有重要的位置，是得分的主要手段，是进攻中最积极有效的武器，是摆脱被动、争取主动的途径，是攻击力的表现。扣球的成败，体现着队伍的战术质量和效果，是夺取胜利的关键。扣球效果好，可以鼓舞全队士气，振奋精神，从而挫败对方的锐气，给对方造成心理压力。

一、扣球技术的动作方法

扣球技术主要有正面扣球、单脚起跳扣球和双脚冲跳扣球等。按照扣球的节奏可分为强攻和快攻，按照扣球起跳的区域可分为前排扣球和后排扣球。

（一）正面扣球

正面扣球是最基本的扣球技术，其他扣球技术都是在此基础上发展和派生出来的。其面对球网，便于观察来球和对方的防守布局，因此击球准确性较高；挥臂动作灵活，能根据对方拦网和防守情况随时改变扣球路线和力量，能控制击球落点，因而进攻效果好

（图 4-9）。现以扣一般高球为例介绍如下。

图 4-9　正面扣球

1. 动作方法

扣球助跑前采用稍蹲准备姿势，两臂自然下垂，站在离球网 3 米左右处，观察判断，做好向各个方向助跑起跳的准备。助跑时（以右手扣球两步助跑为例），左脚先向前迈出一小步，接着右脚迅速跨出一大步，左脚及时并上，踏在右脚之前，两脚尖稍向内转，准备起跳。在助跑跨出最后一步的同时，两臂绕体侧向后引，在左脚踏地制动的过程中，两臂自后向前积极摆动。随着双腿蹬地向上起跳，两臂快速上摆，配合起跳。两腿从弯曲制动的最低点猛力蹬地向上起跳。跳起后，挺胸展腹，上体稍向右转，右臂向后上方抬起，身体成弓形。挥臂时，以迅速转体、收腹动作发力，依次带动肩、肘、腕各部位以鞭打动作向前上方挥动。击球时，五指微张呈勺形，并保持紧张，全手掌包满球，以掌心为击球中心，击球的中部。同时主动用力屈腕向前推压，使扣出的球加速前旋。落地时，前脚掌先着地，同时顺势屈膝、收腹，以缓冲下落力量。

在总体掌握了动作方法后，还应注意以下几点。

助跑的时机取决于二传传球的高度、速度以及扣球队员的个人动作特点。二传传球低时，助跑启动要早些，球高则要晚些。动作慢的队员可早些启动，动作快的队员则可晚些启动。助跑步法有一步、二步、多步、原地垫步等。一步助跑法适合于扣球队员距球较近时采用，以右手扣球为例，助跑前，两脚前后开立，左脚在前；助跑时，右脚向前跨出一步，左脚迅速并上，立即起跳。两步助跑时，第一步要小，便于寻找和对正上步的方向，使静止的身体获得向前的速度；第二步要大，便于接近来球，同时使身体后仰，便于制动。第二步脚跟先着地，以利于制动。凡采用两步以上的助跑，即多步助跑，最后一步要大些。助跑节奏应先慢后快。一传垫起后，就可以开始缓慢移动，然后根据二传的情况逐步加快步伐以寻找起跳时机和地点。有时也可加快助跑节奏，以争取时间和空间。有时助跑的路线应根据传球的落点来决定。以④号位扣球为例，扣集中球时，应采用斜线助跑；扣一般球时，应采用直线助跑；扣拉开球时，则应采用外绕助跑。助跑过程中，身体重心应平稳下降，降低起伏，以提高助跑的速度和减少能量的损耗。助跑制动方法有三种：第一种是由脚跟着地过渡到全脚掌蹬地起跳，这种方法幅度大，制动力强，有利于增加起跳高度；第二种是由前脚掌着地迅速蹬地起跳，擅长快攻的队员运用较多；第三种是由全脚掌着地蹬地起跳，这种方法站立平稳，但使用较少。

起跳点应距球一臂距离。起跳时机一般选择在二传出手后，球高时，起跳要稍晚些；反之则起跳可稍早。起跳方法有并步法和跨步法两种。并步法即一脚跨出后，另一脚迅速向前并步，落于该脚之前，随即蹬地起跳。这种起跳方法适应性强，能调整起跳时间，现在为大多数运动员采用。跨步法即一脚跨出的同时，另一脚也跨出去，两脚几乎同时着地和蹬地。这种起跳方法可利用人体下落时的重力加速度增大下蹲时腿部肌肉的张力，增加弹跳高度，但不便加快助跑速度，影响起跳节奏。起跳的高度与起跳前膝、踝和髋关节的弯曲程度有关，在一定范围内，弯曲的程度越大，越有利于提高起跳高度。下肢各关节的弯曲程度与个人的腿部力量和腰腹力量有关。腿部和腰部力量大的运动员，下蹲可深些；腿部和腰部力量小的运动员，下蹲可浅些。起跳的高度与摆臂的速度也有很大关系，摆臂速度越快，越有利于提高起跳高度。摆臂的方法有两种：一种是划弧摆，即两臂经体侧向身体的侧下方，随之又向前上方摆动，这种摆动有利于调整起跳时间；另一种是前后摆，方法是两臂由体前向后摆动，再由后向前上方摆动，这种方法摆臂距离长、幅度大、速度快，有利于提高起跳高度，但不便于急速起跳。

2. 技术分析

第一，助跑的目的是接近球和选择适宜的起跳地点，同时也起到增加弹跳高度的作用。

第二，起跳的目的不仅是获得高度，而且是选择适当的扣球时机和击球位置。

第三，起跳后，身体成反弓形，便于击球时与上肢做相向运动，加大挥臂距离和挥臂速度，使扣出的球更有力量。

第四，击球时，由腰腹发力，上肢各关节做鞭打动作，以利全身用力并集中于手上，加大击球力量。

第五，挥臂初期曲臂，可以缩短以肩为轴的转动半径，提高转动的角速度，随之伸肘，以加快挥臂时击球手的线速度，加大扣球力量。

第六，击球点在跳起的最高点和手臂伸直最高点前上方，能够充分利用水平和垂直空间，扩大进攻范围，增加扣球路线和角度变化的可能性。

3. 技术要点

助跑起跳时机，人与球的位置，上肢鞭打，全掌包击，屈腕。

（二）单脚起跳扣球

单脚起跳扣球是指助跑时一只脚落地后另一只脚不再向前踏地而直接向上摆动帮助起跳的一种扣球方法。单脚起跳下蹲较浅，无明显的制动过程，故比双脚起跳速度快，且因制动较差而冲力较大，能在空中移动，网上控制面积更大，具有很大的突然性。有时在来不及用双脚起跳扣球时也采用单脚起跳的方法（图4-10）。

图4-10　单脚起跳扣球

1. 动作方法

采用与球网成小夹角或顺网的一步、两步或多步的助跑。助跑后，左脚跨出一大步，上体后倾，在右腿向前上方摆动的同时左脚迅速蹬地起跳，两臂配合摆动，帮助起跳，跳起后扣球动作与正面扣球动作相同。

2. 技术分析

第一，助跑路线与网成小夹角或平行于网，以免前冲力过大造成触网或过中线犯规。

第二，起跳时右腿摆动的作用与摆臂的作用相同，能够增大左脚蹬地的力量，有助于提高弹跳高度。

3. 技术要点

助跑路线，摆动腿。

（三）双脚冲跳扣球

双脚冲跳扣球是指队员助跑后，向前上方起跳，而且在空中有一段位移，击球动作在空中移动过程中完成的一种扣球方法。其在后排进攻和空间差进攻中运用较多。

1. 动作方法

采用两步助跑的方法，第二步的步幅要小于一般正面扣球的第二步步幅。踏跳过程中，双脚向后下方蹬地，使身体向前上方腾起，在空中抬头、挺胸、展腹，形成背弓，击球时快速收腹、挥臂，并以手腕推压击球的中后部。

2. 技术分析

第一，助跑第二步稍小，避免身体后仰，减小制动力，便于双脚向后下方蹬地。

第二，双脚向后下方蹬地，是为了使身体获得一个向前上方的速度，以便既能跳起一定高度，又能向前飞行一段距离。

3. 技术要点

助跑步幅，蹬地方向，收腹发力，手腕推压。

二、扣球技术的运用

（一）扣近网球

距球网 50 厘米左右的扣球称为扣近网球。扣近网球时，要垂直起跳，以免前冲力过大造成触网或过中线犯规。跳起后，主要利用收胸动作发力，以肩为轴向前上方挥臂，以全手掌击球的中上部。击球后，手臂要顺势收回，以防止手触网。扣近网球时击球点高、路线变化多、威力大，但易被拦网。近年来，在高水平比赛中，扣近网球已越来越少。

（二）扣远网球

距球网 2 米以外的扣球通常称扣远网球。扣远网球时，起跳后击球点要保持在右肩前上方的最高点，用全手掌击球的中部，击球瞬间手腕要有明显的推压动作，使球前旋飞出。这种扣球力量大、角度较平，对方不易拦网。在高水平比赛中，扣远网球已成为进攻的主要手段。

（三）扣调整球

扣由后场调整至网前的球称为扣调整球。扣调整球难度较大，要求扣球队员能适应来自后场不同方向、角度、弧度、速度和落点的球，以灵活的步法和空中动作，及时调整好人、球、网的关系，运用不同手法，控制扣球力量、方向、路线和落点。在助跑时，可边助跑边看球。对小角度二传来球，要后撤斜向助跑；对大角度二传来球，可采用外绕助跑。

（四）扣快球

扣快球是指扣球队员在二传队员传球前或传球的同时起跳，把球扣入对方场区的一种扣球方法。这种扣球速度快、时间短、突然性强、牵制性大，能在时间和空间上争取主动。扣快球可分为扣近体快、背快、短平快、背短平快、背平快、平拉开、半快、调整快、远网快、后排快和单脚快球。不管扣哪种快球，都应注意：第一，助跑的步法要轻松、快速、灵活、有节奏；起跳时下蹲要浅，起跳快，起跳时间准确；第二，击球时，上体动作和挥臂动作幅度要小，主要利用前臂和手腕加速甩动击球，挥臂的时间要略早，使球到时正好扣击；第三，要主动加强与二传的配合。

1. 扣近体快球

在二传队员体前或体侧 50 厘米左右扣出的快球，统称为近体快球。近体快球的传球距离短，所以球速度快，节奏快，通过与队友的配合也有很强的掩护作用。扣近体快球时，应随一传助跑到网前，当二传传球时，扣球队员在其体前或体侧近网处迅速起跳，起跳后要快速挥臂，将刚刚传出网带的球扣入对方场区。击球时，利用收胸动作带动前臂和手腕迅速鞭打甩动，以全手掌击球的中上部。

2. 扣背快球

在二传背后约 50 厘米处扣的快球，称背快球。这种扣球与扣近体快球的打法相同，所不同的是二传队员看不见扣球队员的动作，这需要扣球队员主动配合去适应二传。

3. 扣短平快球

在二传队员体前 2 米左右处扣二传队员传过来的高速平快球，称扣短平快球。这种扣球传球速度快，所以进攻的节奏快；二传弧度平，进攻区域宽，有利于避开拦网。扣短平快球一般采用外绕或小于 45°角助跑，在二传传球的同时起跳并挥臂截击平飞过来的球，扣球手法与扣近体快球相同，还可根据对方拦网的位置提前或错后击球。

4. 扣背短平快球

在二传队员背后约 1.5 米处扣背传过来的高速平快球，称为扣背短平快球。其打法与扣短平快球一样。由于二传队员看不见扣球队员动作，所以扣球队员应主动适应二传队员传来的球。

5. 扣背平快球

扣球队员在二传队员背后 2 米左右处扣背传过来的快速平快球，称为扣背平快球，也称背溜。扣背平快球的打法与扣背短平快球一样。

6. 扣平拉开球

在④号位标志附近扣二传从五六米处传来的快速平快球，称为扣平拉开球。其特点是能有效地利用网长及进攻区域宽度争取有利的时间和空间，摆脱对方拦网。在二传队员传球前，④号位队员就要开始进行外绕助跑，待二传出手后，扣球队员在标志杆附近起跳，截击来球。扣球动作与和扣短平快球相同，但不应提前挥臂，要看准来球后再挥臂击球。

7. 扣半快球

在二传队员附近起跳，扣超出网上缘两个半球高度的球，称扣半快球，也称扣半高球或"二点五快球"。优秀的运动员由于其身高、弹跳高的缘故，半快球比两个半球高度要高。半快球击球点较高，有利于看清拦网队员的手和对方的防守布局，易运用各种避开拦网的扣球手法。半快球在二传出手后再起跳，击球动作与近网扣球动作相同。

8. 扣调整快球

一传不到位，二传队员把球调整到网口进行快速进攻，称扣调整快球。这种扣球可以扩大进攻范围，增加进攻的突然性，但传扣的难度较大，对起跳时间和地点的配合要求较高。扣调整快球要根据二传的位置和传球方向，选择好助跑的角度、路线和起跳时间，在助跑中边观察边判断，助跑路线宜与网成小角度，并力争保持在与二传球飞行路线形成交叉点处起跳。起跳时，左肩斜对网，右臂随来球顺势向前挥动追击球，在球飞至网口时，手腕迅速推压将球击入对区。

9. 扣远网快球

扣二传传出的距网 1 米左右纵深上空的快速低弧度球为扣远网快球。这种扣球可以扩大进攻范围，改变进攻节奏，增加进攻的突然性。扣远网快球的助跑最后一步不宜过大，以便利用向前冲跳使身体有一段略向前的飞行距离。远网扣球的起跳位置一般距网2米以上。扣球时，利用收胸、收腹动作带动手臂和手腕向前甩动，在头的前上方以全手掌击球的中上部，使球呈前旋过网。

10. 扣后排快球

在进攻线后起跳扣的快球为后排快球，一般由后排队员进行扣杀。扣球队员大都在进攻线后冲跳距网2米左右的低快球。击球时，以全掌击球的中部，手腕要有推压动作，使球前旋过网。

11. 扣单脚快球

其助跑起跳方式与单脚起跳扣高球相同，但助跑起跳的速度和击球动作的节奏都比单脚起跳扣高球快，故不能提前起跳。单脚起跳的助跑速度快，起跳容易前冲，因此起跳点要离二传队员稍远，助跑的路线与网的夹角要小，注意落地动作，防止与二传队员相撞或中线犯规。单脚起跳快球可以打单脚前快，即近体快球；可以从③号位向二传背后助跑打单脚背快；也可从④号位与网成小角度助跑至③号位和④号位之间打单脚短平快。

（五）自我掩护扣球

用佯扣各种快球的假动作来掩护自己实扣的半高球进攻都叫自我掩护扣球，可分为时间差扣球、位置差扣球和空间差扣球三大类。

1. 时间差扣球

利用起跳时间的差异迷惑对方拦网的扣球，为时间差扣球。这种扣球可用于近体快、背快、短平快等扣球中。扣球时，以快球的助跑、摆臂节奏佯做起跳，诱使对方起跳拦网。待对方拦网队员跳起下落时，扣球队员立即原地起跳扣半高球。

2. 位置差扣球

利用与对方拦网队员在起跳位置上的差异摆脱拦网的扣球为位置差扣球。扣球队员在助跑后佯做起跳，待对方队员起跳拦网时，扣球队员突然向体侧跨出一步，错开拦网人的位置，用双脚或单脚起跳扣球。位置差扣球的变化很多，如短平快向③号位错位、近体快向②号位错位扣背传半高球、近体快向③号位错位扣慢速的短平快，等等。不管采用哪种错位扣球，都应注意以下两点：第一，按原来各种快球的时间助跑、踏跳下蹲、制动和摆臂，佯扣动作要逼真；第二，变向跨步起跳时，动作应连贯，摆臂幅度应小，速度应快。

3. 空间差扣球

利用顺网向前冲跳技术，使身体在空中有段位移过程，将起跳点和击球点错开的扣球为空间差扣球，又称空中移位扣球。这是我国运动员创造的一种自我掩护快攻技术。这种扣球不仅速度快，而且掩护作用强。目前常用的空间扣球有前飞、背飞、拉三、拉四等。

（1）前飞。佯扣短平快，突然向前冲跳，"飞"到二传队员身前扣半高球为前飞。前飞的助跑路线与网夹角很小（有时可顺网助跑），击球时，利用向左转体和收胸动作带动手臂挥动击球。

单脚起跳进行前飞扣球时，助跑的最后一步跨出左腿，步幅不宜过大，左脚蹬地的同时，右腿和双臂配合向前上方摆动，使身体向前上方冲跳。击球时，上体左转带动手臂挥动击球。击球后，双脚同时落地，以缓冲下落力量。

（2）背飞。佯扣近体快球，突然向前冲跳，"飞"到二传手背后 1~1.5 米距离处扣背传的平球为背飞。背飞的动作方法同前飞，但起跳点在二传手的体侧，击球时人在空中追球（人与球同向飞行）。背飞击球区域较宽，不受二传站位限制，可选择有利的突破口。背飞是扣球队员由③号位飞到②号位标志杆附近击球，因此做转体扣球较多。

（3）拉三。按扣近体快球助跑，而二传队员将球向③号位传得稍拉开，扣球队员侧身向左起跳追扣快球，为拉三。

（4）拉四。在扣短平快球的位置上起跳，而二传队员传比短平快稍拉开的球，扣球队员侧身向左跳起追扣，为拉四。动作方法与拉三基本相同。

三、扣球技术的变化

扣球队员无论采用正面扣球、单脚起跳扣球还是冲跳扣球，都可以通过身体、手臂、手腕以及手指的动作变化打出不同线路、速度、落点和击球点的球，造成对方拦网和后排防守的困难，这就是扣球技术的变化。

（一）转体扣球

通过改变上体原来的方向而改变扣球路线的扣球为转体扣球。转体扣球与正面扣球动作大致相似。不同的是，转体扣球将击球点保持在左侧前上方（以向左转体扣球为例），击球时，利用向左转体和收腹的动作，带动手臂向左挥动，以全手掌击球的右上部来改变扣球方向。

（二）转腕扣球

通过转腕动作改变扣球路线的扣球为转腕扣球。这种扣球虽然力量不大，但路线变化大，易避开对方拦网。转腕扣球一般有两种方法。

1. 向外转腕

向外转腕主要运用于③号位向右转腕扣球和④号位做小斜线扣球。起跳与正面扣球相同。击球时，右肩向上提并稍向右转，手腕向右甩动，以全手掌击球的左上部。

2. 向内转腕

向内转腕主要用于②号位面对直线而打小斜线，以及在③号位向左转腕扣球。击球时，应保持在左前上方，手腕向左甩动，全手掌击球的右上部。击球后肘关节可以稍屈。

（三）打手出界

打手出界是扣球队员有意识地使球触击拦网队员的手后飞向场外的一种扣球方法。一般在二传近网、落点在标志杆附近时运用较多。如扣拉开至④号位标志杆附近的近网球时，扣球队员在击球瞬间手腕迅速内转，击球的右侧上部，使球触拦网手后飞出界外；②号位扣打手出界球与④号位相反，手腕迅速外转，击球的左侧后上部；③号位扣打手出界球利用转体或转腕扣球，对准拦网者的外侧手掌，向两侧挥臂击球，造成打手出界；远网球的打手出界，如对准拦网者外侧手的外侧部击球，也能收到良好的效果；打拦网者的手指尖出界时，要对准对方的手指尖击球，向远处平击，使球打手后向端线界外飞出。

（四）超手扣球

超手扣球是扣球队员利用自己的身高和弹跳优势，将球从拦网者手的上空击入对方场区的一种扣球打法。这种扣球力量不大，路线较长。扣球时可充分利用助跑起跳，保持好击球位置。击球时利用收胸动作带动手臂挥动，肩尽量上提，手臂充分伸直，以提高击球点。在右肩前上方，以全手掌击球的中上部，使球从拦网者手的上面呈前旋长线飞出。

（五）扣轻球

这是队员佯做大力扣球，但在击球瞬间突然减慢手臂挥动速度，将球轻打在对方空当的一种扣球方法。这种扣球的助跑、起跳、挥臂动作与大力扣球一样。但在击球前，手臂挥动速度突然减慢，手腕放松，以全手掌包满球，轻轻向前上方推搓，使球从拦网者手的上空呈弧线落入对方空当。轻扣最好在拦网者下落时采用。

（六）吊球

吊球是扣球的一种变化形式。它是以轻巧、灵活的动作，把球吊入对方空当的一种进攻方法。吊球是进攻的一种辅助手段。起跳后，佯做扣球，突然改变挥臂扣球的动作，单手将球从拦网者手的上方或侧方吊入对方场区空当。

四、扣球技术的教学与练习方法

（一）教学顺序

扣球技术动作结构复杂，教学难度大，需要抓住两个关键环节，即挥臂击球动作和助跑起跳的节奏。扣球技术的教学顺序是：④号位扣一般高球，②号位扣一般弧度球，③号位扣快球。教快球时，首先教近体快球、短平快球，然后安排扣其他球技术的教学。

（二）教学步骤

第一，讲解：扣球在比赛中的重要地位；正面扣球的动作方法和要领。

第二，示范：正面扣球技术应先做完整示范，形成扣球的完整动作概念，再做分解示范，明确每一部分动作的细节。教学时应采用先分解再完整的教学方法，分解教学的目的是掌握正面扣球的助跑起跳和挥臂击球动作，完整动作的教学是为了解决各种技术环节的衔接，保证整个动作的连贯性和节奏性。

第三，组织练习：分解的挥臂击球与助跑起跳练习；扣定点球练习；扣抛球练习；扣一般弧度球练习；与其他技术串联练习；扣各种快球练习。

第四，纠正错误动作。

（三）练习方法

1. 挥臂击球和助跑起跳练习

第一，集体徒手挥臂练习。

第二，学生成横队散开，按照教师的口令做原地起跳、一步助跑起跳、两步助跑起跳练习；可以轻微腾空，注意动作协调性。

第三，网前助跑起跳练习。学生成横队列于进攻线后，听口令一起做两步助跑起跳。

第四，两人一组，一人手持球高举做固定球，另一人扣该固定球。

第五，面对墙站立，手持一垒球，做正面扣球挥臂动作，将球甩出。

第六，自抛自扣。原地对墙自抛自扣或自抛跳起扣球。

第七，距离墙3～4米，连续对墙扣反弹球。

第八，两人一组，相距7～9米，相互自抛自扣。

2. 扣定点球练习

第一，将两头系有橡皮筋的球固定在适当高度，学生助跑起跳扣该固定球。

第二，教师站在网前高台上，一手托球于网上沿，学生助跑起跳扣固定球。

3. 扣抛球练习

第一，扣球者在④号位助跑起跳，把由③号位抛来的球在高点轻拍过网。

第二，扣球者在④号位助跑起跳，扣顺网抛来的球。

4. 扣一般弧度球练习

扣球者在④号位（或②号位）将球传到③号位，③号位将球顺网传到④号位（或②号位），扣球者上步扣球。

5. 与其他技术串联练习

第一，④号位（或②号位）队员防扣一次后，立即扣一般弧度球。

第二，④号位（或②号位）队员防吊（或拦网）一次后，立即扣一般弧度球一次。

第三，接发球后，立刻移动至④号位（③号位或②号位）扣球。

6. 扣各种快球练习

学生在各位置传球给二传队员，然后扣其传出的近体快、背快、短平快、背短平快、背平快、平拉开、半快、调整快、后排快和单脚快等球。

五、扣球易犯错误及其纠正方法

扣球易犯错误及其纠正方法见表4-5。

表 4-5　扣球易犯错误及其纠正方法

易犯错误	纠正方法
助跑时起跳时间不准	在助跑开始时教师轻拍扣球者的背,或给予语言信号
起跳前冲,击球点偏后	练习助跑,最后一步大跨,在网前起跳接抛球或扣固定球
击球时手臂下压	徒手甩臂,体会手臂放松动作;手握轻物(棒球、石子)甩臂;或距墙 2 米,用中等力量连续扣反弹球
屈肘击球,击球点偏低	降低球网,原地隔网甩小网球。连续甩臂击高度适中的树叶
手包不住球	把球固定在击球高度上反复挥臂击球,练习击球手法。原地对墙自抛自扣

第六节　拦网技术与教学

拦网是排球的基本技术之一,是队员靠近球网,将手伸向高于球网处,阻挡和截击对方来球的行动。

拦网技术同其他技术一样,也是不断发展的。在 20 世纪 50 年代,由于当时规则规定不允许过网拦网,各队普遍采用双手后仰拦法,以拦起拦高为主,拦网的性质主要是防御,削弱对方进攻威力。20 世纪 60 年代,规则规定拦网时允许手过网,我国运动员创造性地运用了盖帽式拦网,取得了良好的效果。1997 年,规则规定拦网触球不算是一次击球,大大促进了拦网技术的发展,使拦网成为进攻性很强的技术,强调以拦死为主。当前拦网技术已成为得分的重要手段,已由过去的单纯防守技术发展成一种积极的攻击性很强的进攻技术。20 世纪 80 年代以来又出现了补跳拦网和直腕拦网、重叠拦网、手臂空中移位拦网,特别是对后排进攻的拦网也有了发展和提高。目前,拦网技术发展得更为完善。

拦网具有强烈的攻击性,可以直接拦死、拦回对方的扣球,能够削弱对方的锐气,动摇对方的信心,给对方造成心理压力。拦网是防守的第一道防线,是反攻的重要环节,可以将对方有力的扣球拦起,减轻后排防守的压力。拦网水平的高低直接影响着比赛的胜负,在没有前排拦网的情况下,后排防守是极其困难的。

一、拦网技术的动作方法

从参与拦网的人数上分,拦网可分为单人拦网和集体拦网,集体拦网又分为双人拦网和三人拦网。

（一）单人拦网

1. 动作方法

面对球网,两脚左右开立约与肩宽,距网 30～40 厘米,两膝微屈,两臂在胸前自然屈肘。原地起跳时，重心降低，两膝弯曲，身体垂直向上起跳。如移动，可采用并步、交叉步、跑步，向前或向斜前移动。移动拦网制动时，双脚尖要转向网，同时利用手臂摆动帮助起跳。拦网时两手从额前平行球网向网上沿前上方伸出。两臂平行，两肩尽量上提，两臂尽力过网伸向对方上空，两手接近球，自然张开，手触球时两手要突然紧张，用力屈腕，主动"盖帽"捂住球（图4-11）。

图4-11　单人拦网

拦网的起跳时间要根据二传球的情况和扣球人的动作特点来决定。一般扣高球时，扣球队员在空中有一个引臂、展腹的过程，而拦网常常原地起跳，腾空时间较短，所以一般应比扣球队员晚起跳。而拦快球时，要比扣球队员稍早或同时起跳。拦网的起跳地点应在对方扣球的主要线路上。伸臂的时机最好是对方击球的瞬间，过早地伸臂容易被对方避开或者被打手出界；过晚则不能阻拦球，会导致拦空。拦网击球时，应注意屈腕用力"盖帽"捂球，使拦回去的球反弹角度小，对方不易保护起球。②号位和④号位拦网队员的外侧手要内转，以防止被打手出界。拦网中的判断应贯穿在从拦网准备姿势到空中拦截动作的整个过程中，每一环节都离不开准确判断。

近年来，拦网技术不断发展，出现了拦网手臂空中移动以拦截对方扣球的技术，提高了拦网成功率。例如，随球转移拦截时两手臂由直臂改为侧倒斜向拦网，若向左拦截，则左臂伸直斜向，横向放在网口上方，右臂屈肘，前臂在额部上方与网口平行，两手间距离不大于球体直径，增大拦网的宽度，以手掌、手指堵截路线。又如做声东击西的拦截时，拦网者有意对准球站立，准备让出一条扣球路线空当，但当对方向这条空当路线扣球时，两臂突然伸向空中，阻挡对方扣球。再如做两臂夹击拦截时，两臂分开上举，当对方扣球队员扣球时，拦网队员两手突然由外向内会合，使两臂夹击阻拦对方扣球。

2. 技术分析

第一，采用半蹲准备姿势，有利于迅速向两侧移动和起跳。

第二，两臂置于胸前并屈肘，有利于快速伸臂。

第三，拦网站在距球网 30～40 厘米处，可避免因离球网近而造成的触网，又可避免因离球网过远而造成的漏球。

第四，移动步法中，并步适用于近距离移动；交叉步适用于中、远距离移动，控制范围较大，移动速度快；跑步速度快，适合在距离较远时采用。

第五，拦网击球时，两臂尽力伸直，前臂靠近球，以免"窝火儿"。两手间的距离不能过大，以防止球从两手之间或者两臂之间漏过；也不能过小，以减小拦网阻截面。

3. 技术要点

垂直上跳，含胸收腹，提肩伸臂，过网拦击。

（二）集体拦网

动作方法：集体拦网指两人（图 4-12）或三人拦网。一般拦④号位时，由本方②号位队员定位，③号位甚至④号位队员移动过来与②号位队员配合，共同组成集体拦网。拦②号位时，由本方④号位队员定位，③号位甚至②号位队员移动过来与④号位队员配合，共同组成集体拦网。拦③号位时，由本方③号位队员定位，两侧队员向其移动配合，共同组成集体拦网。

现代排球中，运动员的身高、身体素质不断提高，进攻技术越来越强，因此集体拦网也显得越发重要，有机会组成集体拦网时，一定要努力组成集体拦网。

图 4-12　集体拦网

二、拦网技术的运用

（一）拦强攻球

强攻的特点是击球点高、力量大、扣球线路多，拦强攻球要组成集体拦网，并要晚起跳，组成尽可能大的阻击面。

（二）拦快球

1. 拦近体快球

快球的特点是速度快、弧线低、不易变线。扣快球多在②号位和③号位进行，其击球点距离网近且速度快，因此，拦网时较难组成集体拦网，多采用单人拦网。拦网时，应根据扣球的特点，起跳、伸臂要快。

2. 拦平快球

平快球与近快球一样，具有速度快和弧度低的特点，同样不易组成集体拦网。拦网时，球顺网以低平弧度飞行，给拦网判断增加了困难，因此，在拦网时要人球兼顾，重点要判明扣球队员的助跑路线和起跳时机。拦网起跳要同时或稍早于扣球队员起跳，拦网应根据扣球队员的助跑方向和扣球线路拦堵其主要线路。

3. 拦"三差"扣球

拦"三差"（时间差、位置差、空间差）扣球要注意了解扣球队员的技术特点和习惯，在此基础上进行观察和判断，果断地进行拦击。时间差和位置差进攻需要先做自我掩护，而一般来讲，先做自我掩护再扣球与正常节奏的扣球是有区别的，如改变正常节奏、提前助跑、佯跳的身体姿势较高、没有手臂摆动的配合等。观察发现上述异常后，就要及早移动，做好起跳准备，动作节奏与扣球队员要保持一致，当扣球队员实跳扣球时，也随之起跳拦网。

三、拦网技术的教学与练习方法

（一）教学顺序

拦网的教学应放在扣球之后进行。先教手型和手臂动作，后教准备姿势和原地起跳方法，最后教移动起跳拦网。其中，拦网的时机和拦网取位是两个关键环节。

（二）教学步骤

第一，讲解：拦网在比赛中的地位与作用；单人拦网的动作方法、动作要领，拦网的判断与时机，集体拦网的配合。

第二，示范：采用完整的动作示范拦网起跳、空中击球手法和落地动作，建立正确动作概念；然后边讲解边示范，再做完整示范。

第三，组织练习：徒手练习；结合球练习；集体拦网练习；与其他技术串联练习。

第四，纠正错误动作。

（三）练习方法

1. 徒手练习

第一，原地做拦网的徒手动作练习。

第二，网前原地起跳或以不同步法移动，做拦网徒手练习。

第三，由③号位向②号位或④号位移动做拦网徒手练习。

2. 结合球练习

第一，两人一组，一人站在高台上持球，另一人跳起拦固定球。

第二，低网扣拦练习：两人一组，原地一扣一拦。

第三，原地起跳拦高台球。

第四，在②号位、④号位和③号位拦对方扣球。

第五，在②号位和③号位之间以及③号位和④号位之间连续移动拦网。

3. 集体拦网练习

第一，对方④号位或②号位扣球，本方③号位队员向②号位或④号位移动，与②号位或④号位号位队员共同组成集体拦网。

第二，对方③号位扣球，本方②号位和④号位队员向③号位移动，与③号位队员共同组成三人集体拦网。

4. 与其他技术串联练习

第一，在④号位或②号位扣球后，立即起跳拦网。

第二，拦网后，立即把教师抛来的球传或垫至②号位。

第三，拦网后，立即救教师抛来模拟被拦回的球。

第四，拦网后，立即后撤，再上步扣球。

第五，拦网后，立即扣教师抛来的"探头球"。

四、拦网易犯错误及其纠正方法

拦网易犯错误及其纠正方法见表4-6。

表4-6 拦网易犯错误及其纠正方法

易犯错误	纠正方法
起跳过早	按照拦网节奏给予起跳信号，起跳前深蹲慢跳
手下压触网	一对一做原地扣、拦练习，结合低网，提肩屈腕把球拦下
拦网时低头闭眼	隔网拦对方抛来的球，逐步过渡到拦轻扣球
拦网身体前扑触网	多练顺网移动起跳

思 考 题

1. 简述半蹲准备姿势的动作方法。
2. 简述正面上手发球的动作方法。

3. 简述正面双手垫球的动作方法
4. 简述正面传球的技术要点。
5. 简述正面扣球的技术分析。
6. 简述单人拦网的技术要点。

第五章 排球游戏教学与训练指导

排球运动游戏教学与训练指导是高校排球教学的重要内容。排球多样化、丰富多彩的游戏内容教学以及训练指导能有效活跃高校排球运动教学过程，激发高校大学生参与排球运动的兴趣。

1. 了解排球教学游戏的特性。
2. 了解排球运动素质游戏训练的类别。
3. 了解排球运动技术游戏训练的要求。
4. 了解排球运动实战游戏训练的内容。

第一节 运动游戏在排球教学与训练中的应用

一、高校排球教学游戏的特性

（一）趣味性

体育游戏具有趣味性，高校排球运动教学中的各种游戏也具有趣味性，趣味性是排球运动游戏的基本属性。通过排球教学活动中教学游戏的组织，在游戏过程中，参与者能保持一种轻松愉悦的心态，同时，排球教学游戏在趣味性的基础上融入了与排球运动体能、技能相关的内容，使得整个排球运动教学活动既有趣、好玩又能为实现游戏目的服务。

（二）竞技性

体育游戏具有一定的竞技性，在游戏过程中，往往需要分成几个组或者几个队，也有根据个人游戏成绩进行比拼的活动，但无论是哪种形式，都需要利用学生在游戏中的表现来激发学生参与游戏的积极性和主动性，通过游戏活动表现进行对比，激发学生的排球运动参与活力、潜能，在比拼中掌握排球知识、技能。

（三）科学性

体育教学应遵循客观教学规律，高校排球教学活动也应遵循客观规律。高校排球运动教学中的排球运动游戏的选择、组织、实施需要遵循排球运动教学的一般规律，也需要遵循学生发展的一般规律。对于排球运动教学而言，排球教学游戏应为排球运动教学目标的实现服务，设计出符合人体生理学的体育游戏，从科学角度去阐述事情发展的规律，让学生在游戏过程中受益。

（四）教育性

排球教学旨在通过学生的排球运动参与与学习，来实现排球运动的多元教育功能，促进学生的全面发展，排球运动教学游戏的组织和实施也应充分发挥排球活动的教育作用，做到寓教于乐，通过组织学生参与排球运动教学游戏过程，将排球运动知识和技能潜移默化地传递给学生，使学生在排球运动游戏活动中去感知和掌握人生道理，引发思考，促进自我发展。

二、高校体育游戏在排球技术教学中的应用

（一）大学体育游戏能促进教学方式的灵活性

大学生排球学习避免不了基础理论的教学，但是单纯的理论学习难免会导致整个学习氛围枯燥僵硬，影响学生学习排球的积极性，因此将体育游戏引入排球教学是教学任务中较为重要的一个环节。引入体育游戏不仅需要严格按照教学目标和教学计划，还需要传递足够的排球知识以及保持足够的游戏氛围。因此排球教学过程中的体育游戏需要根据不同的教学阶段及教学内容，确定最合适的游戏内容，以此来实现提高教学效果的目的。

（二）大学体育游戏能启发学生思维

体育游戏在排球教学中的作用十分全面，不仅能提高学生的学习积极性和调节课堂氛围，还能加深学生对排球运动的个人理解，这种对体育运动的理解也正是体育教学的最终目标之一。引入体育游戏到排球教学中可以加深这种运动理解，理论上称之为"排球智商"。排球智商具体来说就是排球运动中的场上执行能力、临机应变能力以及场上的组织能力。排球智商的培养一直是排球教学中的难点，而引入体育游戏，就可以通过游戏的方式来培养学生的临场观察能力、团队协作能力以及一定程度上的运动能力，从而实现提高排球智商的效果。

（三）大学体育游戏能够提升学生参与排球比赛的能力

在我国排球教学课堂中，常见的教学方法还是传统的，教学中没有将排球的竞技性完美展现出来，排球运动只有采用比赛的形式才可以保证学生体会到排球竞争乐趣，这样一来学生学习排球的积极性会得到很大的提高（例如：垫球比赛，将学生平均分为三队，同

时在排球底线列队站好，老师喊开始之后，队列最前面同学使用双手自垫球向前移动穿越网到对区底线再自垫回来交给下一个同学，另一个同学接过球继续垫球前行，每个队伍依次进行，完成最快的队伍获得胜利；传球比赛，排球场两边分三组隔网站好，1对1隔网传递排球，第一个人传完球之后排到本队伍的最后面，在前面的人按照顺序进行传球，同时传球时排球不能落地，只能用双手传球得分），大学体育游戏能够培养学生的合作意识和组织能力，还为学生创造了一个交流平台，从而完成教学任务并提高排球教学效率。

三、高校排球教学中应用体育游戏的作用

（一）全面增强学生综合体质

高校排球教学游戏是通过学生的各种身体活动来实现的，高校大学生参与丰富多彩的排球运动游戏，能使身体得到各种锻炼，可有效促进自身的生理机能，增强体质健康水平。高校大学生通过参加排球运动游戏主动参与到排球教学中去，在教师的教学组织和实施过程中，锻炼身体，提高生理各系统和器官的功能，提高身体素质，提高健康水平，增强运动适应力和环境适应力。

（二）提高学生排球学练的积极性

体育运动游戏具有趣味性、竞技性、教育启发性，将排球运动游戏引入高校排球运动教学过程，能极大地提高大学生排球运动学习的积极性与主动性，这对于排球运动教学过程的顺利开展和排球运动教学效果的良好获得具有非常重要的意义。

在高校排球运动教学过程中，排球游戏的开展，能让学生的活动与学习注意力集中到教学过程中，有利于提高学生对排球教学的求知欲望和兴趣，促进学生自主参与排球运动体能与技能学练，促使学生更加主动地学习排球的技术动作，有助于转变学生的学习态度，提高排球教学质量。

（三）提高排球教学方式的灵活性

高校排球教学过程中教师对教学活动的组织会极大地影响学生对教师的排球运动教学的兴趣，会影响教学质量与效果。在高校排球运动教学中，教师合理选用排球教学游戏内容与方法，组织排球运动教学，使排球运动教学内容更加丰富，能改善排球运动教学的效果。

相较于枯燥的排球运动身体练习，排球运动游戏能通过游戏的形式将排球教学的内容呈现出来，让学生在愉快的教学环境与过程中学到排球的相应基础知识和基本技术，可以更好地提高学生对学习排球的兴趣，并促进高校排球运动教学方式方法的创新。

四、高校排球教学中体育游戏应用的注意事项

（一）提高教师对体育游戏的认知水平

教师对大学体育游戏的认知水平同样关键，如何将体育游戏真正融入课堂就取决于教

师对体育游戏本身的理解。例如，在排球教学过程中教师对排球的动作标准、详细规则、排球素养的认知本身就需要十分深入，这样才能让学生以最大的效率接收到最为完整系统的运动知识，再通过排球游戏的趣味性激发学生进一步了解排球运动，最终实现排球课堂的预期效果。

（二）科学选用体育游戏

高校排球运动教学过程应是科学的、严谨的、系统的，排球运动教学游戏内容、组织形式、过程方法也应是科学合理的。

高校排球运动教学实践中，科学合理地选用体育游戏的具体要求如下。

第一，游戏与排球教学相互有着紧密的内在联系。

第二，根据学生的实际情况选取与教学内容有关的游戏。

第三，根据学生的不同水平、不同年龄特征选取不同的体育游戏。

第四，将体育游戏融入排球教学，游戏时间不能过长，强度不能过大，注重游戏的活跃气氛、调动启发、整理放松作用，激发学生兴趣，促进学生恢复。

（三）科学组织体育游戏

游戏内容、方法关系到游戏的组织与实施效果，游戏过程组织与开展也关系到游戏教学效果，在高校排球运动教学中，教师应针对不同年级、不同水平的学生，通过不同的游戏形式激发学生的排球参与意识、运动竞技意识，以求达到良好的效果，使体育游戏在排球教学中有序开展，继而完成教学任务。

（四）注重教学游戏安全

体育运动相较于其他学科教学存在许多不安全因素，在排球教学游戏的组织过程中，教师应注意教学安全问题。重点应做好以下工作。

第一，体育游戏设计一定要符合每个阶段学生的生理和心理特征，综合考量学生各方面的因素。

第二，体育游戏要遵循健康的准则，内容和形式都要积极向上。

第三，游戏开始前、教学过程中要始终强调安全，做好教学安全监督。

第四，做好意外事故的应急预案，保证万无一失。

第二节 排球运动素质游戏训练

一、力量素质游戏

（一）推小车

游戏目的：发展上肢力量素质。游戏准备：空旷场地一块。

游戏方法：把学生分成人数相等并为偶数的甲、乙两队，各队"1、2"报数，两队于端线后纵向排列，各队数 1 者两手撑地，数 2 者抬起数 1 者两腿。游戏开始，教师发布口令，数 1 者用双手、数 2 者用脚，两人一组协同前进至中线后，两人交换角色返回端线，排至本队队尾。以此类推，先进行完的队获胜。

游戏规则：数 1 者双手交替前行，且双手触及端线才能与数 2 者互换角色。

（二）救伤员

游戏目的：增强学生的下肢及腹背力量。

游戏准备：空旷场地一块。

游戏方法：全体学生平均分为两队，在场地端线后，成纵队面向场内站立，每队选一人为"伤员"。游戏开始，各队队首学生背起"伤员"向前快跑，至中线返回，各队第二人重复队首学生动作，各队队员依次背"伤员"，用时短的队获胜。

游戏规则：

第一，"伤员"不得着地。

第二，背"伤员"必须双脚踏过中线才能返回。

（三）双人蹲跳

游戏目的：提高学生下肢力量与协作能力。

游戏准备：在场地上画两条平行线分别作为起跳与返回标记，相隔 8 米（图 5-1）。

游戏方法：全体学生均分两队，各队纵向列队，游戏开始后，两人一组，以两肘相挎背对背蹲跳，从起跳线出发，至返回线折回开始位置，再排到本队队尾，依次进行，先完成的队获胜。

游戏规则：二人共四只脚均跳过折回线才能折回，蹲跳过程中不得起立。

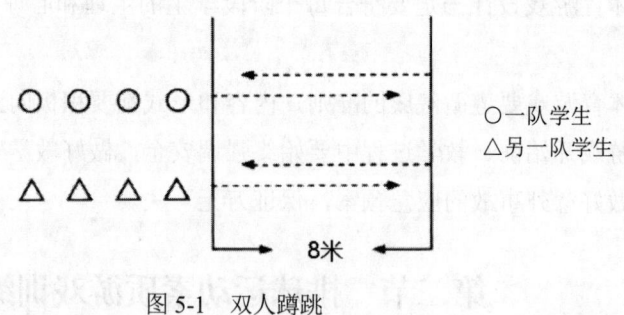

图 5-1 双人蹲跳

（四）鸭步接力

游戏目的：发展学生下肢力量和协调性。

游戏准备：空旷场地一块。

游戏方法：全体学生均分两队，每一个人均成标准半蹲姿势，双手背后，纵向站立在排球场一边的端线后。游戏开始后,各队队首学生以半蹲姿势"鸭步"前行至中线返回,击本队第二人的手,各队员依次完成,先完成的队为胜。

游戏规则:

第一,行进过程中必须保持半蹲姿势,否则重新从端线开始。

第二,"鸭步"返回后,接力必须击掌,提前启动为犯规,返回起点重做。

(五)火车过隧道

游戏目的:提高学生的下肢力量。

游戏准备:空旷场地一块。

游戏方法:人数分成相同的小组,各小组成一纵队,全体蹲立,两手扶住前面人的腰,听口令出发,集体同节奏蹲跳穿过球网直到端线(图5-2)。

游戏规则:

第一,队伍之间不能断开,如车出"故障",必须在原地接好后才能继续前进。

第二,以"火车"车尾到达终点线作为判定胜负的标准。

第三,先过端线的队伍胜出。

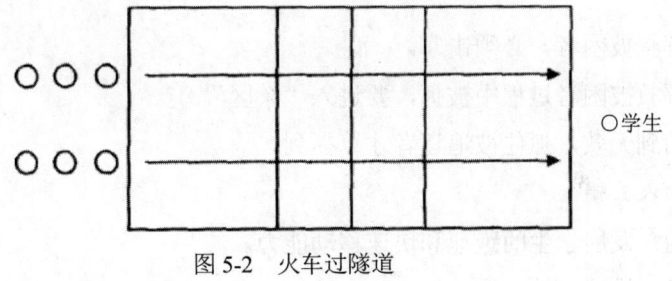

图5-2　火车过隧道

二、速度素质游戏

(一)单双数

游戏目的:发展学生快速反应和跑的能力。

游戏准备:半径15米的圆形场地一块。

游戏方法:学生均匀地站在圆圈外,面向圈内并"1、2"报数,两人一组,游戏开始后,全体同学逆时针围圈跑,教师喊"1"时,单数学生迅速入圈,双数学生迅速抓单数学生,阻止其入圈;当教师喊"2"时,单数学生抓双数学生,被抓者停止游戏,误抓者也停止游戏,反复多次游戏,最后留下的学生获胜(图5-3)。

游戏规则:

第一,进圈前触拍到即为抓住。

第二,只能在圈外跑动,不得踩线跑,不得提前入圈。

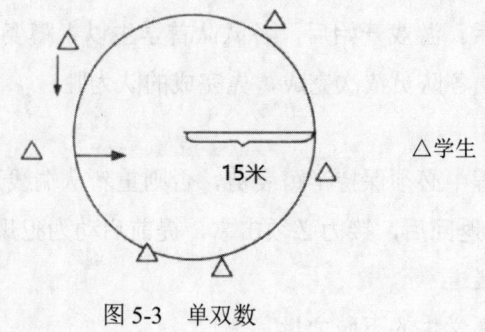

图 5-3 单双数

（二）你抓我救

游戏目的：提高学生的移动速度。

游戏准备：空旷场地一块。

游戏方法：将球场的中圈列为"禁区"，规定 5 名学生为追逐者，其余为被追逐者，可在除"禁区"外的场地随意跑动。被追逐者被抓进入"禁区"，未被抓者可与"禁区"内同伴拍手营救被抓者。所有被追逐者都被抓入"禁区"，或"禁区"内的人全部获救则游戏结束。

游戏规则：

第一，解救被困者，必须击掌。

第二，解救被困者过程中被抓，要进入"禁区"。

第三，拍到无效，抓住被追逐者才算抓到。

（三）两人三腿

游戏目的：发展学生的跑速和快速移动能力。

游戏准备：排球场地一块。

游戏方法：两人一组，肩并肩，相邻的两脚绑在一起，形成"三"条腿。游戏开始后，各组以"三"条腿走向球场的另一条端线，先到达的组获胜。

游戏规则：

第一，行进间摔倒，可爬起继续前行。

第二，三条腿都越过端线才算到达终点。

（四）接力赛

游戏目的：发展学生快速移动的能力。

游戏准备：排球两个。

游戏方法：全体均分两队，纵队站于端线，双方第一名从端线起将球拨动（边拨边跑），钻过网后将球传到第二名队员，第二名队员待第一名队员将球传出后从端线出发，接球，跑回端线，同样接力，以此类推，先到的队为胜（图 5-4）。

游戏规则：不得抢跑。

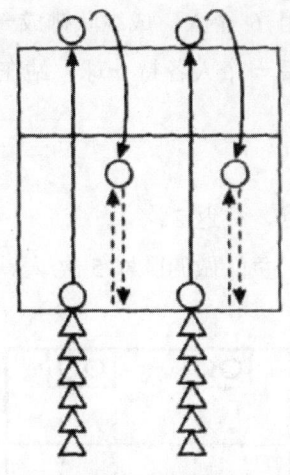

○—一队学生
△—另一队学生

图 5-4　接力赛

（五）钻四门

游戏目的：发展学生协调能力，提升学生反应速度和奔跑速度。

游戏准备：在场上画两条相距 10 米的平行线，一为起跑线，一为终点线。

游戏方法：全体均分两队，各路纵队站在起跑线后，彼此间隔 3 米，每队选出 4 名队员，在两条线中间处面向里手拉手成四方形，使其构成"城门"分别对正东、西、南、北四个方向，当老师发出"进东门，出西门"的口令，各队必须按教师的命令穿越而过，然后跑向终点线，以先到队为胜（图 5-5）。

游戏规则：

第一，穿城而过，不得碰"守城人"的手。

第二，跑动中全队不得散开。

第三，队尾通终点才算全队抵达。

图 5-5　钻四门

（六）火车运货

游戏目的：发展学生快速移动的素质。

游戏准备：空旷场地一块，四个球。

游戏方法：全体分四组，每组 6 个人，成纵队排成一排，第一个人经胯下牵拉下一个人的手，依次牵拉，第一个和最后一个人各持一球，站在端线。鸣哨后，比赛开始，将球放进网边的筐中（图 5-6）。

游戏规则：

第一，各组将球运至网下返回，往返 2 次。

第二，最先到达终点为胜者，负队做俯卧撑 5 次/人。

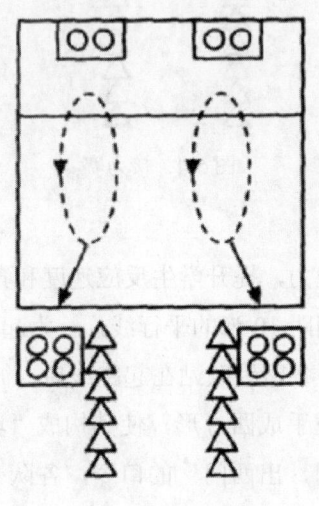

○一队学生
△另一队学生

图 5-6　火车运货

三、耐力素质游戏

（一）"捉鬼"游戏

游戏目的：发展学生的有氧耐力。

游戏准备：排球场一块，排球若干。

游戏方法：队员围成一圈站立，一名队员持球站于圈中央（图 5-7），游戏开始，持球队员将球抛起，同时喊接球队员名字，被喊到名字的队员必须来接球，其余队员跑到已画好的方框中，此时，接球队员可用球砸没有跑到筐中的队员，如用球没砸中，也可追赶，摸到对方即为"捉到"。

游戏规则：

第一，持球队员不得抢抛球。

第二，被喊到名字的队员接到球后方可开始"捉鬼"。

第三，一个框只能站一个人。

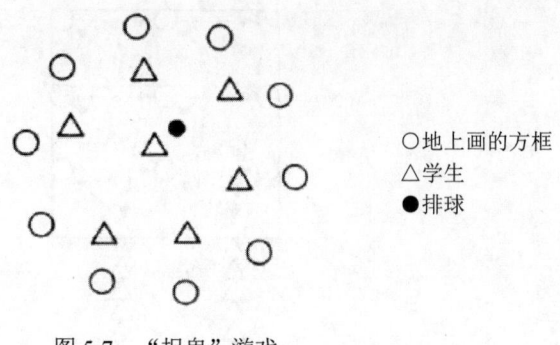

图 5-7 "捉鬼"游戏

（二）淘汰赛跑

游戏目的：提高学生的速度耐力。

游戏准备：排球场一块，在场地上画一个直径 10 米的圆，在圈外画一条线为起跑线。

游戏方法：全体学生纵向列队站在起跑线后，游戏开始后，每人绕场地上的圆圈跑两圈，淘汰最后跑完的人，其他人进行第二轮赛跑，再淘汰最后一个人，如此依次进行赛跑跑圈，直到剩下最后一名学生，游戏结束。

游戏规则：每次跑圈，必须听口令或信号进行，抢跑者直接淘汰。

（三）见线折线跑

游戏目的：提高学生快速耐力跑的能力。

游戏准备：排球场地一块。

游戏方法：全体学生均分两队，面向场地，纵向列队站立在一端线后。听到"开始"口令或者信号后，各队排头开始，依次快速跑到另一端线，再返回出发点，和本队第二人击掌。依次进行，先完成的队获胜。

游戏规则：

第一，必须在过线后返回。

第二，必须依次进行的两名队员击掌后，下一名队员才能出发，否则算犯规。

（四）拉手风琴

游戏目的：提高学生的速度灵活性、速度耐力。

游戏准备：实心球 9 个，编码放在排球场，中线 3 个，限制线上 3 个，限制线与底线的中线上 3 个。

游戏方法：全体均分为两队，分别在底线外站好，当听到信号后，排头先向右侧移动摸第一个实心球，再移动至左侧摸第二个实心球，依次摸三、四、五六个实心球，后折回本队拍第二个人手掌，第二个人再依次摸每个实心球（图 5-8）。

游戏规则：手必须触及实心球，否则重做摸球动作。

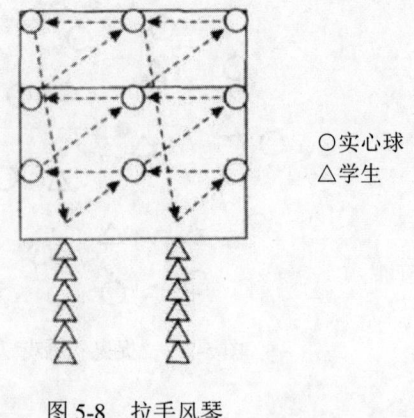

○实心球
△学生

图 5-8 拉手风琴

四、灵敏素质游戏

（一）躲竿

游戏目的：发展学生的灵敏性及弹跳力。

游戏准备：排球场地一块。一根竹竿（长 5 米左右），在一端系 1 米长左右的软绳，画一个半径小于 5 米的圆圈。

游戏方法：如图 5-9 所示，所有学生站在圈线上，面向圆心，间隔 1 米。教师站在圆心，手持竹竿，没有系绳的一端画圈，学生跳起躲避竹竿和绳，碰到竹竿和绳则淘汰，最后留下的同学获胜。

游戏规则：

第一，学生不得逃离圆圈，应原地起跳。

第二，不限制起跳方式，不得干扰他人起跳。

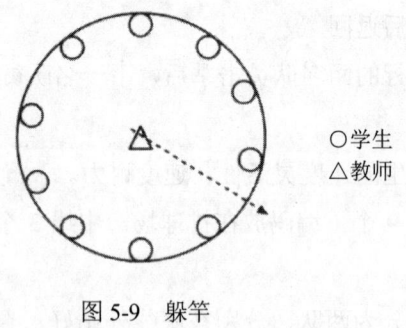

○学生
△教师

图 5-9 躲竿

（二）贴人

游戏目的：提高学生奔跑能力及灵敏性。

游戏准备：排球场上画一个半径 6 米的圆圈。

游戏方法：两人一组，并排面向圆心站立，每组之间间隔 2 米。游戏开始，指定一名学生为逃离者、一名学生为追逐者，两人自由跑动追逐，逃离者可贴住站立在圆圈上的任意一组，则与其相隔的那名学生变成逃离者。如逃离者被抓住，则逃离者与追逐者互换角色（图5-10）。

游戏规则：

第一，追逐者拍到逃离者，即为抓到。

第二，逃离者不得跑离圆圈太远。

第三，不能向回贴人。

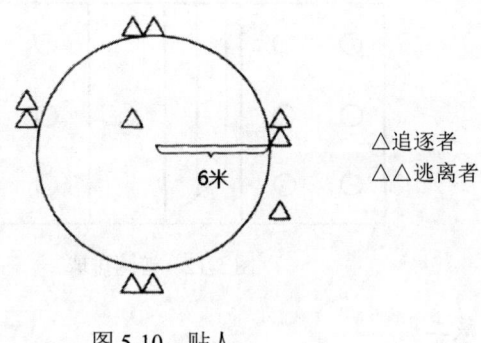

图 5-10　贴人

（三）紧急集合

游戏目的：发展学生的灵敏素质。

游戏准备：空旷场地一块。

游戏方法：画一个直径约 10 米的圆圈，全体同学在圈外慢跑准备，教师站在圆圈中心叫数字，学生根据教师所叫的数字紧急和同学靠拢组队，落单或组队人数与教师所喊数字不符，应受罚（图5-11）。

游戏规则：

第一，紧急靠拢时，不能采用将已集合完的同学推或拉出的方法，否则应受罚。

第二，靠拢的人数应与教师所叫的数相同，若是人数少于该数，则此点靠拢的学生应全部受罚，若人数多于该数，则受罚的学生为后来者，即最后进入该队伍的学生。

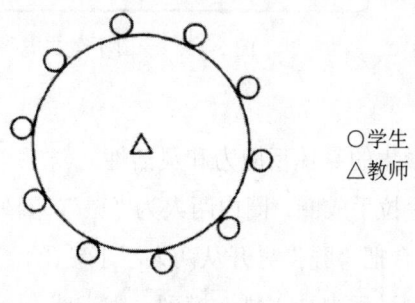

图 5-11　紧急集合

（四）遮网排球

游戏目的：发展学生灵敏素质，提高学生反应能力。

游戏准备：排球场地，用大块布遮住排球网，排球若干个。

游戏方法：6人一组，每两队一块场地按排球比赛方法进行游戏，队员看不到对方的行动，以此来培养学生的预测判断和快速反应能力（图5-12）。

游戏规则：三局两胜。

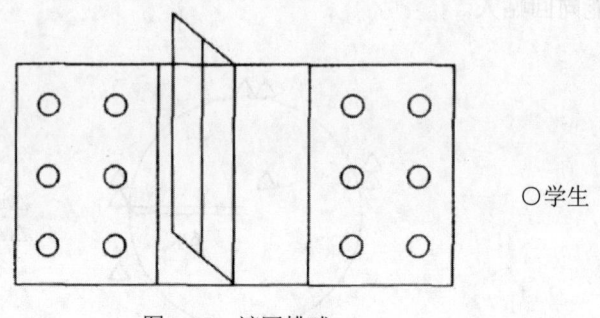

图5-12　遮网排球

（五）一山不藏二虎

游戏目的：发展学生快速传球的灵敏性。

游戏准备：排球场一个，排球两个。

游戏方法：6人一队，每两队对抗。两队分散站在各自场内，发令后双方将球传过网使两个球触及对方队员之后，两个球仍然同时在对方一边，这时无球一方获一分，游戏重新开始，规定时间内，得分多的队胜（图5-13）。

游戏规则：持球或球落地均判为失一分。

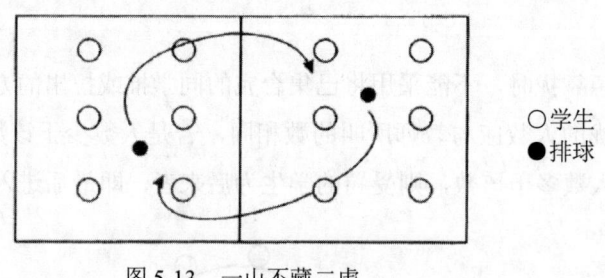

图5-13　一山不藏二虎

（六）老鼠出洞

游戏目的：发展学生的身体反应力和灵活性。

游戏方法：全体手拉手成圈，圈内两人为"鼠"，圈外四人为"猫"，"猫"不让"老鼠"出洞，"老鼠"互相配合把"猫"晃开从两人手下钻出，又从隔壁钻进（图5-14）。

游戏规则：在出洞过程中被"猫"摸到，则淘汰。

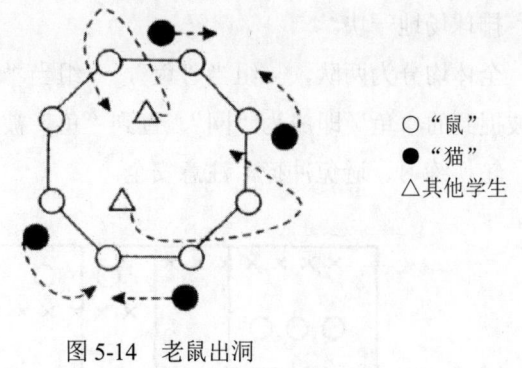

图 5-14　老鼠出洞

第三节　排球运动技术游戏训练

一、移动技术游戏

（一）投地雷

游戏目的：发展学生上肢力量和培养团队协作精神。

游戏准备：排球场地一块，排球 14 个，篮球 2 个。

游戏方法：全体学生分成人数相等的两队，站在投掷线后，呈纵队站立，两队间隔 3 米。每一队发 7 个排球。游戏开始后，各队员站在投掷线后，依次用排球击圈内的排球，排球被击出圈外得 1 分（图 5-15）。

游戏规则：

第一，击球必须出圈，压线者不算。

第二，不得超越投掷线击球，否则击球无效。

第三，排球投出之后球仍未出圈可进入圈内拿排球。

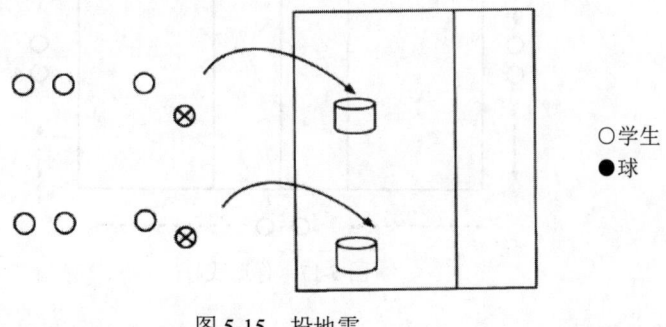

图 5-15　投地雷

（二）网捉鱼

游戏目的：提高学生快速移动的能力和应变能力。

游戏准备：排球场地一块。

游戏方法：全体均分为两队，一组当"鱼"，一组当"网"，"网"分若干张，每张至少由3人组成，被捉到的"鱼"即成为"网"，直到"鱼"被捉尽（图5-16）。

游戏规则：轮换练习、避免冲撞，注意安全。

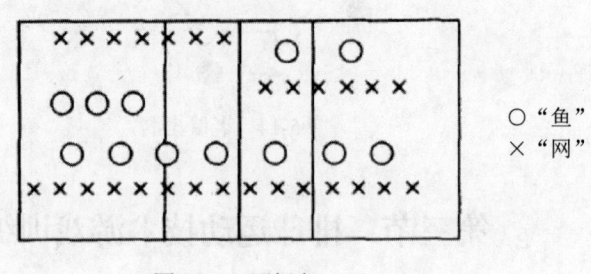

图 5-16　网捉鱼

（三）你追我赶

游戏目的：提高学生移动变向的灵活性。

游戏准备：排球场地一块，起跑线两条。

游戏方法：将学生分成人数相等的两队，在排球场端线外站好。游戏开始，两队排头沿直线跑进，同时，逆时针连续转体90°的小步跑五圈，触摸中线后疾跑回击拍第二人手掌，依次进行。规定时间内速度快的队获胜（图5-17）。

游戏规则：

第一，连续转体一周，中途不可停留。

第二，触摸中线时，手要摸到中线。

第三，跑回击掌后，接力人才能跑进，不得抢跑。

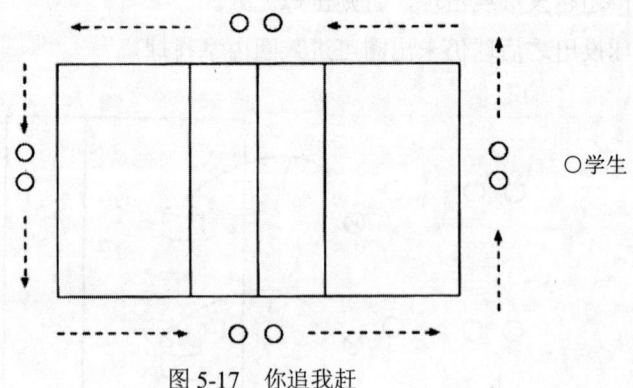

图 5-17　你追我赶

（四）单脚搬砖

游戏目的：培养学生行进中的应变能力。

游戏准备：排球场地一块，排球若干个。

游戏方法：全体均分为两队，起始线后站好。游戏开始，两队排头单脚跳到半场的 3 米线中点，将放在指定圆圈内的球捡起 1 个再跳至终点，击拍本队的下一人手掌，依次进行，先完成的队获胜（图 5-18）。

游戏规则：前进中单脚进行，返回时换脚跳回。

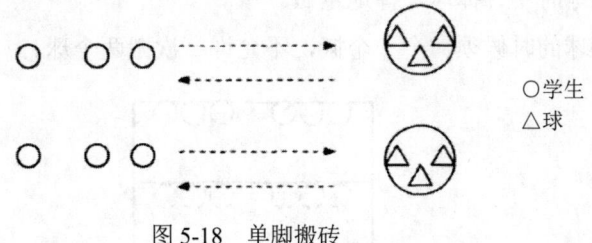

图 5-18　单脚搬砖

（五）合作愉快

游戏目的：提高学生在高难度动作下的稳定性。

游戏准备：排球场地一块，排球 8 个。

游戏方法：全体学生分成人数相等的两队，每队中队员两两结合组成一组，于排球场两侧端线外站好。当听到信号后，两队中的第一组每人拿两个排球，一球放于腋下夹住，另一球放于小腿间夹住，另一手臂相挽前行，至终点后绕过标杆返回，到达起点处每个人再做传垫球 5 组，然后把球同时交给本队的下一组（图 5-19）。先完成游戏的队获胜。

游戏规则：

第一，行进中可跳、可走，不限走法。

第二，球在腿中掉下后，应重新捡起继续前进。

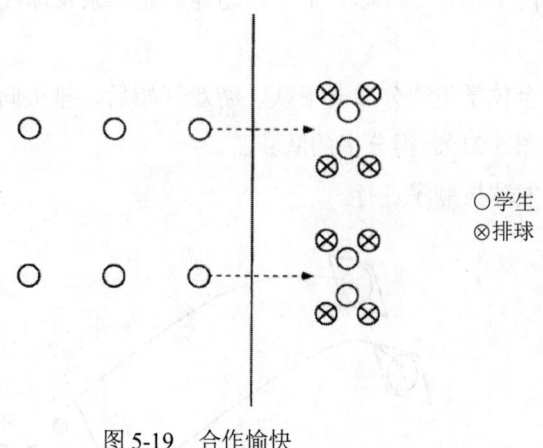

图 5-19　合作愉快

（六）愚公移山

游戏目的：提高学生步伐移动速度。

游戏准备：排球 6 个。

游戏方法：全体均分成两队，底线处列队，排头手捧 3 个排球，听到信号后移动到中线，将 3 个球放在中线上，再将球一个一个地搬到限制线上，然后将球抱起返回本队交给下一个人，依次进行，速度快的队胜（图 5-20）。

游戏规则：

第一，搬动球时不许掉球，掉地重做。

第二，搬动球的时候须一个一个搬，不允许一次搬两个球。

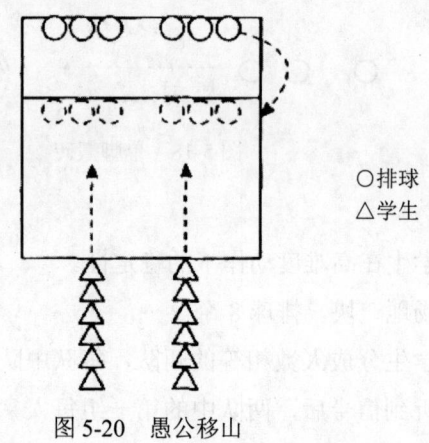

图 5-20　愚公移山

二、发球技术游戏

（一）打靶

游戏目的：提高学生发球的力量和准确性。

游戏准备：两个靶台，排球若干个。场地上画一条发球线，在距该线 10～12 米处放两个靶台。

游戏方法：全体学生均分成若干队，游戏开始后，排头向靶台发球，击中可得 1 分，全队依次发球（图 5-21）。得分多的队获胜。

游戏规则：发球按顺序进行。

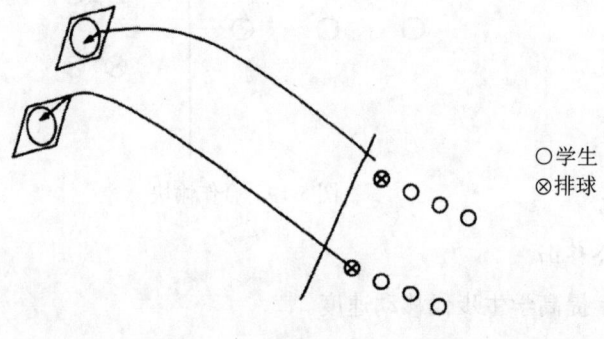

图 5-21　打靶

（二）发球记分

游戏目的：提高学生发球准确性。

游戏准备：排球若干个。

游戏方法：在两个半场上各划分 6 个区域，在各个区域写上数字，将学生分成两个人数相等的队伍，成横队站在端线后，游戏开始，各队学生依次每人发一次，并按球的落点记分，失误为 0 分，得分多者获胜（图 5-22）。

游戏规则：

第一，用正确的发球方法发球。

第二，压线球算成功，球压分区线记高分区的分数。

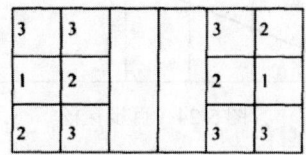

图 5-22 发球记分

（三）心灵手巧

游戏目的：培养学生发球的针对性和目的性，改进学生发球技术。

游戏准备：排球场地一块，排球若干个。

游戏方法：全体均分为两队，3 人一组，将排球场划分为二传需跑到位能顺利传起组织进攻的 3 分区、通过队员调整进攻的 2 分区、不能攻但能处理的 1 分区。队员接一传到不同区域得不同的分数（图 5-23）。发球成功得 3 分，破坏进攻得 2 分，发球过网得 1 分，发球失误不得分，每人发一球，得分多的队胜。

游戏规则：

第一，发球队员应在对方准备就绪的情况下发球。

第二，接发球队员只需一次传球。

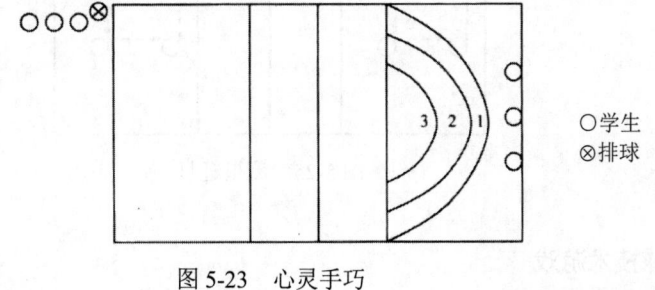

图 5-23 心灵手巧

（四）百步穿杨

游戏目的：提高学生的发球技术和准确性。

游戏准备：排球场地一块，排球若干个。

游戏方法：全体均分成若干队，每人发两次球，发直线和斜线各一次，完成 1 次得 1 分，成功发出直线和斜线时得 2 分。全队依次发球，累计得分高的队胜（图5-24）。

游戏规则：

第一，发球前确定线路，必须按线路发球才能得分。

第二，发球手法可以不受限制。

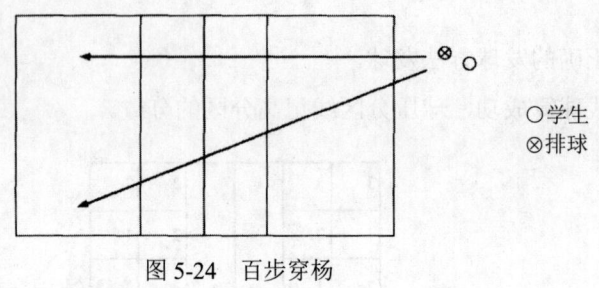

图 5-24　百步穿杨

（五）流星赶月

游戏目的：促进学生手臂力量发展，提高学生发球准确性。

游戏准备：排球场地一块，10个排球。

游戏方法：4人一组，分别站在排球场半场内，由 2 人把球发出，使球到达指定位置，接着 4 人轮流击球，并设法把球击得越准越好，如该组失误 5 次，便由场下另一组替换该组进行练习，游戏重新开始（图5-25）。

游戏规则：

第一，禁止掷球。

第二，没有击到球或接球时落地为失误。

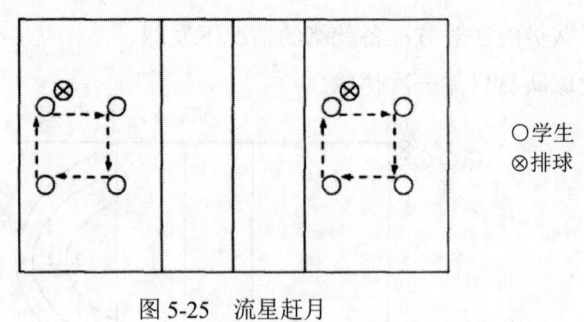

图 5-25　流星赶月

三、传球技术游戏

（一）步步高

游戏目的：提高学生控球能力，增强学生手感。

游戏准备：排球场地一块，排球若干个。

游戏方法：每人 1 球，做一次高的自传球和一次低的自传球，两次传球有明显差别。以交替次数累计次数多者胜（图 5-26）。

游戏规则：

第一，运用正确的手形保持好击球点做自传。

第二，高传球须超过头 1 米的距离。

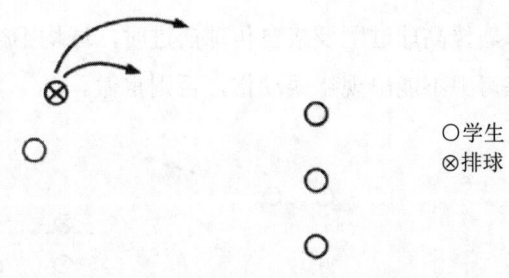

图 5-26 步步高

（二）越网传球

游戏目的：提高学生传球的准确性和控制能力。

游戏准备：排球场地一块，排球若干个。

游戏方法：每人持一球面对球网站好。游戏开始，学生在球网的一侧向另一侧传球，随即迅速钻过球网接传 1~3 次，之后再将球从另一侧传回，以此类推。规定时间内传球移动成功次数多者胜（图 5-27）。

游戏规则：

第一，如球落地可以捡回再接着传。

第二，不能离球网太近，应保持一定距离。

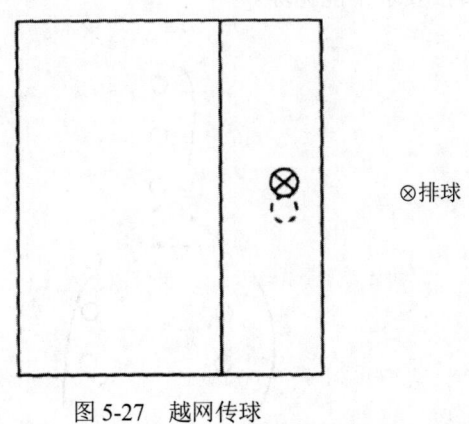

图 5-27 越网传球

（三）鲤鱼跳跃

游戏目的：提高学生传球的控制能力和准确性。

游戏准备：排球场地一块，排球若干个。

游戏方法：全体均分为两组，在排球场端线外列纵队站立。听到信号后，排头做自传球向前移动的练习，待到网前自传高球过网，人从网下钻过并连续接传球前进，直至对区端线，依次进行。速度快的队胜（图5-28）。

游戏规则：

第一，自传球，传高球过网及接自传球前进时，球均不得落地，否则从落点重做。

第二，传球练习中不能出现错误动作，否则重做。

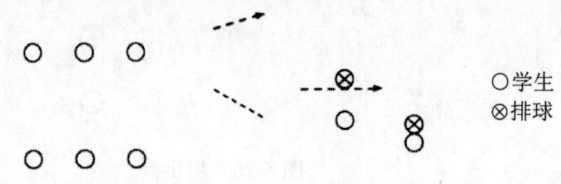

图 5-28　鲤鱼跳跃

（四）三角火线

游戏目的：提高学生传、扣球技术与能力。

游戏准备：排球场地一块，排球10个。

游戏方法：三人一组，成等腰三角形站位，间距 4 米。游戏开始，队首学生抛球给本方队员，然后扣垫回的球，三人依次传垫扣球。失误少，先达到 20 个（扣 10 个和垫 10 个）球的队胜（图 5-29）。

游戏规则：

第一，接力队员必须等本队完成后才可进行。

第二，传球队员按要求不能抛球。

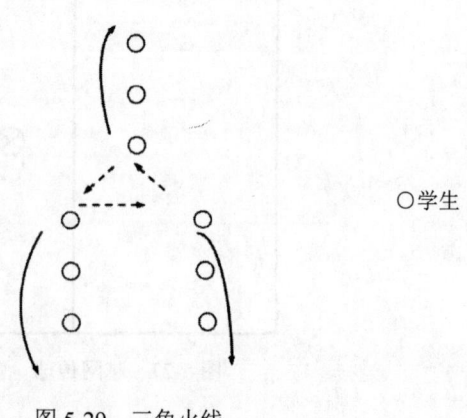

图 5-29　三角火线

（五）传球接力

游戏目的：提高学生控球感，培养团结协作习惯。

游戏准备：排球场地一块，排球两个。

游戏方法：将参加者分为两个队围成两个圈。在点1、2的两个队员传球，圆圈沿顺时针方向转动，下两个进入点1、2的队员传球，以此类推（图5-30），先达到指定传球数者胜。

游戏规则：

第一，只能传球，且要隔网。

第二，只能按照顺序传球。

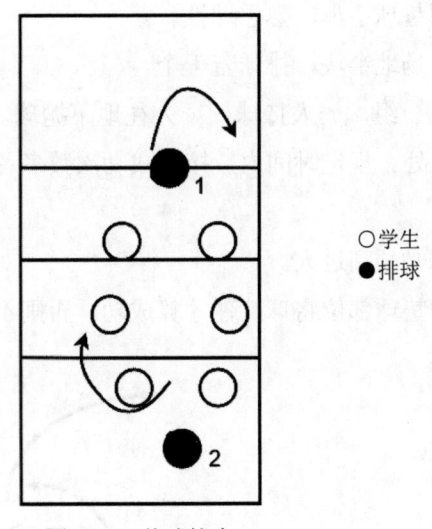

图 5-30　传球接力

四、垫球技术游戏

（一）持球接力

游戏目的：让学生熟悉垫球部位，发展其灵敏性和协调性。

游戏准备：排球场地一块，排球若干个。

游戏方法：全体均分为两队，沿排球场端线站好。游戏开始，排头队员用垫击球的部位将球托起，持球跑进，穿过球网到对区端线处绕回，将球交给下一个人，接球做同样动作，全队依次进行。先完成游戏的队获胜（图5-31）。

游戏规则：

第一，球落地后应立即捡回，并在掉球处重新开始。

第二，不允许用双臂夹球的方式前进。

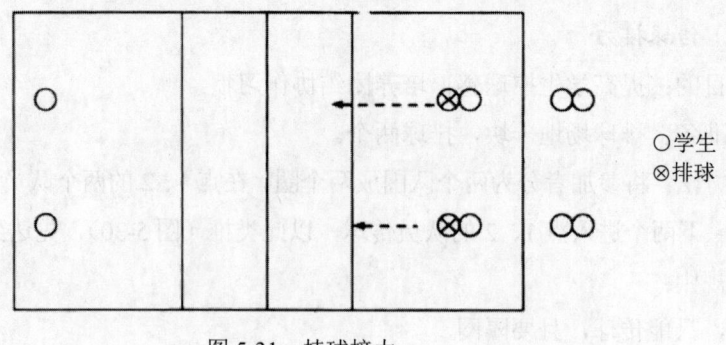

图 5-31 持球接力

（二）弹跳入瓮

游戏目的：巩固垫球手形，熟悉球性。

游戏准备：排球场地半块，排球若干个。

游戏方法：两人一组，一人持球，一人往地下抛球，待球反弹起后，另一人用垫球动作将球持在垫击部位处。规定时间内，接球成功次数多者胜（图5-32）。

游戏规则：

第一，抛反弹球必须高过人。

第二，用正确的垫球部位将球持住才算成功，否则不计次数。

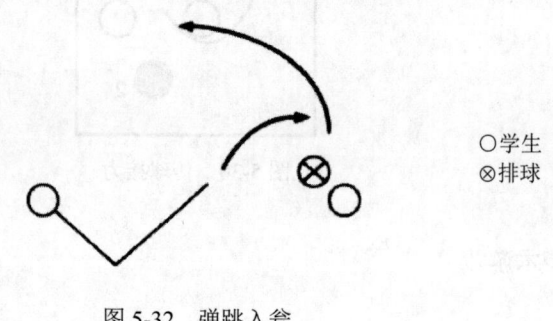

图 5-32 弹跳入瓮

（三）你来我往

游戏目的：提高学生垫球技术和控球能力。

游戏准备：排球场地一块，排球若干个。

游戏方法：把学生分成人数相等的若干队，并相距一定的距离迎面站好。游戏开始，排头做自垫球移动前进，移动至对面第一人后将球交给对方，该人做同样的动作，全队依次进行。先完成游戏的队获胜（图5-33）。

游戏规则：

第一，必须连续垫击球移动前进，如球落地，应在球落地点捡回球后重新开始。

第二，练习中不允许持球跑。

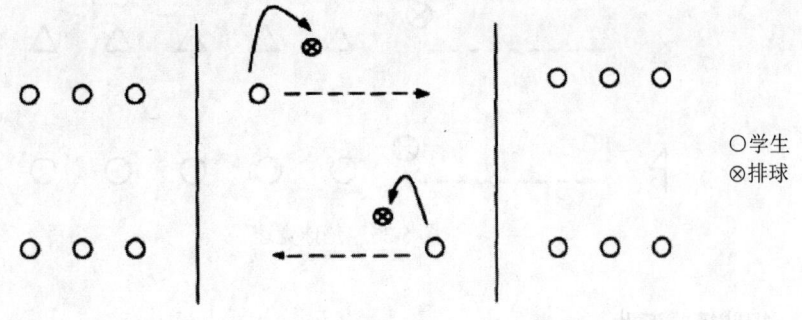

图 5-33 你来我往

（四）反弹流量

游戏目的：提高学生的反应能力、判断能力和垫击球技术。

游戏准备：靠墙的平整空地，排球若干个。

游戏方法：两人一组前后站立。由后面的人向墙上扔球，待球反弹回来时，前面站立的人将球垫起，计 10 次或 20 次扔球中成功垫起的次数（图 5-34）。

游戏规则：

第一，必须在球反弹落地前垫起球。

第二，只能用垫球的方式完成。

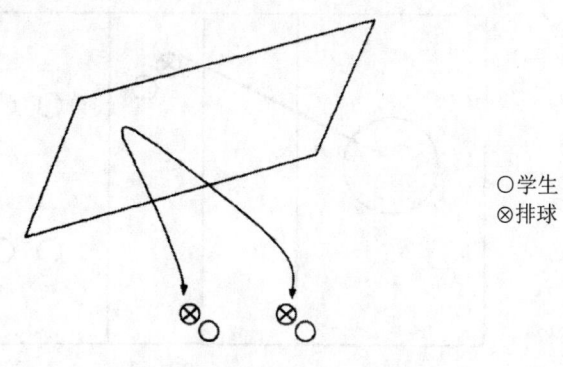

图 5-34 反弹流量

（五）垫球竞速

游戏目的：提高学生的传垫球技术和控球能力。

游戏准备：排球场地一块，排球两个。

游戏方法：全体均分为两队，站成两队纵路。两队排头一人双手垫球移动到指定位置后，单手垫球返回，将球传给下一位队员，先完成游戏的队胜（图 5-35）。

游戏规则：

第一，失误应原地调整继续垫球。

第二，垫球的次数至少 5 次。

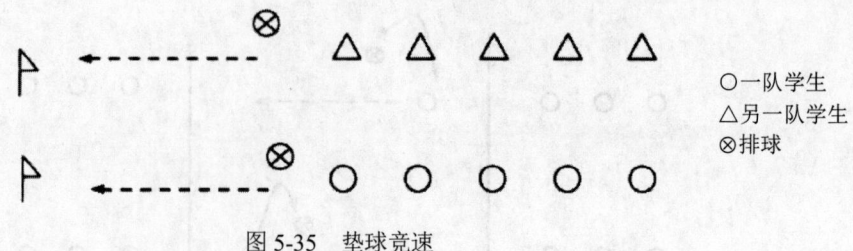

图 5-35 垫球竞速

五、扣球技术游戏

（一）投扣靶心

游戏目的：练习扣球助跑起跳和挥臂的动作。

游戏准备：画一个直径为 2 米的圆，排球若干个。

游戏方法：全体均分为两队，游戏开始，排头从 4 号位助跑起跳扣球或投球，把球扣或投到对区画的圆圈内则得 1 分，全队依次进行。得分多的队胜（图 5-36）。

游戏规则：

第一，按扣球或投球动作扣球或投球。

第二，不允许触网。

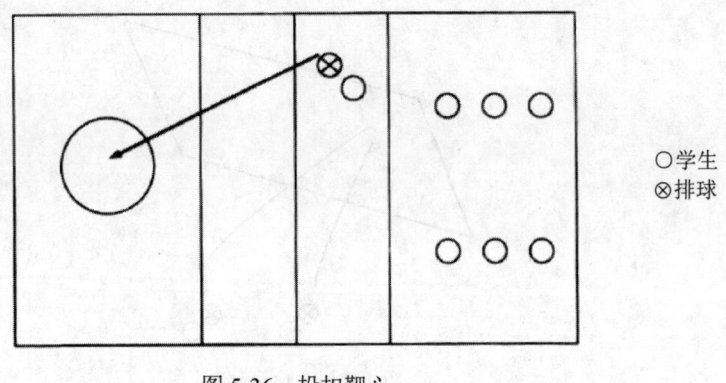

图 5-36 投扣靶心

（二）纵深突破

游戏目的：提高学生扣球技术，增强其扣球的力量。

游戏准备：排球场地一块，排球若干个。

游戏方法：全体均分为若干队，队中每个人轮流在限制线后自抛球做后排扣球。扣入对方场地得 1 分，全队依次进行。累积得分高的队胜（图 5-37）。

游戏规则：

第一，在后排扣球并将球扣在对方场地上得分，否则不得分。

第二，扣球时要有一定的力量，否则要扣分。

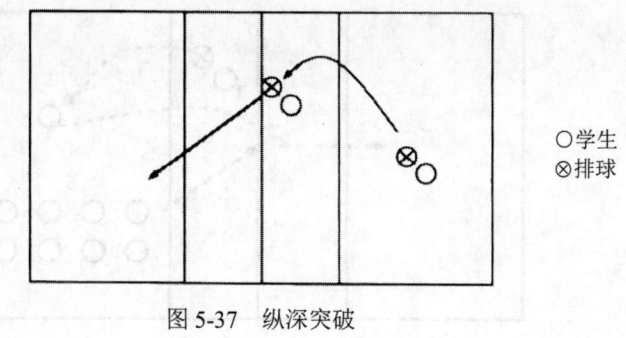

图 5-37　纵深突破

（三）双扣双接

游戏目的：提高学生的扣、传、垫球技术水平，培养协作精神。

游戏准备：排球场地一块，10 个排球。

游戏方法：4 人一组，由 1 号位传给 2 号位，然后 2 号位扣球，5 号位接球后再垫给 4 号位，4 号位扣球给 1 号位，连续不断。失误少的组为胜（图 5-38）。

游戏规则：

第一，不能让球落地，否则算失误。

第二，连续失误 3 次的队淘汰。

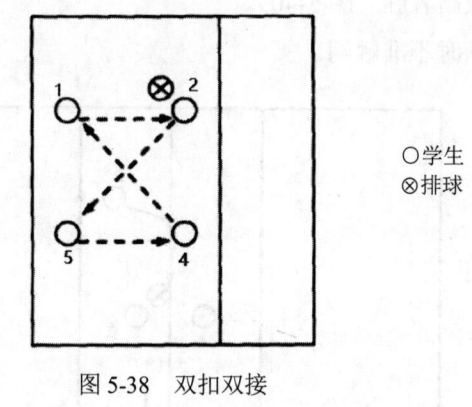

图 5-38　双扣双接

（四）连接不断

游戏目的：培养学生的扣球综合能力。

游戏准备：排球场地一块，排球若干个。

游戏方法：全体均分为两组。在 3 号位由教练或二传手抛球，学生依次在 6 号位做一次垫球给 3 号位，3 号位上网扣球，扣球动作连贯，扣球需要落在界内（图 5-39）。扣过的球多的组胜。

游戏规则：

第一，必须将球垫到 3 号位。

第二，扣球者不能触网，否则违例。

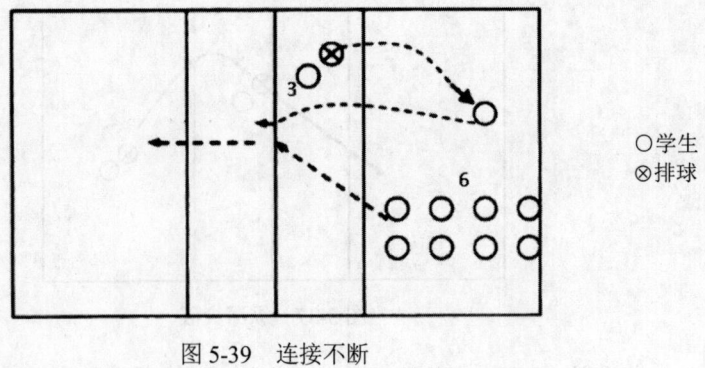

图 5-39 连接不断

六、拦网技术游戏

（一）猴子捞月

游戏目的：提高学生拦网判断、反应、启动、移动和掌握起跳时间的能力。

游戏准备：排球场地一块，排球若干个。

游戏方法：两人一组。在 2 号位网前准备拦 4 号位的球，教练员做抛球或二传传球，拦网者看出球的方向进行移动拦网，两人循环做。以封堵过网点为准，判断是否成功，在规定时间内成功次数高者胜（图 5-40）。

游戏规则：拦网时不准触网。

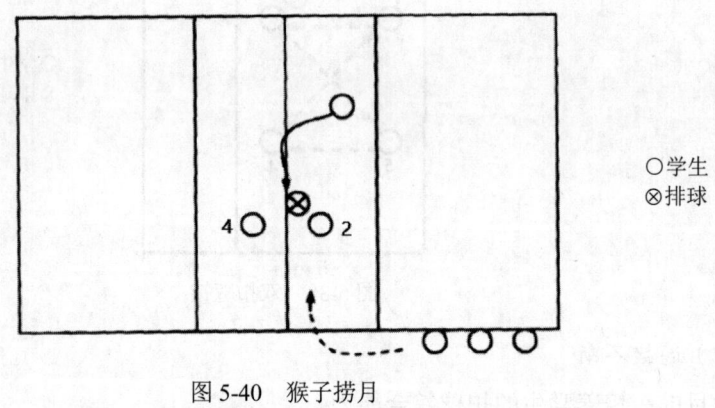

图 5-40 猴子捞月

（二）亦步亦趋

游戏目的：提高学生拦网时判断、反应、启动、移动和掌握起跳时间的能力。

游戏准备：排球场地一块。

游戏方法：全体均分为两队，分别列队于限制线后。每队出一人，如甲队一人先做主动拦网动作，乙队一人则跟随模仿在同地点做同样的拦网动作，共做 5 次。主动做拦网的人做出拦网动作后 3 秒钟，被动拦网人必须做出模仿动作，如果超过 3 秒钟，则算失败，5 次 3 胜（图 5-41）。待第二人时则交换主动与被动的角色，以此类推。胜次多的队获胜。

游戏规则：

第一，拦网时手腕要高出网口。

第二，主动拦网者可以做假动作。

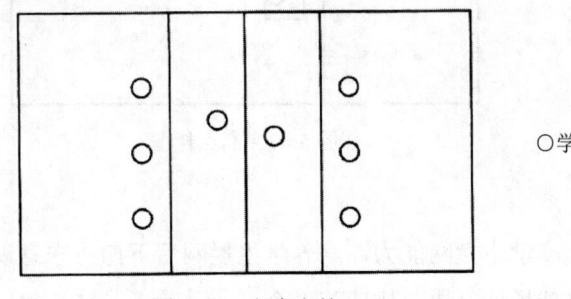

图 5-41 亦步亦趋

（三）左右兼顾

游戏目的：提高学生移动中拦网预判和拦球能力。

游戏准备：排球场地一块，排球若干个。

游戏方法：全体均分为两队，分别在本方限制线后列队，队员先拦击对方 2 号位的高台扣球，滑步至本方 2 号位拦击对方 4 号位的高台扣球，每人拦击两次扣球后归队，全队依次进行。拦网成功 1 次得 1 分，得分多的队获胜（图 5-42）。

游戏规则：

第一，拦网时不许触网。

第二，拦网动作要规范，不能过网拦球。

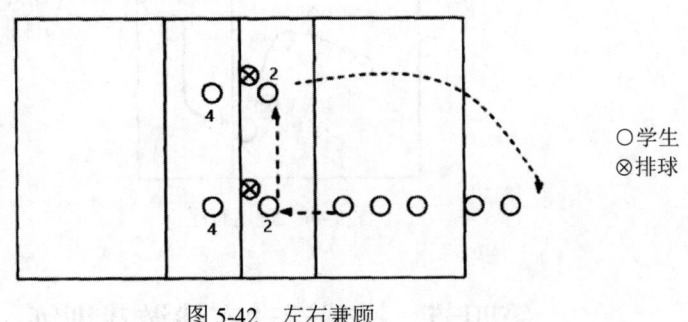

图 5-42 左右兼顾

（四）高点拦击

游戏目的：提高学生的拦网技术，以及拦网技术的应用能力。

游戏准备：排球场地一块，排球若干个，高台若干。

游戏方法：全体均分为两队，各自在本场 2 号位边线处纵队排好。排头在 2 号位拦高台扣球，待拦死后换下一人继续拦网，全队依次进行。速度快的队获胜（图 5-43）。

游戏规则：按拦网规则开展游戏。

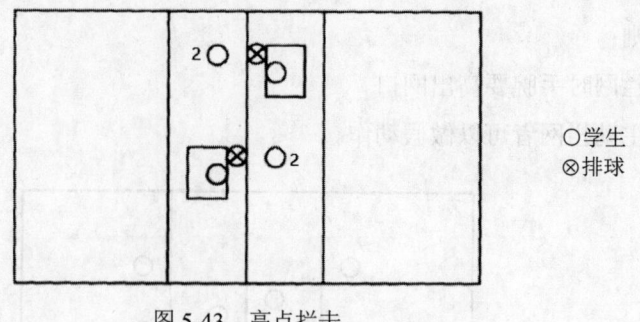

图 5-43 高点拦击

（五）进退有序

游戏目的：提高学生拦网能力，培养学生拦网后下撤防守意识。

游戏准备：排球场地一块，排球若干个。

游戏方法：全体均分为两队，于 4 号位边线外列队，游戏开始，排头拦对方 4 号位高台扣球一次，迅速后撤，接教师在本场中点抛出的球并将球传给二传手，全队依次进行（图 5-44）。速度快的队获胜。

游戏规则：

第一，拦网必须摸到球，否则重做。

第二，防守时必须起球。

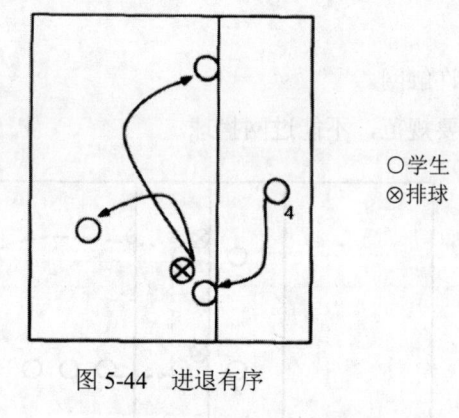

图 5-44 进退有序

第四节 排球运动实战游戏训练

一、排球实战配合游戏

（一）一发一接

游戏目的：提高学生发球技术、保护意识、移动卡位能力。

游戏准备：排球场地一块，排球若干。

游戏方法：全体均分为两队，均在端线列队。游戏开始后，排头发直线球，迅速进场到场心接教师由对区 3 号位抛过来的球，将球交给本队下一人继续同样的动作，全队依次进行（图 5-45）。速度快的队获胜。

游戏规则：发球失误和接球失误均需重做。

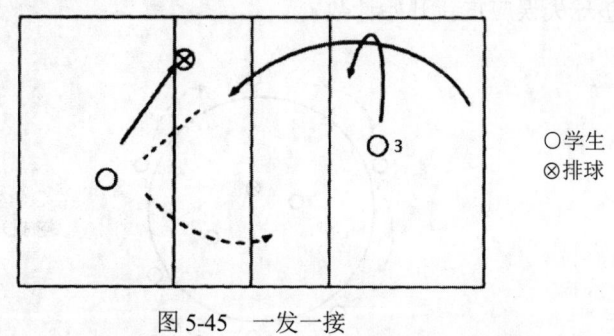

图 5-45　一发一接

（二）一调一防

游戏目的：培养学生在调整传球后迅速防守的意识和能力。

游戏准备：排球场地一块，排球若干个。

游戏方法：全体学生分成人数相等的两组，在端线列队。游戏开始，排头从 1 号位插上接教师在对区 4 号位的一般扣球后立即前移，再将教师抛过来的球向 4 号位调传，然后返回本队由下一人做同样的一防一传动作，全队依次进行（图 5-46）。速度快的队获胜。

游戏规则：

第一，防守扣球要起球。

第二，传球要先传一般球。

第三，如果失误，则该动作要重做。

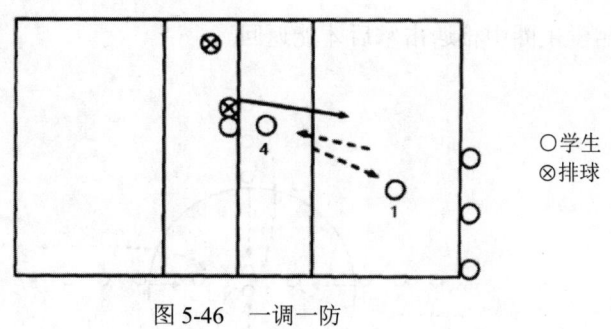

图 5-46　一调一防

（三）争分夺秒

游戏目的：提高学生的反应能力，巩固学生排球基本技术。

游戏准备：排球场地一块，排球若干个。

游戏方法：学生围成一个圆，圆心放一排球，指定一人为 1 号，顺时针报数，顺时针慢跑，教练给出算数方式，如 2×3=6，与结果 6 相同号码的学生快速入圈，入圈的学生在半分钟内传垫球并记下传垫球数，再次开始游戏。依次下去，传垫球数多者胜（图 5-47）。

游戏规则：

第一，传垫球动作要规范。

第二，传垫球失误应重新开始计数。

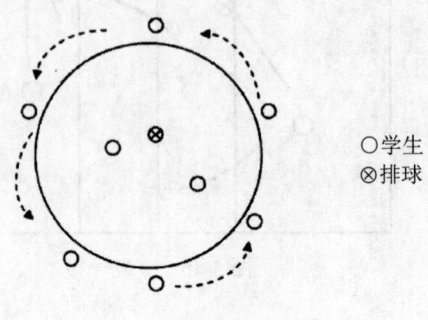

图 5-47　争分夺秒

（四）同进同出

游戏目的：提高学生的团队合作意识和排球的基本技术。

游戏准备：平坦空地，排球若干个。

游戏方法：全体均分为两队，两队"十"字形站开，以"十"字的焦点为圆点，以 3 米为半径画一个圆。每队以圆心为分组线，各分为两组退至圈外相对站立。游戏开始后，排头同学垫球进入圈中与本队另一组排头同学相遇，击掌后传球返回与本组第二人击掌，各组成员依次进行，先做完游戏的队胜（图 5-48）。

游戏规则：

第一，传垫球过程必须在 5 次以上。

第二，两组学生圈中相遇击掌后才能返回。

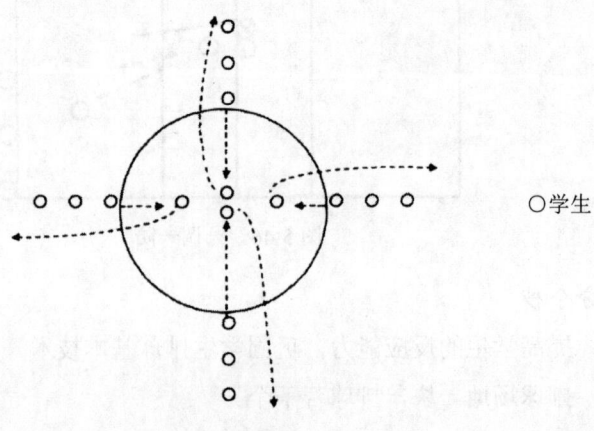

图 5-48　同进同出

二、排球实战对抗游戏

（一）1对1比赛

游戏目的：培养学生判断来球、防守接球的意识。

游戏准备：平坦空地一块，排球若干个。

游戏方法：全体分成4组，两两对抗。每边场内1名学生，其他学生在排球场边线外准备。场上学生用传球或垫球技术过网至对方的空当处，用传球或垫球技术后出场排到本队尾，后1名学生入场，依次进行。

游戏规则：

第一，比赛只用一项技术。

第二，比赛中传球、垫球技术正确。

（二）2对2比赛

游戏目的：帮助学生了解球反弹规律，提高找球、控球能力。

游戏准备：排球场地一块，排球若干个。

游戏方法：每边场地2名学生，轮转并在端线后发球。在接对方过来的第1次球时允许落地后再击球。第2、3次击球前不允许球落地。每局15分，三局两胜。

游戏规则：

第一，第一次击球把球打到中场。

第二，积极跑动防守，把球打高，加强跑动接应。

（三）4对4比赛

游戏目的：巩固学生排球基本技术，培养攻防意识。

游戏准备：排球场地一块，软式排球若干个。

游戏方法：每组各4人上场，只有发球次序的规定，三局二胜。

游戏规则：

第一，比赛时可以任意换人。

第二，不允许"携带球"和接住抛球，其他规则可适当放宽。

（四）6对6比赛

游戏目的：帮助学生熟悉排球规则，提高学生实战观察、沟通、协作能力。

游戏准备：排球场地一块，排球1个。

游戏方法：6人在半场无固定站位，接球后立刻抛球，不可抱着球跑动。每边可相互抛接3次，网前人可跳起将球抛过网。球落在哪方则对方得1分。由得分方任一人在任何位置抛球再进入比赛，10分一局。

游戏规则：

第一，要求场上学生通过语言交流明确接球者。

第二，接住球后不可移动，通过抛接球找到理想"进攻"区域。

思 考 题

1. 排球教学游戏的特性是什么？
2. 排球运动素质游戏训练有哪些？
3. 简述移动技术游戏的方法。
4. 简述排球实战配合游戏的规则。

第六章　排球战术实践训练

通过对排球战术的学习，调动学生积极性，让学生学习处理情绪和矛盾，培养学生团队合作精神，增强自信心。

排球运动战术训练包括进攻和防守两种战术。它的直接目的在于发展运动员的竞技能力，实现运动员竞技能力的现实水平向特定目标的转移，同时促进排球运动不断向前发展。因此，在排球运动训练过程中，应加强让运动员竞技能力的实际水平向更高层次发展的训练。

第一节　排球战术的基本理论

一、排球战术的基本理论

（一）排球战术的概念

排球战术，是运动员在比赛中根据排球运动的比赛规律、彼我双方的具体情况和临场变化，有效运用技术所采取的有预见、有目的、有组织的行动。

队员根据临场情况有目的地运用技术的过程为个人战术，如扣球变线、轻扣、打手出界等。两名或两名以上队员之间有组织、有目的地集体协调配合为集体战术。两者相辅相成、互相促进、互相补充。

球队在选择战术时，首先应从本队的实际出发，根据队员的技术水平、技术特点、身体条件和体能等情况，选择相应的战术。在运用战术时，还要根据对方的技战术特点及临场情况变化，采取灵活的行动，打乱对方的战术意图，以掌握比赛的主动权。

（二）排球战术的分类

排球战术分类就是按排球运动的特点，把排球战术的内容分为若干类和若干层次，并表明它们之间的关系，以便对排球战术有一个总体的了解。排球战术有多种分类方法。首先按参与战术的人数，可将其划分为个人战术和集体战术。进攻与防守是贯穿于排球比赛始终的一对矛盾。由于有些排球技术具有攻防两重性，因此不再把个人战术细分为个人进攻战术与个人防守战术，而直接把个人战术分为发球、一传、二传、扣球、拦网和防守等。集体战术则首先分为集体进攻战术与集体防守战术两大类。集体进攻战术中有多种进攻阵型，如"中一二""边一二""插上"等。各种进攻阵型中又有许多进攻打法组合。目前进攻打法组合已从点面结合发展为现代排球的立体进攻。集体防守战术中同样有多种防守阵型，如接发球阵型、接扣球阵型、接拦回球阵型、接传垫球阵型等，各种防守阵型中又有多种变化形式。排球比赛中，除发球外，所有的进攻都是从防守开始的，防守又是为了进攻，攻防不断迅速转换。实战中进攻战术和防守战术的组合，形成了接发球及其进攻、接扣球及其进攻、接拦回球及其进攻、接传垫球及其进攻四个战术系统（也称四攻系统）。

（三）战术意识

战术意识是指运动员在发挥技术的过程中，支配自己行动并带有一定战术目的的心理活动，也是运动员在比赛中有效运用技术和实现战术时所具有的经验、才能和智慧的体现。运动员在比赛中的判断能力、应变能力和实战能力以及每一项技术、战术的运用，都受一定战术意识的支配，包含战术意识的内容。

战术意识是运动员自觉的心理活动。它是通过第二信号系统实现的，其思维活动是在激烈对抗条件下进行的，与运动员的情绪和意志紧密相连，是衡量运动员是否成熟的标志。因此，在训练和比赛中注重培养运动员的战术意识是十分重要的。

1. 战术意识的内容

（1）技术的目的性。运用技术时要思维清楚，力求每一个行动都带有一定的战术目的。目的明确，有的放矢，才能收到好的效果。

（2）行动的预见性。排球比赛对抗激烈，场上情况瞬息万变，运动员为了使自己的技术、战术带有一定的目的性，就要分析情况，洞悉规律，知己知彼，预见未来。要根据临场情况，分析和预见可能出现的情况，随时准备采取相应对策。

（3）判断的准确性。正确的行动源于准确的判断，准确的判断是合理运用技术的前提。运动员在场上必须扩大视野，通观全局，提高判断的准确性，力争主动权。

（4）进攻的主动性。运动员为了争得比赛的优势，取得比赛的胜利，必须培养强烈的进攻意识，要寻找和创造一切可能的机会积极进攻。

（5）防守的积极性。防守是进攻的基础，一定意义上讲，没有防守就没有进攻。为了给进攻创造有利条件，首先必须积极防守，接好来球。一切防守技术、战术都必须带有明确的目的性和强烈的攻击性，给形式上的被动防守赋予主动防守的内核。

（6）战术的灵活性。无论是进攻和防守，还是个人战术和集体战术，都应力求灵活善变，不应死板教条。要善于根据临场变化，因势利导，随机应变，灵活运用和变换攻防战术，使对方防不胜防。

（7）动作的隐蔽性。隐蔽性主要是指假动作和隐蔽动作。假动作是为了迷惑对方，诱其上当。隐蔽动作是为了使对方摸不清技战术意图，达到出其不意、攻其不备的目的。比赛中，为了有效地攻击对方，必须使行动隐而不露，并要经常运用假动作和隐蔽动作去扰乱、迷惑对手，造成其错觉，达到声东击西、以假乱真的目的。

（8）配合的集体性。排球运动是一项集体性很强的比赛项目，一切技术的发挥和战术的运用，都必须以集体为中心。运动员要胸怀全局，通力协作，相互弥补，把个人的技术发挥融于集体的配合之中，尽一切努力促使集体战术的实现。

2. 战术意识的培养

战术意识需要精心培养，认真磨炼。随着技战术水平的提高，比赛经验的丰富，运动员的战术意识也会不断增强。但必须指出，有意培养与放任自流，其效果是截然不同的。

培养与提高运动员的战术意识，一般可采取下列措施与方法。

第一，根据战术的内容与要求，把培养战术意识的任务纳入训练计划。针对不同的对象，有计划地进行系统、严格且有意识的训练，努力把培养战术意识的任务落到实处。

第二，全面、熟练、准确、实用的技术是培养与提高战术意识的物质基础，必须苦练基本功，为战术意识的提高奠定基础。

第三，技战术训练要目的明、方法对，并要在实际训练中贯穿战术意识的培养，把基本技战术与战术意识的培养有机结合起来。这是培养战术意识的有效方法。

第四，在加强基本技术训练的前提下，要多打、多看比赛，从比赛的实践中增长知识，积累经验，吸取教训，不断提高战术意识。

第五，抓好"无球"技术动作的训练，是培养和提高战术意识不可忽视的内容，运动员的"无球技术动作"合理与否，对战术意识的实现起着很重要的作用，必须在训练中反复强化。

第六，加强专项理论知识的学习与研究，提高运动员对排球运动的发展态势、规则与裁判法的修改以及比赛规律的认识，提高技战术的运用能力。

第七，通过赛前观察和赛后总结等方式，了解与掌握彼我双方的技术特点和战术打法，做到知己知彼，有助于战术意识的培养与提高，使行动更符合客观实际。

第八，加强对临场比赛情况的观察与判断，在训练和比赛中注重视野的训练，尽量做到情况明、判断准，以便采取正确的技战术行动，加快战术意识的培养。

第九，"多想出智慧，多思长才干"。训练中不但要提倡吃苦耐劳精神，而且要启发运动员开动脑筋，勤于思索，手脑并用，想练结合，培养运动员独立处置各种临场情况的能力。

第十，教师要有敏锐的观察力和较高的临场指挥能力，这是培养与提高运动员战术意识的关键。运动员战术意识的提高主要是通过训练和比赛获取的，故教师在训练中的主导作用和比赛中的指导作用就显得尤为重要。

（四）战术指导思想

战术指导思想是一个球队在训练与比赛中指导战术行动的主导思想和所遵循的基本原则。

正确、先进的指导思想，应符合排球运动得失分规律，并适应排球运动的发展趋势。制定本队的战术指导思想，应从实际出发，扬长避短，全面分析。要坚持走自己的路，形成本队的独特风格，并要考虑到以后比赛的主要对象和任务。

在贯穿执行战术指导思想的过程中，还应处理好几个关系：当前要求与长远目标的关系；国内比赛与国际比赛的关系；独特性与全面性的关系；继承与发展、学习与创新的关系；培养技术风格与苦练基本功的关系。只有处理好各种关系，一切从实际出发，才能迅速提高排球运动水平。

我国排球运动经过长期的实践，特别是经过国际排球大赛的锻炼，在总结正反两方面经验和教训的基础上，提出的战术指导思想是"在技术全面的基础上，向全攻全守的方向发展。发展高度，坚持快速，准确熟练，配合多变，实现全、快、高、准、变"。当然，各队的主客观条件不同，战术指导思想也不应强求一致，各队在统一认识的前提下制定战术的具体设想，都应结合本队的具体特点，包括对每个队员、每个轮次，以及攻防两方面的设想。一旦制定，就要把它落实到思想教育、作风培养、技术和战术、体能和心理训练的整个过程中去。

（五）战术与技术

技术与战术两者之间是互相联系、互相依存、互相促进、互相制约的辩证关系。技术是战术的基础，没有全面、熟练的技术基础，战术就无从谈起。战术是技术的合理组织与有效运用。技术决定战术，战术又可以反作用于技术，对技术提出新的要求，促进技术的发展与提高。

战术和技术是在实践中不断发展的。技术的发展往往走在战术的前面，改进原有技术或出现某种新技术就可能形成新战术。但是先有新战术设想，再着手改进和训练技术，也可促进新技术的发展与提高。

（六）战术的数量与质量

数量是指战术的多样性，质量是指战术的时效性和熟练程度，两者的关系是辩证统一的。一名队员和一支球队只有掌握了战术的多样性，才有可能灵活地变换战术，使对方捉摸不透，防不胜防。

随着战术数量的增加,战术的质量必然成为矛盾的主要方面,这就是战术由粗到精、由简到繁、由低级到高级的必然规律。如果盲目追求战术数量而忽视战术质量,多而不精,华而不实,就会使战术流于形式而失去了多样性的意义和作用。

（七）个人战术与集体战术

个人战术与集体战术的关系是局部和全局的关系。个人战术要促成集体战术的实现,集体战术要利于发挥个人战术的特长和作用,两者相辅相成,互相弥补。队员在比赛中的技术和个人战术首先必须服从集体战术的需要,并以集体战术为依据,密切与全队配合,在保证实现集体战术的前提下,充分发挥和运用个人战术,丰富全队的战术打法,弥补集体战术的不足。

（八）进攻和防守

排球比赛中,为了使球落在对方场区或造成对方失误而采取的一切合法手段,都称之为进攻。反之,为了不使球落在本方场区的一切合法手段,均属于防守。

进攻是争取得分的主要手段。加强进攻可以破坏和削弱对方的进攻,从而减轻本方防守的压力,争取比赛的主动权。防守不仅是减少失分的一个重要方面,而且是得分的基础。除发球外,每发动一次进攻都是在防守的基础上进行的。可以说,没有防守就没有进攻。防守应该是积极的、有进攻意识的防守。

二、阵容配备、位置交换、信号联系与"自由人"的运用

（一）阵容配备

阵容配备就是合理地安排场上队员技术力量的组织形式。

1. 阵容配备的主要形式

（1）"四二"配备。"四二"配备是指场上有4名进攻队员和2名二传队员。4名进攻队员又分为2名主攻、2名副攻,他们都站在对角位置上。其优点是无论怎样轮换,前后排都保持1名二传队员和2名进攻队员,便于组织和发挥攻击力量,给对方的拦网及防守造成困难。但对2名二传队员的进攻和拦网能力要求较高,否则就会影响"四二"配备的进攻效果。

（2）"五一"配备。"五一"配备是指场上有5名进攻队员和1名二传队员。这种阵容配备的优点是拦网和进攻力量得到加强,全队只要适应1名二传队员的打法,互相之间就容易建立默契,有利于二传队员统一贯穿战术意图。但二传队员在前排时,只有两点攻。要充分利用两次球、吊球及后排扣球等战术变化突袭对方,以弥补"五一"配备的不足。

（3）"三三"配备。"三三"配备是指场上有3名进攻队员和3名二传队员。进攻队员与二传队员间隔站位。每一轮次的前排都能保持1~2名进攻队员和二传队员,适合初学者队伍采用,但进攻能力显得不足。

2. 主攻、副攻、二传队员的职责和特点

（1）主攻队员。主攻队员在比赛中主要担任攻坚任务，要在困难的情况下突破对方的集体拦网。主攻队员主要进行中、远网和后排及调整扣球进攻。因此，主攻队员击球的高度、力量、技巧、线路变化及准确性等方面都有较高的要求。

（2）副攻队员。副攻队员主要以快、变、活等进攻手段突破对方的拦网，并积极跑动掩护，给其他进攻队员创造有利条件，同时要担负中间和两侧的拦网任务。这样，对副攻队员在体能和技术上都提出了很高的要求。

（3）二传队员。二传队员是战术进攻的核心，要根据临场情况随机应变，合理地组织各种战术进攻，积极贯穿教练员的意图。一名优秀的二传队员对团结全队、鼓舞士气和取得良好成绩起着重要作用。

从排球运动发展趋势来看，主、副攻队员和前后排的界限逐渐被打破，队员都应兼备强攻、快攻的技术和战术能力。这样，才能适应进攻战术进一步发展的需要。但主、副攻队员的职责和特点应有所侧重。

3. 阵容配备的注意事项

第一，阵容配备时应考虑全队队员的技术、战术、体能、思想作风、心理品质、特长、配合能力、临场经验等方面的情况。

第二，选择能攻善守、技术全面、作风顽强的队员，组成一个主力阵容以及相应位置的后备队员。

第三，从本队的实际出发，扬长避短，形成自己的风格。把每名队员的特长在不同位置上充分发挥出来，做到人尽其用。

第四，考虑进攻队员和二传队员的合理搭配，把平时配合默契的进攻、二传队员安排在相邻或适当的位置上，以便更好地组成战术进攻。

第五，为了避免拦网、一传及防守上的漏洞，应根据队员的身高及技术情况，进行前后排及左右位置的合理搭配。

第六，应考虑前排强弱轮次与发球攻击性的优化组合。前排强的轮次，要安排发球稳定性和准确性高的队员发球，以增加得分的机会。攻击力弱的轮次，要安排发球攻击性强的队员，力争攻破，以减轻本方网上的压力。

（二）位置交换

为了最大限度地发挥每名队员的特长，应调动一切积极因素，加强攻防力量，以弥补由于队员身体条件、体能、技术发展不平衡所带来的缺陷。比赛中，在规则允许的条件下，可采用交换位置的方法。

1. 位置交换的几种情况

（1）前排队员之间的换位。为了加强进攻力量，发挥队员的进攻特点，可把进攻能力强的队员换到最便于扣球的位置上，如把右手扣球队员换到④号位、左手扣球队员换到②号位、善于扣快球的队员换到③号位、擅长扣背快球的队员换到②号位、二传队员换到②号位或③号位等。

为了加强拦网力量，可把身材高大、弹跳好、拦网技术好的队员换到拦网任务较重的③号位，或与对方主攻队员相对应的区域。

采用交叉、夹塞、围绕等进攻战术时，可自然换位，以便组织下一个回合的进攻。

（2）后排队员之间的换位。为了加强后排防守，发挥个人防守专长，可把队员换到各自擅长防守的区域，采用专位防守。如向两侧防守能力较强的队员，在采用"边跟进"防守时，可放在⑥号位防守；采用"心跟进"防守时，可放在①号位或⑤号位防守。还可根据临场情况，把防守能力强的队员换到防守任务较重的区域。

为了在比赛中连续运用行进间"插上"，可把二传队员换到①号位（"边跟进"防守时）或⑥号位（"心跟进"防守时），以缩短"插上"时跑动的距离，便于组织进攻。

为了加强后排进攻，提高"立体进攻"的效果，可把后排进攻能力强的队员换到①号位、⑥号位，以缩短与二传队员之间的距离，便于组织"立体进攻"。

2. 位置交换的注意事项

第一，发球击球前，应按规则的要求站位，防止"位置错误"犯规。在换位过程中，要始终注意对方及本方场上队员的动态。

第二，发球队员击球后，即可换位。换位应力求迅速换到预定位置，以便准备下一个动作。

第三，接发球时，应首先准备接起对方的发球，再进行换位，以免造成接发球失误。

第四，当球判为死球时，应立即返回各自的原位，尤其在对方掌握发球权时更应迅速返回原位，尽早做好接发球的准备。

（三）信号联系

排球是一个集体项目，在实现快速多变的进攻战术时，必须通过信号联系才能统一行动。没有完善的信号联系，就难以实现进攻战术的变化。所以，信号联系在排球战术运用中起着重要的作用。

一支球队的信号联系要根据本队的情况，由教练员和运动员共同协商来确定。联系信号力求简单、精练、清晰、明了。

1. 语言信号

使用语言直接进行联系，如"快""拉""高""溜""交叉"等；也可将战术编成代号，以代号进行联系。但语言联系容易泄露意图，有时可以采用真真假假的语言来迷惑对手，如讲快打慢、讲拉打近等。

2. 手势信号

通过事先约定的手势，进行规定的战术配合。手势信号可由下列队员出示。

（1）二传队员。二传队员是进攻的组织者，由其做手势，便于统一指挥。

（2）发动快攻的队员。由快攻队员选择打什么样的快球，这样有利于发挥快攻队员的主动性。

（3）打活点进攻的队员。在定位近体快球的掩护战术中，可由打活点进攻的队员预先做出信号，表示要打什么球。

（4）进攻队员和二传队员相结合。快攻队员做出第一手势，然后二传队员或其他队员做出第二手势，如：快攻队员做"短平快"手势，二传队员根据这个手势做出夹塞、平拉开手势，通知其他队员。

3. 落点信号

将起球后的落点，作为发动某种战术进攻的信号。落点信号的优点是具有随机性、灵活性。可根据临场情况迅速组成战术进攻，对一传不到位的球要预先制定对策。

4. 综合信号

以手势信号为主，辅以落点信号、语言信号以及教练员的体态、暗示等。

（四）"自由人"的运用

合理地选择并运用"自由人"是战术运用的一个方面。"自由人"专司接发球和后排防守，其上下场之间只需经过一次发球比赛过程，换人不计为正规换人次数，且次数不限。因此，选择接发球和后排防守技术高超的队员作为"自由人"，能大大提高全队的防守水平。"自由人"又可在前排进攻、拦网队员体力下降需要休息并轮到后排时替换上场，所以，合理地运用"自由人"能大大提高全队的防守水平，大大提升全队的进攻能力。

第二节 个人战术训练

个人战术是指队员根据临场比赛的情况，有目的、有针对性地运用个人技术动作。个人战术可以提高个人技术动作的效果和补充集体战术的不足。个人战术包括发球、二传、扣球、一传、拦网、防守等个人战术。

一、发球个人战术

发球是排球技术中唯一不受他人制约的技术，所以发球个人战术具有相对的独立性和自主性。运用发球个人战术的目的是破坏对方的一传，为本方得分或反击创造有利条件。根据临场情况，针对不同对手的接发球适应能力采用不同的战术，是很有必要的。具体运用如下。

（一）发性能不同的球

1. 攻击性发球

在保证准确的基础上，尽可能地发出速度快、力量大、旋转强、弧度平的攻击性发球，如跳发球等。

2. 发飘球

利用发球位置的不同，有意识、有目的地发出或轻或重、或平冲或下沉等各种性能不同的飘球。

（二）落点控制

1. 找薄弱区域的发球

将球发到对方前区、后区、两个队员之间的连接区、三角地带等场区空当，给对方接发球造成困难。

2. 找人发球

发给一传差、连续失误、情绪急躁或刚换上场的队员，也可以发给快攻队员或二传队员，给对方的战术进攻带来不便。

（三）节奏变化

1. 快节奏

比赛中，打破常规，突然加快发球的节奏，使对方猝不及防，造成失误。

2. 慢节奏

比赛中，有意识地放慢发球的节奏，如发高吊球，利用球体下落时速度的变化，使对方接发球不适应。

（四）线路变化

1. 长、短线结合的发球

根据对方队员站位情况，时而发长线球，时而发短线球，以调动对方，掌握主动。

2. 直、斜线结合的发球

充分利用9米宽的发球区，采取"站直发斜"或"站斜发直"的发球方法，突袭对方。

（五）性能变化

以相似的动作发出不同性能的球。

（六）根据临场比赛的变化采取不同的发球

如本方得分困难、落后较多和遇到对方强轮等情况，可采取先发制人的攻击性发球。在本方发球连续失误或比赛关键时刻，或在对方暂停、换人以及对方正处于进攻弱轮次，本方拦网连连得分时，应注意发球的准确性，减少失误，抓住得分的时机。

二、二传个人战术

二传个人战术的基本任务是利用空间、时间和动作上的变化，有效地组织进攻战术，给扣球队员创造有利条件，使对方难以组织防御。具体运用如下。

（一）隐蔽传球

二传队员尽可能地以相似动作传出不同方向的球，使对方难以判断传球的方向。

（二）晃传和两次球

二传队员先以扣两次球吸引对方拦网队员，然后突然改扣为传。也可先以传球动作麻痹对方，突然改传为扣。

（三）时间差跳传

二传队员在跳传时，改变常规传球的时间，采用延缓传球的方法，在人和球下落过程中将球传给快攻队员，以造成对方拦网队员的时间误判。

（四）高点二传

二传队员尽可能在跳起的最高点直臂传球，以提高击球点、加快进攻速度。

（五）选择突破点

根据对方拦网的部署，在传球时尽可能避开拦网强的区域，选择薄弱环节做突破口，以便在局部地区造成以多打少、以强攻弱的优势。

（六）控制比赛节奏

在对方失误较多或场上出现混乱时，可加快比赛节奏，以快攻为主。当本方失误较多或场上队员发挥失常时，可适当放慢比赛节奏，以达到稳定情绪、调整战略战术的目的。

三、扣球个人战术

扣球个人战术是指扣球队员根据比赛中对方拦网和防守情况，选择合理、有效的扣球方法和路线，以突破对方防守的有意识的行动。具体运用如下。

（一）路线变化

扣球时运用转体、转腕灵活地扣出直线、斜线、小斜线等，避开对方的拦网。

（二）轻重变化

扣球时，重扣强行突破与轻扣打点有机结合。

（三）超手和打手

充分利用弹跳力，采取超手扣球技术，从拦网队员手的上面突破；还可以利用平扣、侧旋扣、推打等手法，造成拦网队员被打手出界。

（四）打吊结合

在对方严密的拦网下，先佯做大力扣杀，突然由扣变吊，将球吊入对方空当。

（五）左、右手扣球

利用异侧手辅助进攻，形成左右开弓式的扣球，以增加击球面和隐蔽性，提高应变能力。

四、一传个人战术

一传个人战术是为了组成本队的进攻战术而有目的的垫击。各种进攻战术对一传的要求不同，所以一传的方向、弧度、速度、落点和节奏也各有特点。具体运用如下。

（一）组织快攻战术

一传的弧度要平，速度稍快，以加快进攻的节奏。

（二）组织两次球战术

一传的弧度要高，接近垂直下落，以便扣两次球或转移。

（三）组织交叉战术

一传弧度要适中。③号位、④号位交叉，一传落点要靠近球网中间；②号位、③号位交叉，一传落点要在②号位和③号位之间。

（四）组织短平快球

要根据是③号位队员还是④号位队员扣球来决定一传的落点。③号位队员扣球时，一传落点偏向②号位；④号位队员扣球时，一传的落点在球网中间区域为好。

此外，当对方第 3 次传垫球过网时，一传可采用上手传球，以便更准确、迅速地组织快速反击或直接传给进攻队员扣两次球。

比赛中，如发现对方场区有较大空当或对方队员无准备，一传可直接用垫、挡等动作将球击向目标区域，突袭对方。

五、拦网个人战术

拦网个人战术是通过准确的起跳时机、空中的拦网高度和拦击面、手型的变化等因素来实现的攻击行动。具体运用如下。

（一）假动作

拦网队员可灵活地运用站直拦斜、站斜拦直、正拦侧堵及伪装拦强攻实为拦快攻等假动作迷惑对方，提高拦网效果。

（二）变换手型

拦网队员起跳后，根据进攻队员的动作改变，拦网手型随机应变，以达到拦击对方的目的。

（三）撤手

在发现对方要打手出界或平扣球时，可在空中及时将手撤回，造成对方扣球出界。

（四）"踮跳"拦网

身高和弹跳较好的队员为了更好地拦击对方快速多变的扣球，采用踮跳拦第一点的快攻球，再迅速起跳拦第二点的进攻。

（五）前伸拦网与直臂拦网

在拦击对方中、近网扣球时，手臂尽可能前伸接近球，封堵进攻线路。在对方远网扣球时，尽可能直臂拦击，以增加拦网面。

（六）单脚起跳拦网

利用单脚起跳快、空中飞行距离长的优势，进行双脚起跳来不及的拦网。但要控制好空中飞拦的距离，避免冲撞本方队员。

六、防守个人战术

防守垫击与接发球相比具有更大的随机性和突然性，难度较大。防守队员要选择有利的位置，采用合理的击球动作，将球有效地接起来，组织各种进攻。优秀的防守队员不仅要勇猛摔救，还要善于思考，判断准确。具体运用如下。

（一）判断进攻点，合理取位

要根据二传球的方向和落点，及时做出判断，并迅速取位。如果球离网较近，本方队员来不及拦网，则防守取位可靠前，以封堵角度；如果球离网较远，则防守取位可靠后些。

（二）"有利面"放宽

取位时把自己最擅长防守的一面适当放宽，如自己的右侧面防守较好，可把这个区域适当放宽，以扩大防守面。

（三）针对性防守

根据对方进攻队员的特点，采取相应的防守行动。对方只打不吊，取位要靠后；打打吊吊，取位要灵活；只有斜线，则放直防斜。

（四）拦、防配合

根据前排拦网队员的情况主动配合、弥补，如采用拦斜防直或反之。

（五）上、下肢并用

充分利用规则，采用上、下肢的协调配合防守，如采用高姿势防守，上肢负责腰部以上的来球，下肢负责腰部以下的来球。

第三节 集体防守战术训练

一、接发球及其阵型

接发球是进攻的基础，也是由守转攻的转折点，如果没有可靠的一传做保证，就难以组成有效的进攻战术，甚至会造成直接失分。

发球攻击性的提高，给接发球及其进攻带来了一定的难度，因此，加强接发球能力的训练、提高接发球及其进攻水平就显得尤为重要。

（一）接发球的基本要求

1. 正确判断

接发球的质量很大程度上取决于能否进行正确的判断。接发球时，注意力要高度集中，充分做好接发球的准备，根据对方的发球动作、性能、力量及速度做出正确的判断，及时移动取位，对准来球路线，运用合理的垫球技术将球垫给二传队员。

"远飘、轻飘点分散，平快、大力一条线"是比赛中发球落点变化的一般规律，可以根据临场发球落点的不同，采取相应的行动。

2. 合理取位

组成接发球阵型时，应以前排靠近边线的队员为基准取位，同列队员之间不要重叠站位，同排队员之间保持适当的距离，以免相互影响。例如，根据射出角的原理，快速有力的平直球发不到A、B两区。所以，取位时不要站在这两个区域内，②号位和④号位队员的取位距边线一米左右即可（图6-1）。

3. 明确分工与配合

接发球时，每一个接发球队员都应明确接发球防守的范围。划分范围不仅是平面的，还应根据来球的弧度高低进行立体空间划分。接发球队员之间应既有分工，又有配合，注重整体接发球的实效性，接发球能力好的队员范围可大些，后排队员接球范围可大些（图6-2）。

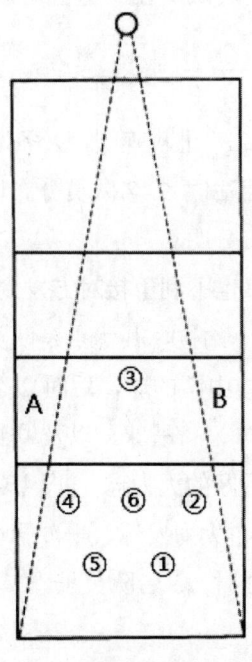

图6-1 接发球阵型取位

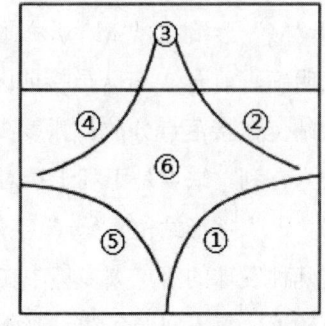

图6-2 接发球防守的范围

比赛中经常有球落在接发球队员之间的"结合部",造成无人接球而导致失误。为避免这种现象的发生,队员之间可以遵循以下几条原则:由一传较好的队员或已经主动呼喊"我的"队员去接;球落在快攻与强攻队员之间时,原则上由强攻队员接更有利,以免影响快攻的速度和节奏;球落在前后排之间,最好由后排队员去接,以利于组织快速进攻;讲究集体配合,树立一人接球五人保护的观念。

(二)接发球阵型

接发球是进攻的起点,接发球的目的首先是使球不在本方落地,然后是为进攻创造有利条件。在选择接发球阵型时,不仅要有利于接球,还要考虑本方所采用的进攻战术及对方发球的特点。

接发球阵型按接发球人数来分,主要有五人接发球阵型、四人接发球阵型、三人接发球阵型及二人接发球阵型。

1. 五人接发球阵型及其变化

除 1 名二传队员站住网前或由后排插上队员基本不接发球外,其余 5 名队员都接发球,这就是五人接发球阵型。五人接发球阵型是最基本的接发球阵型,水平较低和较弱的队大多采用这种阵型。

五人接发球阵型的优点是每人接一传的范围相对较小,接发球时已站成基本的进攻阵型,组织进攻比较方便。但缺点是:后排插上队员插上移动距离较长;③号位打快攻队员接发球时,不便及时上步快攻;有进攻特长的队员,有时不易换到能发挥特长的位置上去,要在接发球后才能换位,如善于扣④号位的主攻队员在②号位时就不易换到其擅长的位置。

五人接发球阵型主要有以下几种站位。

(1)"W"形站位。初学者打比赛多采用"中、边一二"进攻阵型,大多站成"W"形,也称"一三二"站位。插上也能采用"W"形站位。这种站位 5 名队员分布均衡,前面 3 名队员接前场区的球,后排 2 名队员接后场区的球,职责分明。

这种站位的缺点是队员之间的"结合部"相应增多,也不利于接对方发到边角上的球。

(2)"M"形站位。"M"形站位,也称"一二一二"站位,其优点是队员分布更加均匀,分工明确,前面 2 名队员接前区球,中间队员负责接中区的球,后面 2 名队员接后区球。这种站位在接落点分散、弧度高、速度慢的下沉飘球、高吊球,以及发到边线、角上的球时较为有利。缺点是不利于接对方发到场地两腰及后区的大力球、平飘球等。

(3)"一"字形站位。"一"字形站位是对付跳发球、大力发球、平冲飘球的有效站位形式。这几种发球的落点大多集中在球场中后区,接发球时,5 名队员呈"一"字形排开,左右距离较近,每人守一条线,互不干扰。

(4)"假插上"站位。二传队员在前排时,可以运用假插上的站位来迷惑对方。如

②号位队员站在③号位队员身后佯做后排插上,当一传来球弧度较高且靠近网时,假插上队员可突然打两次球或吊球,起到攻其不备的效果。同时,⑥号位还可以佯攻进行掩护(图6-3)。

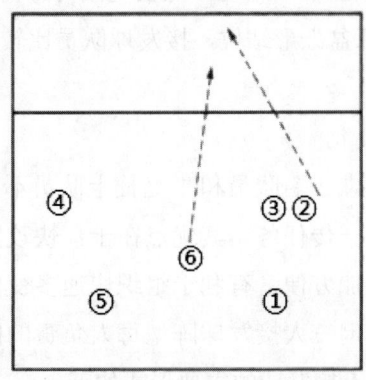

图6-3 "假插上"站位

(5)隐蔽站位。接发球站位时,在规则允许的前提下,前排队员站在后排队员习惯站的接发球位置上,并把后排队员安排在似前排接发球的位置上,以达到迷惑对方的目的。

示例1:③号位队员隐蔽站位。当①号位队员插上时,⑤号位队员佯做④号位队员,与②号位和④号位队员同时上前佯攻,吸引对方拦网队员,③号位队员则按预定的战术进行突袭(图6-4)。

示例2:③号位队员隐蔽站位。⑤号位队员插上。①号位队员佯攻,③号位队员就可以进行夹塞、梯次、拉开等战术进攻(图6-5)。

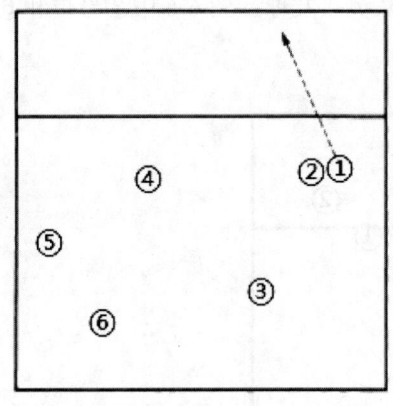

图6-4 隐蔽站位(一)

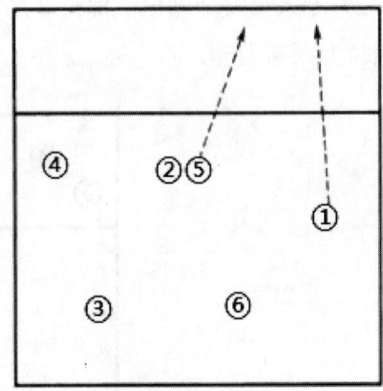

图6-5 隐蔽站位(二)

2. 四人接发球阵型及其变化

四人接发球阵型一般在插上进攻中运用,插上队员可与同列前排队员都站在网前不接发球,以缩短插上时间。

四人接发球阵型的优点是便于二传插上，不接发球的前排队员可以充分做好进攻的准备。但是接发球时每人负责一条线，对接发球队员的前后移动和判断能力要求较高。

由于接发球只有 4 名队员，因此大都采用"盆"形站位，主要形式如下。

（1）"浅盆"形站位。"浅盆"形站位，主要是接对方落点靠后或速度平快的发球。

（2）"深盆"形站位。"深盆"形站位，接发球队员比较均匀地分散在场内，主要是接对方下沉球及长距离飘球。

3. 三人接发球阵型及其变化

三人接发球阵型一般是前排 2 名队员和 1 名插上队员不接发球，或前排 3 名队员都不接发球而由后排队员承担全场一传任务。其优点在于：快攻队员不接一传，有利于组织快变战术；前排队员交换位置更加方便，有利于组织快速多变的战术；可让一传差的队员避开接发球，减少一传的失误。但三人接发球阵型每人负责的区域相对较大，对判断、移动及控制球的能力要求较高。三人接发球的主要形式如下。

（1）"前一后二"站位。由 1 名前排队员和 2 名后排队员担负全场的接发球任务。

（2）"后三"站位。由后排 3 名队员担负全场的接发球任务。

4. 二人接发球阵型及其变化

二人接发球阵型是在三人接发球阵型的基础上发展演变而来的。其优点是由一传水平最高的队员接发球，保证一传的到位率，能更好地发挥进攻威力。但对接发球队员的要求更高。这种站位方法多用于世界高水平的队。

（1）"后二"站位。2 名后排队员负责全场接发球，另 1 名后排队员不接发球，专门准备进行后排进攻。

（2）专人接发球站位。保持 2 名接发球好的队员接发球，图 6-6 中③号位和⑥号位两名队员就专司接发球。

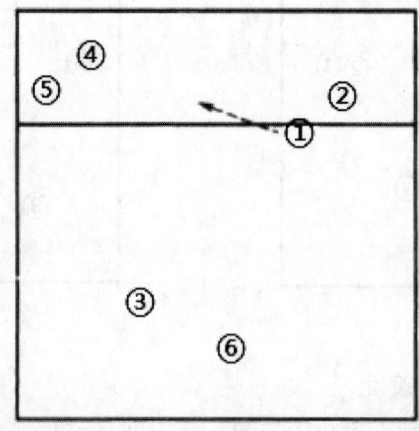

图 6-6　专人接发球站位

二、接扣球防守及其阵型

（一）拦网战术的变化

1. 人盯区拦网

这是一种对付定位进攻及一般进攻配合较为有效的拦网战术。其特点是把球网分成左、中、右三个区，每一名队员负责一个区，以保证每一个区域至少有一名拦网队员拦网，并在可能的情况下，协助同伴组成集体拦网。人盯区拦网在运用时，对对方的常用战术应有所了解，且对方进攻战术比较固定。负责拦快攻战术的两名队员，要根据对方战术的变化，确定谁主拦对方的第一球，以避免判断错误。

对方运用交叉和拉开进攻时，本方由负责左侧区域的④号位队员主拦③号位快球，负责中区的③号位队员主拦对方②号位交叉进攻，右侧②号位队员负责主拦对方④号位的拉开进攻。③号位和②号位拦网队员相互兼顾，争取组成双人拦网（图6-7）。

对方运用夹塞进攻和背后拉开进攻时，本方②号位队员负责拦对方③号位的短平快，③号位队员负责拦对方④号位的夹塞进攻，④号位队员负责拦对方②号位的背后拉开进攻（图6-8）。

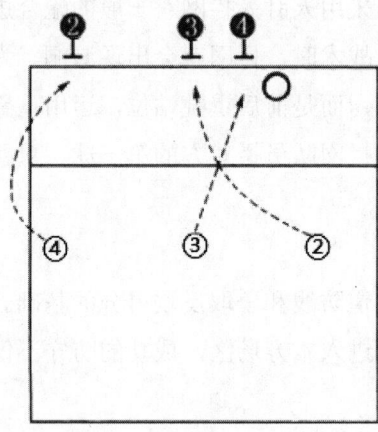
图6-7 人盯区拦网（一）

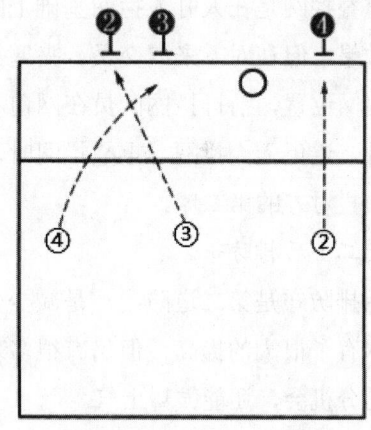
图6-8 人盯区拦网（二）

2. 人盯人拦网

拦网队员各自负责拦对方与自己相对应位置的进攻队员，进行固定人员的拦网，这种形式称人盯人拦网。其优点是职责清楚，分工明确。但当对方进行交叉进攻时，需要及时交换盯人拦网，以免造成无人拦网的被动局面。

对方做中间近体快、两翼拉开进攻时，本方③号位队员负责拦中间快球，②号位和④号位队员分别负责拦两翼的拉开进攻，并在此基础上尽可能组成双人拦网（图6-9）。

对方采用交叉进攻及背后拉开进攻时，本方④号位队员拦对方②号位的拉开进攻。

②号位队员在盯住对方④号位进攻队员时，一旦发现④号位队员内切进行快攻，应立即与本方③号位队员呼应，交换盯人对象，即③号位队员拦对方快球，②号位队员拦对方③号位队员的交叉进攻（图6-10）。

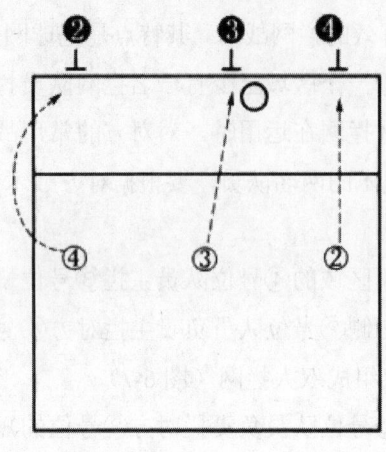
图6-9　人盯人拦网（一）

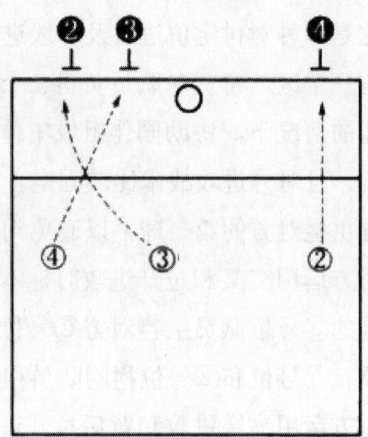
图6-10　人盯人拦网（二）

3. 重叠拦网

重叠拦网是在人盯人拦网基础上的一种发展。采用人盯人拦网对一般的配合进攻有一定的效果，但在对方采取交叉、夹塞等多变的快攻战术时，拦网就会出现漏洞。为了便于交换拦网位置，前排拦网队员在网前不是平行站位，而是前后重叠站位，运用重叠拦网加以弥补，避免无人拦网。重叠拦网时，站在网前的拦网队员拦对方的第一球，重叠在后面的队员拦对方的第二球。

（二）后排防守

后排防守是第二道防线，是减少失分的最后一道防线和争取反攻得分的基础。虽然拦网技术有了很大的提高，但仍有很多球突破拦网后进入本方场区，成功的防守不仅有助于争取得分机会，还能鼓舞士气。

后排防守的基本要求如下。

（1）后排防守要与前排拦网密切配合，相互弥补。一般来讲，拦网队员应封住对方的主要进攻线路，后排防守队员的主要任务是防对方的次要路线、吊球和触拦网队员手的球。

前排拦网队员已封住对方的中路进攻，①号位队员取位防直线，⑤号位和⑥号位员侧重防斜线（图6-11）。

前排拦网队员已封住对方的直线及中路进攻，⑤号位队员前移防吊球，①号位和⑥号位队员侧重防斜线（图6-12）。

前排单人拦网封住对方的中路进攻，⑥号位队员前移防吊球，①号位和⑤号位队员取位进行"双卡"防守（图6-13）。

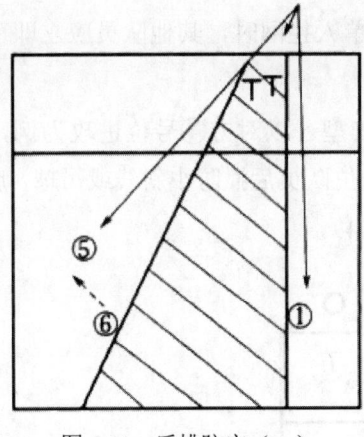
图 6-11 后排防守（一）

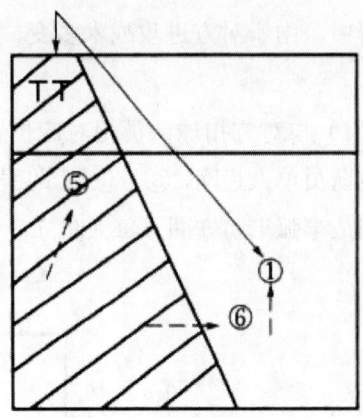
图 6-12 后排防守（二）

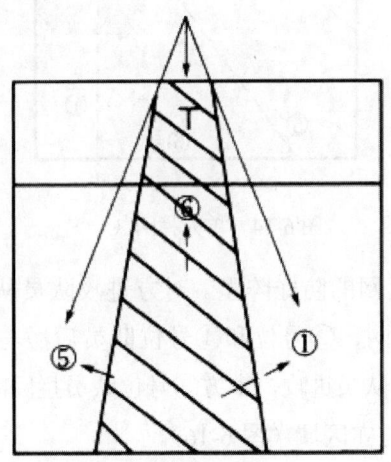
图 6-13 后排防守（三）

（2）防守队员之间要相互保护。由于每名防守队员的判断取位或垫击都可能出现错误，防起球的飞行方向也很不规律，所以场上其他队员应采取补救措施，做好向各个方向移动的准备。

（三）接扣球防守阵型及其变化

防守阵型是拦网与后排防守的综合体，需要具体配合，否则就不可能取得理想的防守效果。组织接扣球防守阵型时，应针对对方进攻的特点和变化进行部署，充分发挥本方队员的特长。

根据前排拦网队员的人数，接扣球防守阵地可分为单人拦网、双人拦网、三人拦网和无人拦网时的防守阵型。必须熟练掌握和运用各种防守阵型，才能适应比赛的需要。

1. 单人拦网时的防守阵型

当对方技术水平一般，进攻能力较弱或对方战术多变无法组织集体拦网时，可采用单人拦网时的防守战术。单人拦网的优点是增加了防守人数，便于组织进攻。在水平较高的比赛中，由于对方进攻战术多变，只能被迫采用单人拦网时，其他队员应立即下撤参与防守。

（1）与对方扣球队员相对应位置拦网的防守阵型。以对方④号位进攻为例，由本方②号位队员单人拦网，③号位队员后撤防吊球，④号位队员后撤防小斜线或吊球，后排 3 名队员组成半弧形防守圈，每人防守一个区域（图6-14）。

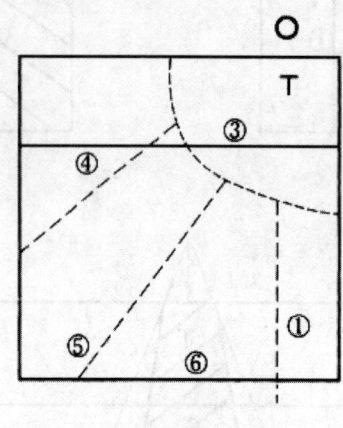

图 6-14　单人拦网（一）

（2）固定③号位队员拦网的防守阵型。对方进攻队员从任何位置进攻，均由③号位队员拦网。如③号位队员拦网，②号位和④号位队员后撤与后排 3 人共同组成防守阵型（图6-15）；又如对方③号位队员进攻，本方③号位队员拦网时，⑥号位队员迅速向前移动防吊，其他队员负责各自的防守区域（图6-16）。

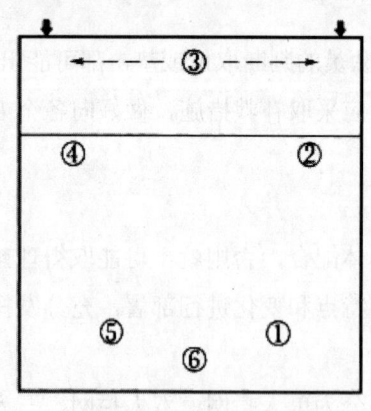

图 6-15　单人拦网（二）

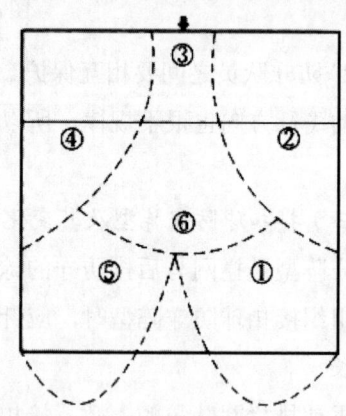

图 6-16　单人拦网（三）

2. 双人拦网时的防守阵型及其变化

双人拦网时的防守阵型有两种："边跟进"防守阵型和"心跟进"防守阵型。两种防守形式各有利弊，在比赛中不应单一地采用某一种形式进行防守，应根据本队的具体情况及临场变化,灵活地运用这两种防守阵型。

(1)"边跟进"防守阵型。双人拦网时的"边跟进"防守阵型也称"马蹄形"或"①号位、⑤号位跟进"防守阵型。"边跟进"防守阵型的优点是对防守对方大力扣杀有利。其弱点是球场中间空隙较大,容易形成"心空",而且防对方直线进攻的能力减弱。

以对方④号位进攻为例:本方②号位和③号位队员拦网,①号位队员"边跟进"防吊球,兼顾防直线及打手出界的球;⑥号位队员防后场球,并注意弥补①号位和⑤号位的空隙;⑤号位队员重点防斜线球和中场空心地区。④号位队员后撤防小斜线及吊球(图6-17)。对方②号位进攻时,由本方④号位和③号位队员拦网,其他队员的防守做相应变化。

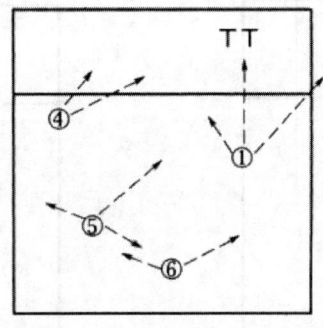

图6-17 "边跟进"防守阵型

"边跟进"防守阵型多在对方进攻能力比较强、战术变化多、吊球少时采用。其主要有活跟、死跟、内撤、双卡等阵型变化。

1)活跟。在对方④号位(或②号位)扣球路线变化多,而且打吊结合的情况下,应采用活跟,由①号位(或⑤号位)队员灵活掌握,如①号位队员跟进,⑥号位队员就要向跟进队员的防守区域一侧移动补位(图6-18)。

2)死跟。在对方扣直线球少、吊球多或本方拦网能完全拦住直线时,如对方在④号位(或②号位)扣球,本方①号位(或⑤号位)队员就可以坚决跟进,以防吊球为主,兼顾防打手出界的球。⑥号位队员就要迅速向跟进队员的防守区域一侧移动补位(图6-19)。

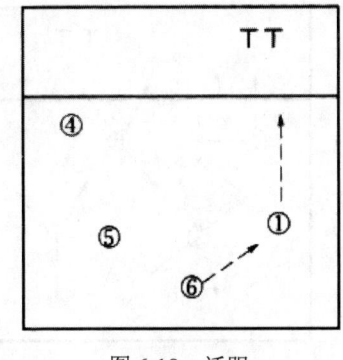

图6-18 活跟

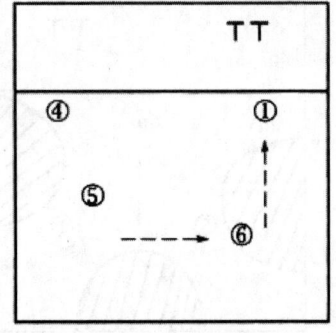

图6-19 死跟

3）内撤。对方在④号位（或②号位）扣球直线多，并经常吊"心"时，本方④号位（或②号位）队员可内撤到中场空心区域，重点防吊球。⑤号位（或①号位）队员主要补防小斜线附近的球（图6-20）。

4）双卡。当对方在④号位（或②号位）以吊球和轻打为主，打吊结合，而本方拦网较强时，就可以采用④号位（或②号位）队员内撤，①号位（或⑤号位）队员跟进的"双卡"防守阵型，2人协同防守前排的吊球。跟进要适时，过早易被对方识破，对后防不利（图6-21）。

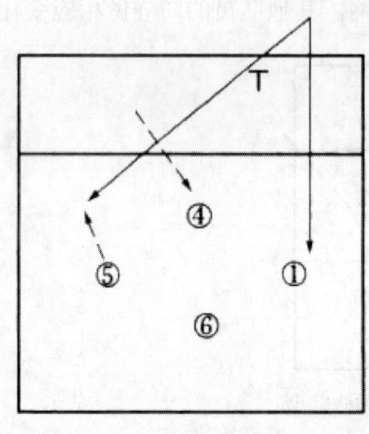

图6-20 内撤

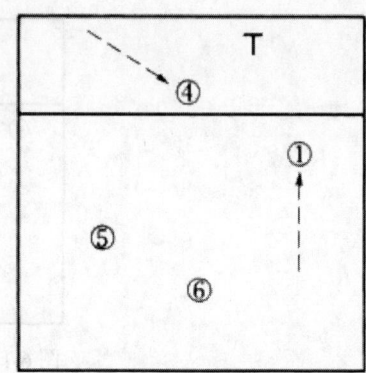

图6-21 双卡

（2）"心跟进"防守阵型。这种阵型也称"⑥号位跟进"防守。当对方经常运用打吊结合，而本方拦网能力较强时，可采用"心跟进"防守阵型。"心跟进"防守阵型对防吊球和防拦起球有利，也便于接应和组织反攻。但后场及"两腰"空隙较大，容易形成空当。

以对方④号位进攻为例：本方②号位和③号位队员拦网，⑥号位队员"心跟进"防吊球及接应落入中场的球，其他队员负责各自的区域（图6-22）。此时，⑥号位队员主要防吊球、拦起球，接应后排防起的球。①号位、⑤号位队员负责后场区所有的球。④号位队员防小斜线及吊球（图6-23）。

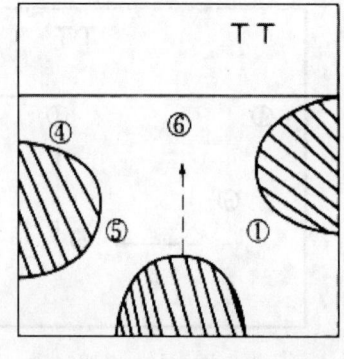

图6-22 "心跟进"防守阵型

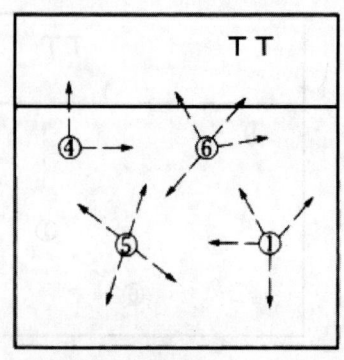

图6-23 "心跟进"防守分工

3. 三人拦网时的防守阵型及其变化

三人拦网时的防守阵型，适宜在对方扣球队员攻击性强、线路变化多、吊球少时采用。三人拦网固然加强了第一道防线的力量，但后场空隙较大，同时也给拦网后组织反攻增加了难度。因此，在比赛中要灵活运用。要求拦网队员坚决果断，后撤迅速，积极参与反攻。三人拦网的基本防守阵型有⑥号位压底和⑥号位跟进两种。

（1）⑥号位压底。如对方③号位扣球，本方前排3名队员集体拦网，①号位和⑤号位队员扼守两腰，⑥号位队员压底负责后场球。此阵型对防守两侧腰部和拦网弹到后场的球较为有利，弱点是后场两角空隙较大（图6-24）。

（2）⑥号位跟进。如对方④号位扣球，则本方⑥号位队员迅速跟进到场心区域，防守中场及前场区的吊球，①号位和⑤号位队员防守直线、斜线重扣及两腰和后场的球。此阵型对防守吊心球有利，弱点是后场中路及两腰部空当较大（图6-25）。

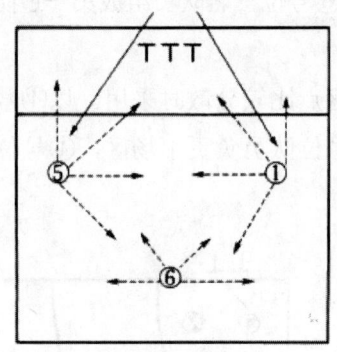

图6-24　⑥号位压底

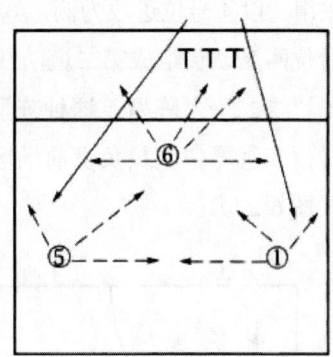

图6-25　⑥号位跟进

4. 无人拦网时的防守阵型及其变化

比赛中，由于对方战术多变，本方拦网受挫，有时会导致无人拦网。在这种情况下，只能根据临场变化灵活取位，力争把球防起。在对方扣球能力很弱或进攻时球离网很远的情况下，可以主动不拦网，以"中一二""边一二"或行进中"插上"进攻阵型布防。初学者在比赛中常以传球和垫球为进攻手段，可以不拦网，以加强防守力量。

三、接拦回球防守及其阵型

随着排球运动的发展，运动员的身高、拦网高度和技巧的提高，扣球被直接拦死或拦回的比例逐渐增大，故接拦回球的能力对比赛结果的影响也越来越大。接拦回球是对本方队员进攻的保护，故俗称"保护"。

（一）接拦回球的基本要求

第一，进攻队员要从心理上做好防拦回球的准备，养成自我防拦回球的习惯。场上队员要形成"一人扣球，全体防拦回球"的整体防拦回球意识。

第二，以前场为重点防拦回球的区域。接拦回球时采用低重心、上体相对直立的防守姿势。充分利用各种垫球、挡球等技术动作，提高起球率。

第三，二传队员最了解本方的进攻点，应及时参与接拦回球。

第四，接拦回球时的起球弧度要高一点，以便组成有效的进攻。

第五，接拦回球时，应尽可能把球垫给二传队员，以便组织各种战术进攻。

（二）接拦回球阵型

根据本方进攻战术的需要及对方拦网队员的具体情况，可以灵活地采用不同接拦回球的阵型。

1. 五人接拦回球阵型

本方以强攻为主时，进攻点明确，除进攻队员外，其他5名队员都可以参加接拦回球。

（1）"三二"阵型。这种阵型的使用较为普遍，在对方拦网强、拦回球落点大多集中网前时采用。以④号位进攻为例，③号位、⑤号位、⑥号位三名队员组成第一道防线。①号位和②号位两名队员组成第二道防线（图6-26）。

（2）"二二一"阵型。这种阵型在对方拦回球落点比较分散时采用。以④号位进攻为例，③号位和⑤号位队员负责前场区，②号位和⑥号位队员负责中场区，①号位队员负责后场区（图6-27）。

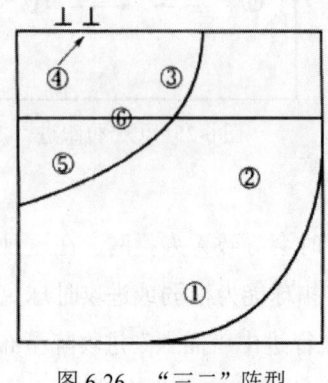
图6-26 "三二"阵型

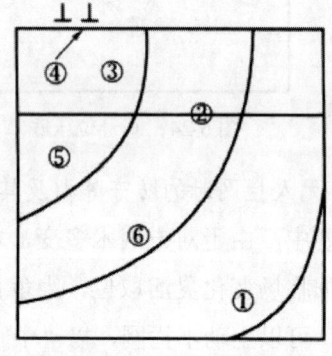
图6-27 "二二一"阵型

（3）"二三"阵型。这种阵型在对方拦网能力一般、拦回球落点比较分散时采用。以④号位进攻为例，③号位和⑤号位队员负责前场区，①号位、②号位、⑥号位队员负责中场区和后场区（图6-28）。

2. 四人接拦回球阵型

本方以插上及快球进攻为主时，进攻点经常变化，除进攻队员及二传外，只有4名队员能参加接拦回球，此时常采用"二一"阵型。

"二一"阵型：以②号位进攻为例，①号位队员插上，跳传给②号位进攻，③号位和⑤号位队员负责前场区，④号位和⑥号位队员负责中场区及后场区（图6-29）。

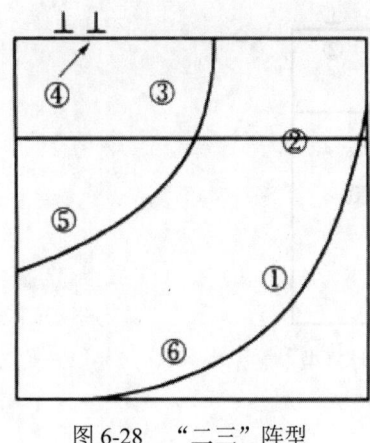
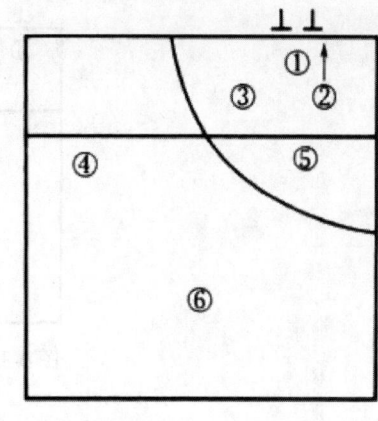

图 6-28　"二三"阵型　　　　　图 6-29　"二一"阵型

3. 三人接拦回球阵型

本方以前排快攻配合为主时,进攻点变化较大,前排 3 名队员在掩护、跑动,二传队员组织进攻后要立即参与接拦回球,形成三人接拦回球阵型。如前排 3 名队员掩护、跑动,最终的进攻点在②号位,则①号位队员传球后立即下撤,⑤号位和⑥号位队员迅速向②号位移动接拦回球(图 6-30)。

4. 二人或一人接拦回球阵型

本方以"立体进攻"为主时,进攻点分散且变化大,场上 4 或 5 名队员在掩护、跑动进攻。因此,二传队员组织进攻后应立即参与接拦回球,形成二人或一人接拦回球阵型。

例如,前排 3 名队员掩护、跑动,后排⑥号位队员进行后排进攻,①号位队员传球后立即下撤,⑤号位队员迅速向进攻点移动接拦回球(图 6-31)。

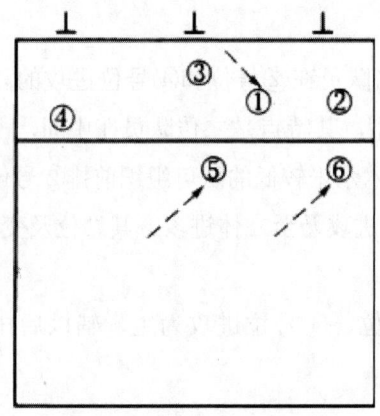
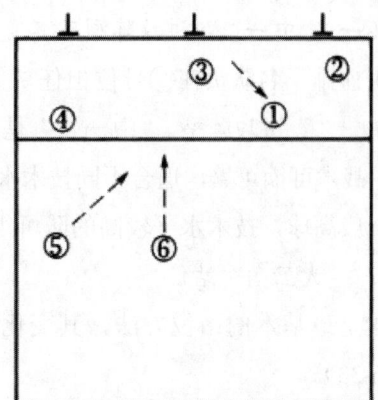

图 6-30　三人接拦回球阵型　　　　　图 6-31　二人接拦回球阵型

又如:前排 3 名队员掩护、跑动,后排①号位和⑥号位队员进行后排进攻,⑤号位队员传球后立即下撤,迅速向进攻点移动接拦回球。其他没有扣球的队员应尽可能地参与接拦回球,以加强接起拦回球的概率(图 6-32)。

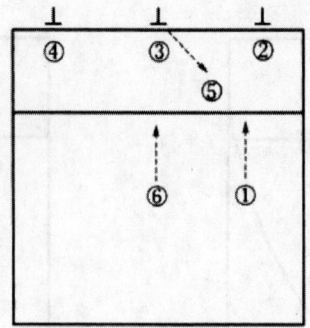

图 6-32 一人接拦回球阵型

第四节 集体进攻战术训练

随着世界排球运动的发展，进攻战术丰富多彩，单靠个人体能和技战术能力，是难以战胜对手的。从实际比赛情况看，前排队员的活点进攻已发展为当前全方位的立体进攻，充分显示出集体战术的威力。

集体战术是指两名或两名以上队员之间有组织、有目的的集体协同配合。任何集体进攻战术的变化无不建立在进攻阵型和进攻打法的基础上。

一、进攻阵型

进攻阵型，就是进攻时所采取的基本队形。合理地选择进攻阵型是各种进攻战术变化的基础。进攻阵型主要有三种，即"中一二""边一二"和"插上"。

（一）"中一二"进攻阵型及其变化

由前排一名队员在③号位担任二传，其他两名队员在②号位和④号位进攻的阵型，称作"中一二"进攻阵型。"中一二"是最基本的阵型，其特点是二传队员在中间，一传容易到位，战术可简可繁，适合不同技术水平的队。技术水平较低的队可组织前排②号位、④号位扣一般高球，技术水平较高的队可组织各种战术进攻乃至立体进攻。其站位及变化如下。

1. "大三角"站位

这是最基本的站位方法，其变化主要以②号位、④号位进攻为主，辅以后排进攻等（图 6-33）。

2. "小二三角"站位

④号位队员位置不变，②号位队员站在中场接发球，③号位二传队员站在②号位和④号位队员之间的网前（图 6-34）。这种站位实际上也是一种隐蔽站位的方法，①号位队员可在②号位做佯攻动作，②号位队员从中路进攻，后排队员从后排进攻。这种阵型有利于各种交叉换位进攻。

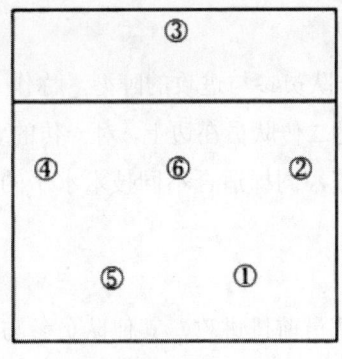
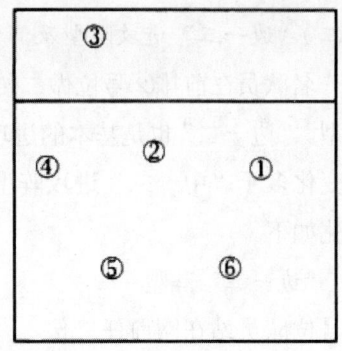

图 6-33 "大三角"站位　　　　　图 6-34 "小二三角"站位

若②号位队员左手扣球得力,则可以在场区右侧站成"小三角"(图 6-35),即②号位队员位置不变,④号位队员中场接发球,③号位二传队员站在②号位队员与④号位队员之间的网前做二传,⑤号位队员在④号位做佯攻动作,后排队员从后排进攻。

3. 换位成"中一二"

二传队员在④号位(或②号位)时,可以换位成"中一二"阵型(图 6-36)。

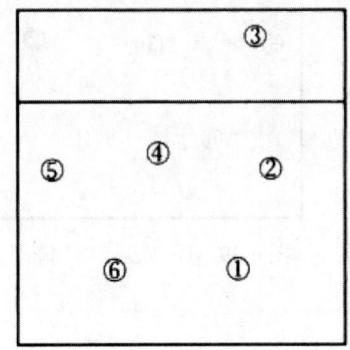
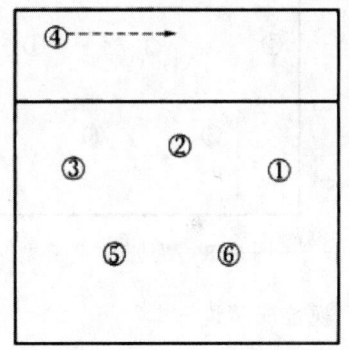

图 6-35 "小三角"　　　　　图 6-36 换位成"中一二"

4. "假插上"成"中一二"

③号位队员在④号位的右后方做"假插上",成"中一二"阵型(图 6-37)。

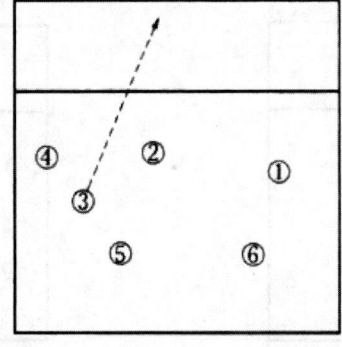

图 6-37 "假插上"成"中一二"

（二）"边一二"进攻阵型及其变化

由一名队员在前排②号位做二传，其他两名前排队员参与进攻的阵型，称作"边一二"进攻阵型。"边一二"也是基本的进攻阵型，其特点是二传队员在边上，对一传的要求稍高，但战术变化多于"中一二"进攻阵型，战术可简可繁，同样适合不同技术水平的队。其站位及变化如下。

1. "边一二"阵型

②号位队员站在网前任二传，③号位和④号位队员前排进攻，其他队员参与后排进攻（图 6-38）。

2. 反"边一二"阵型

前排一名队员在网前④号位站位做二传，其他队员参与进攻。如果②号位和③号位队员是左手扣球，采用这种阵型比较有利（图 6-39）。

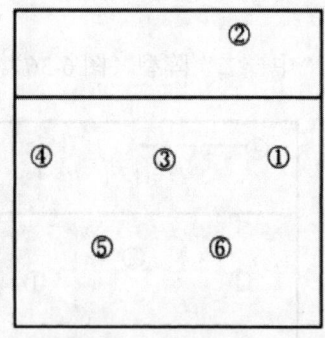

图 6-38　"边一二"阵型

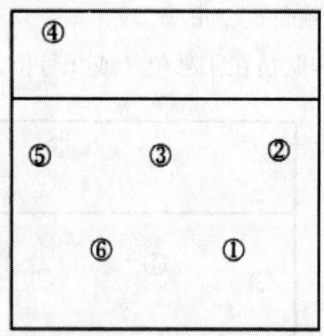

图 6-39　反"边一二"阵型

3. 换位成"边一二"

通常采用反"边一二"换位成"边一二"阵型（图 6-40）。

4. "假插上"成"边一二"

③号位队员在④号位队员的右后侧做假"插上"，形成"边一二"阵型，①号位队员做佯攻掩护，其他队员参与进攻（图 6-41）。

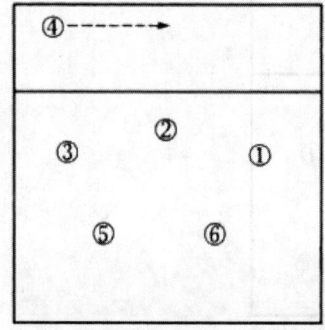

图 6-40　换位成"边一二"

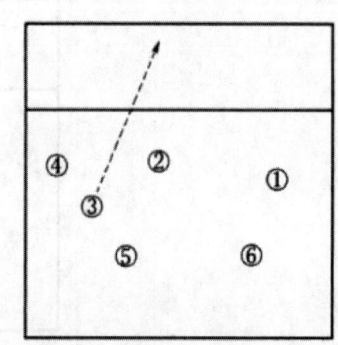

图 6-41　"假插上"成"边一二"

运用"中一二"和"边一二"进攻阵型时应注意以下几点。

其一，采用"中一二"进攻阵型时，二传队员的站位应稍靠近②号位，避免与⑥号位队员重叠，以免阻挡⑥号位视线影响其接发球。

其二，采用"边一二"进攻阵型时，二传队员的站位不宜太靠近边线，以免在运用"拉开""围绕"等战术时，因传球距离远而影响战术质量。

其三，采用换位成反"边一二"阵型时，④号位二传队员既要贴网站，又要贴边线站，以免造成与③号位队员位置错误或影响③号位和④号位队员的接发球。

（三）"插上"进攻阵型及其变化

后排任一队员插到前排做二传，前排三名队员进行扣球的进攻阵型，称作"插上"进攻阵型。由于后排的"插上"，前排可保持三点进攻，所以这种进攻阵型为国内外各强队普遍采用。"插上"进攻阵型有三种基本站位，即①号位插上（图6-42）、⑥号位插上（图6-43）和⑤号位插上（图6-44）。

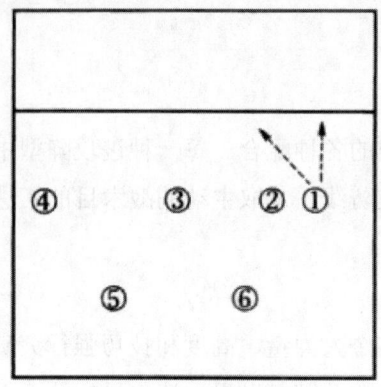

图6-42　①号位插上

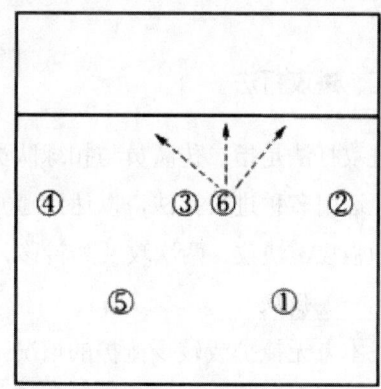

图6-43　⑥号位插上

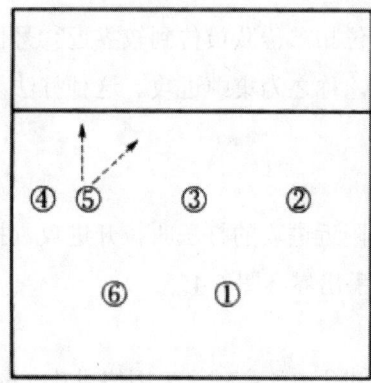

图6-44　⑤号位插上

运用"插上"进攻阵型时应注意以下几点。

第一,为了使"插上"队员能尽快插到网前,且不影响其他队员接发球,"插上"队员一般站在同列队员的侧后方,以便缩短"插上"跑动路线。

第二,"插上"要及时(对方发球击球后应立即"插上"),但又不应启动过早造成位置错误。

第三,采用"插上"进攻阵型时,前排三名队员都应具有较强的进攻能力并能打各种跑动进攻球。

第四,"插上"的二传队员要有较熟练的传球技术和较高的战术素养。

第五,本队要有较好的接发球一传做保证。

第六,"插上"队员在"插上"的过程中,应有接一传的思想准备,因为对方发球很可能破坏"插上"。

第七,反攻中应加强情况判断,有可能时,应迅速做行进间"插上",以保证前排的多点进攻。

二、进攻打法

进攻打法是指二传队员与扣球队员之间所组成的各种配合。每一种进攻阵型中都可以灵活地运用多种进攻打法,以达到避开拦网、突破防线、争取主动的战术目的。进攻打法可分为强攻、快攻、两次攻及其转移、立体进攻等。

(一)强攻

在本方无掩护或较少掩护的情况下,主要凭借个人力量、高度和技巧强行突破对方的拦网和防守称为强攻。强攻是现代排球比赛中制胜的关键,世界一流水平的队,无论是在强攻扣球的力量与速度上,还是在高度与变化上,都占有明显优势。

1. 集中进攻

进攻队员在④号位或②号位扣二传队员传到较靠近③号位、较集中的、不拉开的高球进攻,或在③号位扣一般高球,称之为集中进攻。这种打法易掌握,也易被拦,适合初学者和水平较低的队运用。

2. 拉开进攻

二传队员将球传到标志杆附近进攻的打法叫拉开进攻。拉开进攻可以扩大攻击面以避开拦网,有利于变化线路及打手出界(图6-45)。

3. 围绕进攻

进攻队员绕过二传队员扣其传出的高球,为围绕进攻(图6-46)。围绕进攻跑动换位的目的是发挥自己的扣球特长,避开对方拦网的有效区域,同时有利于扣球后自然换位。

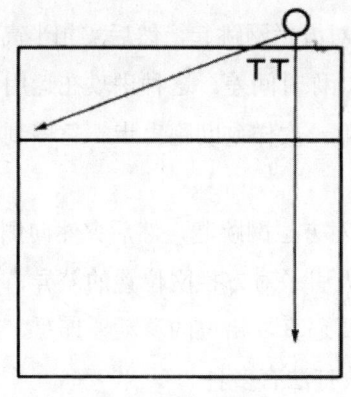
图 6-45 拉开进攻

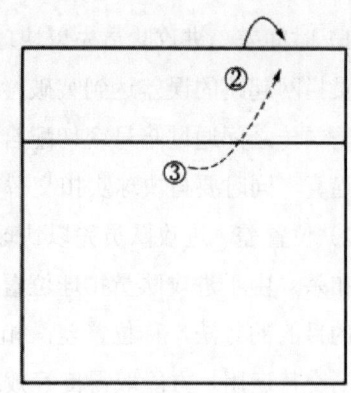
图 6-46 围绕进攻

4. 调整进攻

当一传或防起的球不到位，球的落点离网较远时，由二传或其他队员把球调整传到网前有利于扣球的位置上进行强攻的打法，称为调整进攻。调整进攻在接扣球防守反击中运用较多，并占有比较重要的位置。调整进攻对运动员的体能要求较高，必须具备一定的弹跳高度和力量，才能有效地突破对方的拦网和防守。

5. 后排进攻

后排队员在进攻线后起跳扣球，称为后排进攻。这种打法由于击球点离网较远，给对方拦网造成了较大困难，一定意义上使得过网面加宽。这种打法也能弥补较弱轮次，更有效地发挥优秀进攻队员的作用，在比赛中运用的效果显而易见。后排进攻已从过去的被动式转变为主动式，并被各强队普遍采用。

（二）快攻

各种快球以及以快攻为掩护，由同伴或本人所进行的进攻，均被称为快攻。

1. 快球进攻

二传队员将球或快或平传给扣球队员，扣球队员快速挥臂击球，称快球进攻。快球进攻是我国的传统打法，其特点是速度快、突然性强、掩护作用大，有利于争取时间、空间和组织多变的战术。

根据二传组织快球进攻时传出球的方向和距离，快球分为近体快、短平快、背快、背短平快、背溜和平拉开，以及调整快、远网快、后排快、半快、单脚快等。

组织快球战术主要靠二传队员与扣球队员之间密切配合。二传队员要了解扣球队员的特点，还要根据当时扣球队员上步情况，主动配合传球；扣球队员也应根据一传的特点及二传的特点，主动配合，最重要的一点是要相信二传队员，否则就会犹豫不决，贻误战机。

2. 自我掩护进攻

用打各种快球的假动作来掩护自己的第二次实扣进攻，称自我掩护进攻。自我掩护进攻主要有时间差、位置差和空间差三种。

（1）时间差。进攻队员先以快球进攻佯跳吸引对方拦网跳起，然后实扣半高球，利用对方队员拦网起跳的误差达到突破拦网目的的打法，称时间差。这种进攻在运用时要求扣球队员与二传之间通过暗号密切配合。扣球队员的第一次佯攻助跑上步、急停制动动作都要做得逼真，同时要与快球实扣交替使用才能收效。

（2）位置差。进攻队员先以快球进攻佯跳吸引对方拦网跳起，然后突然向侧方跨跳一步跳起扣杀，由于进攻队员扣球位置的差异，从而吸引了对方拦网位置的差异，以达到空当进攻的目的的打法，称位置差。扣球队员的佯攻要逼真，错位的移动要连贯，并与快攻实扣灵活交替运用，方能取得良好效果。位置差进攻打法有多种。

1）短平快前错位。③号位短平快佯攻后向右跨步，用双脚或单脚起跳扣集中的半高球（图6-47）。

2）近体快前错位。③号位近体快球佯攻后突然向左跨步起跳扣拉开的半高球（图6-48）。

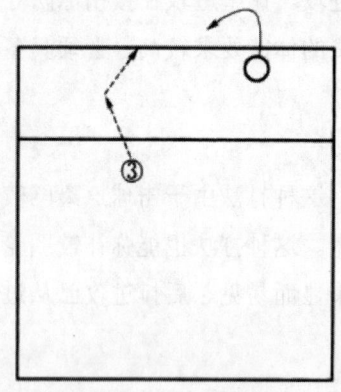 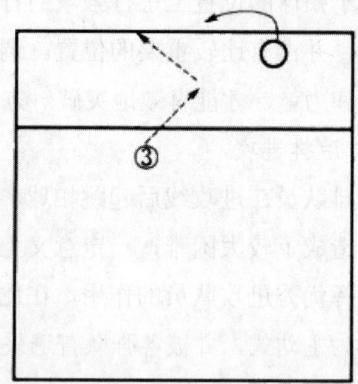

图6-47　短平快前错位　　　　　　图6-48　近体快前错位

3）近体快后错位。③号位近体快球佯攻后突然向右侧跨步绕到二传队员背后扣半高球（图6-49）。

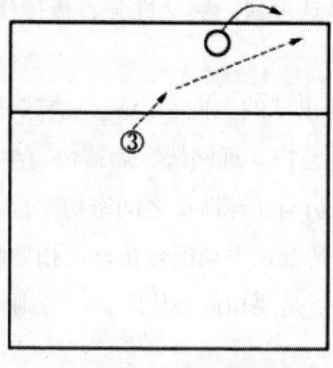

图6-49　近体快后错位

（3）空间差。空间差也称空中位移进攻。助跑跳起后，利用身体在空中移动的幅度迷惑和避开对方的拦网，达到空当进攻的目的的打法，称空间差。因为进攻队员利用了起跳点和实扣点在空间上的差距，故名。这种打法进攻面宽、突然性大，很容易摆脱对方的拦网，但要求扣球队员有良好的弹跳、冲跳和空中平衡能力，并与二传队员密切配合。空间差是中国运动员的创新动作。空间差进攻打法尚有很大的发展潜力，例如，与位置差等打法结合起来运用（如错位后加前飞等），可以进一步丰富空间差的战术打法，增强空间差的效果。

1）前飞。队员在扣短平快的起跳点上起跳佯扣短平快，利用向前冲跳的惯性，使身体在空中水平位移到二传队员附近，扣近体半高球。

2）背飞。队员在二传队员体侧、近体快起跳点上起跳佯扣近体快球，利用向前冲跳的惯性，空中位移到二传队员背后1~2米处扣半高球。

3）后飞。扣球队员在②号位佯扣背溜或短平快，起跳后向③号位飞起扣背快球（图6-50）。

4）拉三。扣球队员在③号位佯扣近体快球，踏跳时向左侧冲跳，利用空中位移追扣二传队员向③号位传出的短平快球，以达到避开对方拦网的目的（图6-51）。

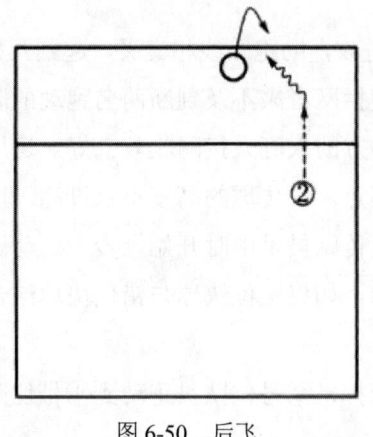
图6-50　后飞

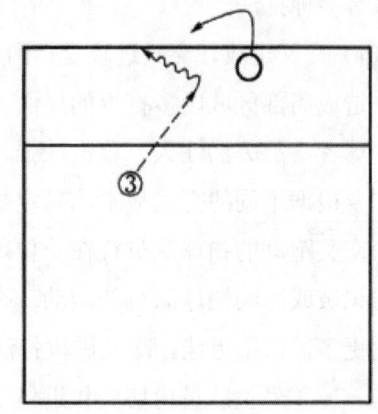
图6-51　拉三

5）拉四。扣球队员在短平快起跳点佯扣，踏跳时向左侧冲跳，利用空中位移，追扣二传队员传向③号位和④号位之间的拉开球（图6-52）。

6）拉二。扣球队员在扣背快起跳点上突然向右侧冲跳，追扣二传背后的拉开球（图6-53）。

3. 快球掩护进攻

利用各种快球吸引对方拦网，然后给其他队员创造一打一或空网扣球的机会的打法，称快球掩护进攻。在快球掩护下，其他队员可进行各种形式的跑动进攻，从而可起到出其不意、攻其不备、避实就虚的作用。随着排球运动的发展，掩护的方法越来越多，已从单人掩护发展到多人掩护，从前排队员掩护发展到后排队员掩护。

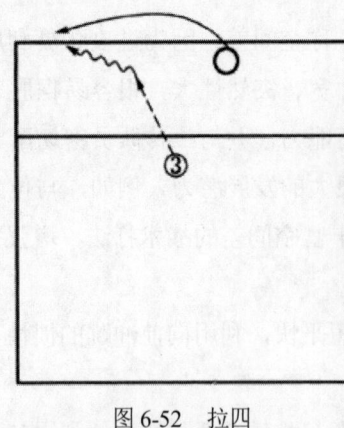
图 6-52 拉四

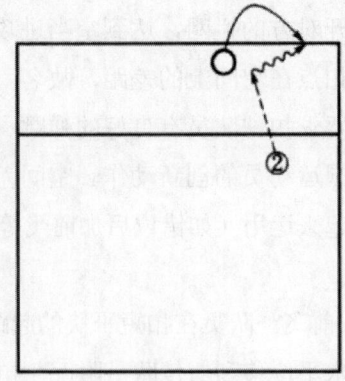
图 6-53 拉二

快攻是现代排球比赛中必不可少的进攻武器，其质量的好坏直接影响着掩护效果。从某种意义说，快球掩护进攻中，快球是第一位的。快球掩护进攻虽然利用各种扣球吸引对方拦网，以掩护其他队员的跑动进攻，其实二者是相互掩护，其他队员的跑动同样能吸引对方的拦网，以利于快球进攻。

在快球掩护进攻中，有交叉进攻、梯次进攻、夹塞进攻、双快和三快进攻、双快一跑动进攻等多种打法。

（1）交叉进攻。交叉进攻是指两名队员跑动进攻，助跑路线相交叉，起到互相掩护的作用，造成局部区域以多打少的局面。交叉进攻使拦网者来不及判断两名跑动的队员中真正的扣球者，故突然性大、攻击性强，用于对付对方的人盯人拦网收效甚好。运用交叉进攻时，要根据不同的交叉战术，确定相应的一传落点。二传球的高度不宜过高，以免对方补拦。交叉跑动的扣球队员宜在一传球即将到达二传队员手中时开始上步。启动过早，易被对方识破或影响快球队员的跑动。在交叉进攻中，如将定位快球与错位快球结合运用，则变化更多，效果更佳。交叉进攻打法有多种。

第一，④号位队员内切做扣近体快或短平快掩护，③号位队员跑动到④号位附近扣半高球（图 6-54）。

第二，④号位队员做扣近体快球掩护，②号位队员跑动到二传队员前面扣半高球（图 6-55）。

第三，③号位队员做扣近体快球掩护，二传队员身后的②号位队员跑动到二传队员前面扣半高球（图 6-56）。

第四，②号位队员做扣背快球掩护，③号位队员跑动扣二传背后的短平快或半高球（图 6-57）。

第五，②号位队员做扣前快球掩护，③号位队员跑动到二传背后扣半高球（图 6-58）。

第六，③号位队员做扣背快球掩护，②号位队员跑动到二传前面扣半高球（图 6-59）。

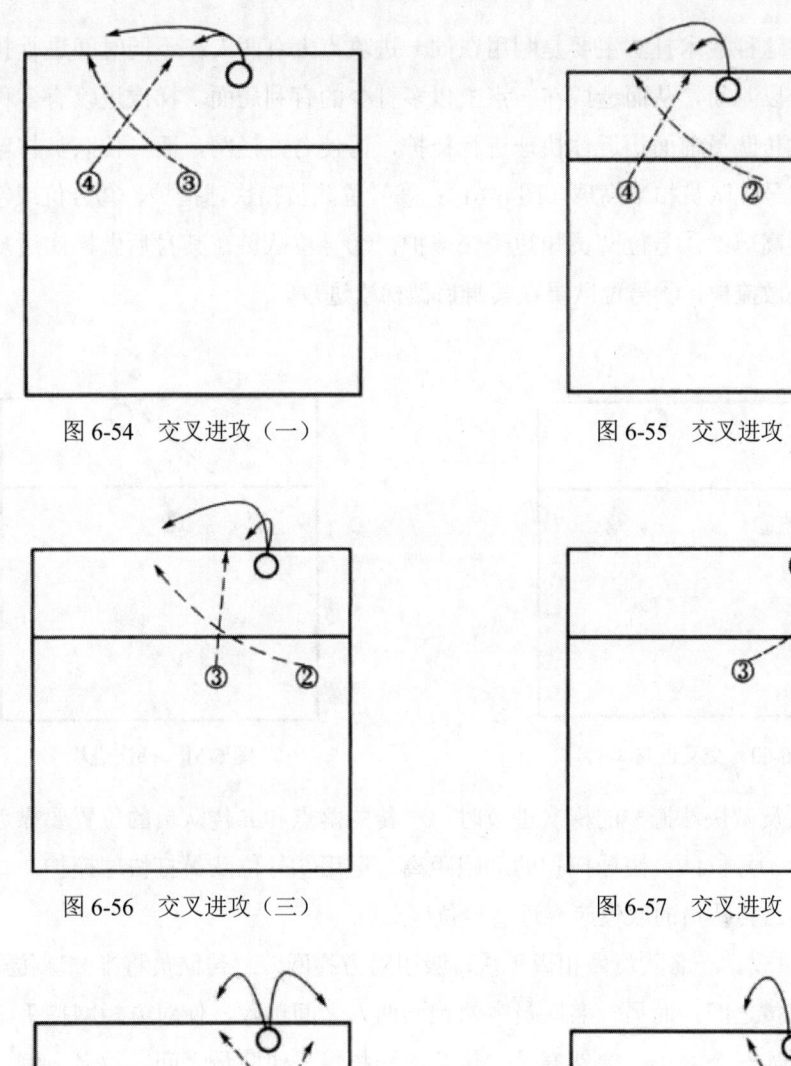

图 6-54 交叉进攻（一）   图 6-55 交叉进攻（二）

图 6-56 交叉进攻（三） 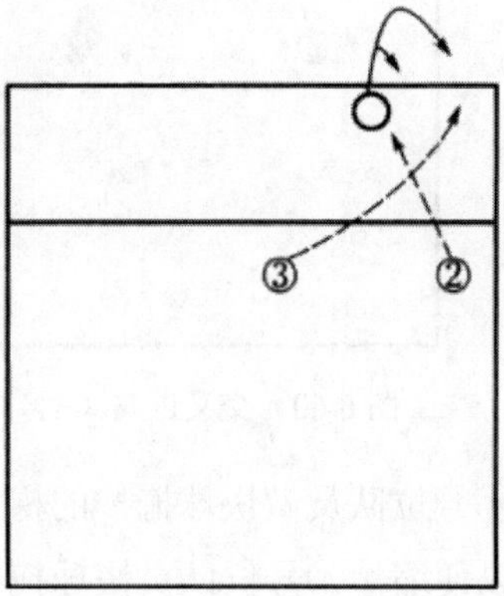   图 6-57 交叉进攻（四）

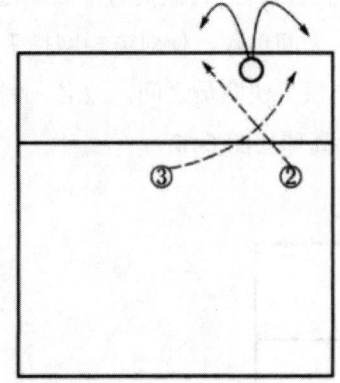 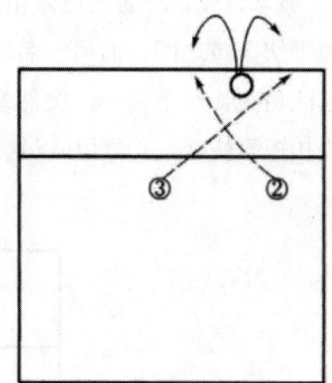

图 6-58 交叉进攻（五）   图 6-59 交叉进攻（六）

第七，③号位队员做扣快球掩护，②号位队员佯做交叉进攻，助跑途中突然向右侧变步，绕到二传背后扣半高球。这种打法称假交叉。在各种交叉进攻被对方识破时，都可采用这种进攻打法来摆脱对方的人盯人拦网（图 6-60）。

（2）梯次进攻。一名队员打快球掩护，另一名队员在其背后打离网稍远的半高球的打法称梯次进攻。这种战术打法主要是利用在同一进攻点上有两人在不同时间进行扣球，使对方拦网队员难以判断，从而造成在一点上以多打少的有利局面。梯次进攻有多种：④号位队员跑动至二传队员前面扣近体快球进行掩护，诱使对方拦网，而二传队员将球传给距网稍远一点的③号位队员扣半高球（图6-61）；③号位队员扣快球掩护，②号位或④号位队员在其身后扣半高球；④号位队员扣短平快掩护，③号位队员在其身后做梯次进攻；③号位队员扣短平快做掩护，④号位队员在其身后做梯次进攻。

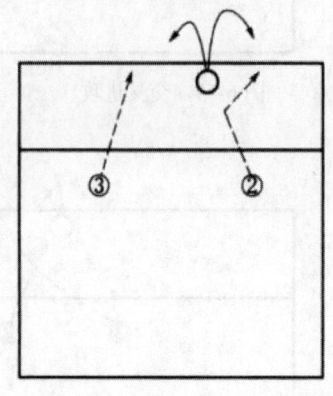
图6-60　交叉进攻（七）

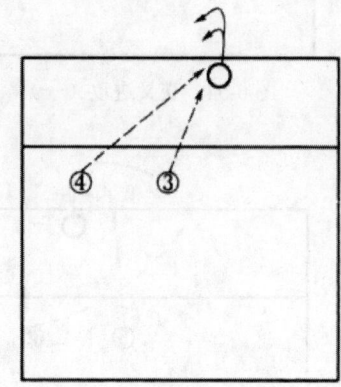
图6-61　梯次进攻

在④号位队员做快球掩护的梯次进攻时，一传的落点和二传队员的位置要靠近球网的中间，以便缩短④号位队员快球掩护的助跑距离。运用③号位队员打快球掩护，②号位队员梯次进攻时，二传队员的取位应靠近②号位区。

（3）夹塞进攻。一名队员做扣短平快，吸引对方拦网，二传队员将半高球传至二传员与扣短平快队员之间，而另一名队员突然跑到两人之间进攻，使对方拦网措手不及。由于另一名队员宛如一个塞子，突然塞进二传队员和扣短平快队员之间，故名。例如，③号位队员先扣短平快球，④号位队员突然跑动切入扣半高球（图6-62）。

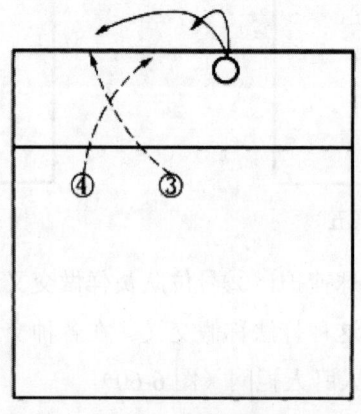
图6-62　夹塞进攻

（4）双快和三快进攻。前排两名（或三名队员）在不同地点同时发动快攻，称双快（或三快）进攻。双快和三快进攻中，由于几名队员在不同地点同时发动进攻，因此能起到相互掩护的作用。双快和三快进攻主要有以下几种。

第一，③号位队员做近体快球进攻，②号位队员做背快球的双快进攻（图6-63）。

第二，③号位队员做近体快球进攻，④号位队员做短平快进攻（图6-64）。

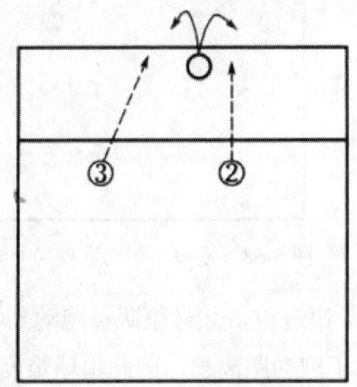 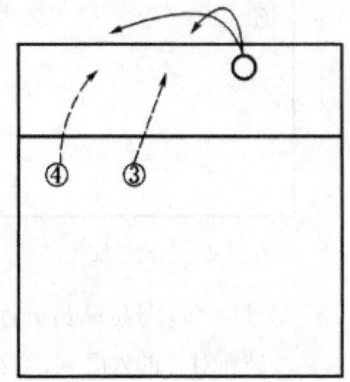

图6-63 双快进攻（一）　　　　　　　　图6-64 双快进攻（二）

第三，③号位和④号位队员可采用一长一短两个短平快进攻的"串平"打法，即二传队员采用跳起平传，两个扣短平快球的进攻队员同时起跳，靠近二传的进攻队员，可以实扣，也可以佯做挥臂而将球让过，让后面的扣球队员实扣（图6-65）。

第四，前排三名队员同时进行快攻。如②号位队员扣背快，③号位队员扣近体快，④号位队员扣短平快（图6-66）。

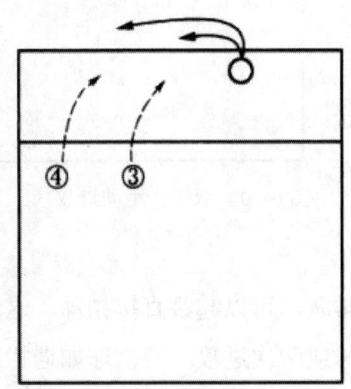 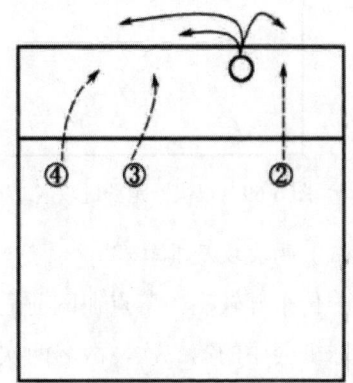

图6-65 双快进攻（三）　　　　　　　　图6-66 三快进攻（一）

第五，②号位队员扣背溜，③号位队员扣短平快，④号位队员扣平拉开（图6-67）。

（5）双快一跑动进攻。在双快的基础上，另一队员选择对方拦网的薄弱区域进行跑动进攻，这种打法称双快一跑动进攻。双快一跑动进攻有多种变化，示例如下。

第一，②号位或④号位队员进行快球进攻，③号位队员可根据对方的拦网情况，跑动到②号位或④号位做活点进攻（图6-68）。

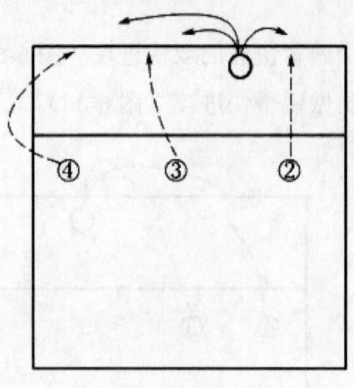

图6-67 三快进攻（二）

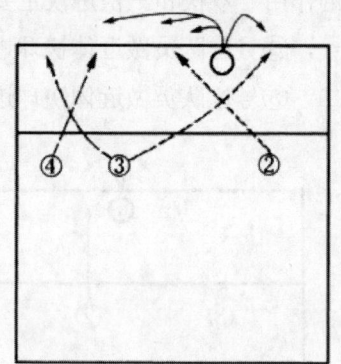

图6-68 双快一跑动进攻（一）

第二，③号位和④号位队员进行近体快球和短平快进攻，②号位队员跑动到④号位打拉开进攻，以破坏对方的人盯人拦网（图6-69）。由于跑动距离长，因此扣球难度较大。

第三，③号位队员打近体快或短平快球，②号位队员打背快球，④号位队员大跑动到②号位扣拉开球（图6-70）。

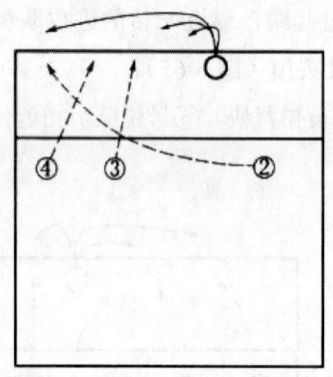

图6-69 双快一跑动进攻（二）

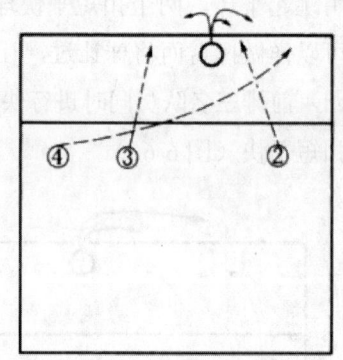

图6-70 双快一跑动进攻（三）

（三）两次攻及其转移

当一传来球较高，落点在网前适当的位置，前排队员可以起跳直接扣球。这种进攻是三次触球机会中的第二次，故名两次攻，也称两次球或两次进攻。两次球如遇拦网，也可以空中改扣为传，传球给其他队员进攻，这就是两次攻及其转移。两次球可以加快进攻的速度、破坏对方的节奏，具有较大的突然性。因为两次球必将吸引对方拦网，所以两次球转移也能迷惑对方的拦网。这种扣球是在快攻基础上的拓展，进一步加快了进攻的速度，可破坏对方的节奏，打乱对方的布防。跳传转移又可以给同伴创造有利的进攻机会。

运用两次球进攻时，要求一传稳准地将球传到前排适当位置，进攻队员要有原地起跳扣调整球的能力。二传队员突然运用两次球进攻，由于出其不意，能取得最佳效果。为了便于两次球进攻，一传的出球路线应与球网成较小夹角，且传出球的弧度应稍高，速度应稍慢。运用跳传转移时，跳传队员必须具有进攻能力，才能吸引对方的拦网。应根据对方拦网的实际情况，做出扣或传的决定。跳传可以原地起跳，也可以助跑起跳，助跑距离以一两步为宜。跳传队员起跳要适时，过早起跳会使身体跳起下降时传球，从而影响传球的用力和准确度。当然，扣两次球的假动作应该逼真，否则会影响跳传转移的实际效果。

虽然两次攻可由任何一名进攻队员进行，但由于二传队员常常在网前②号位站位，因此两次攻大都由二传队员进行。两次攻中的跳传转移主要有以下几种变化。

1. 短传转移

②号位队员跳传低球转移给相邻的队员进攻（图6-71）。

2. 长传转移

②号位队员跳起长传给④号位队员扣球（图6-72）。

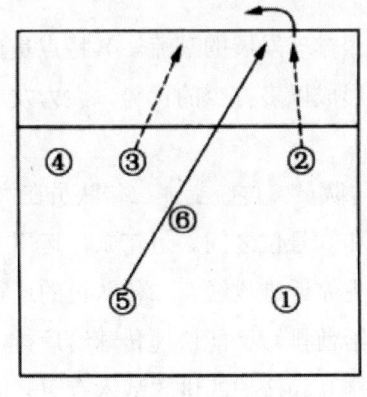

图6-71　短传转移

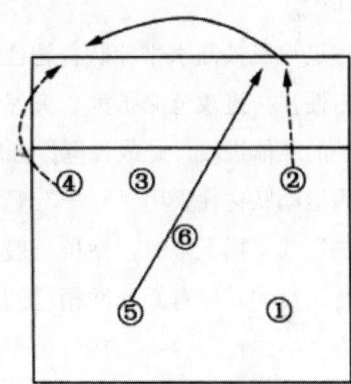

图6-72　长传转移

3. 围绕转移

②号位队员跳起背传低球转移给围绕到身后的③号位队员扣球（图6-73）。

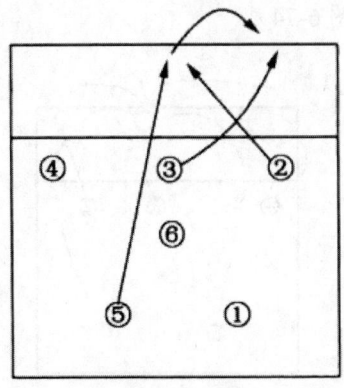

图6-73　围绕转移

（四）立体进攻

立体进攻是集时间、空间和参与人数等各种因素于一体，进行各种打法多方位的编排组合进攻的统称。时间因素指进攻速度，包括二传的传球速度快慢的变化。空间因素指其不仅利用了球网的整个 9 米长度，利用了球网上空扣球高度的变化，而且由于后排队员参与进攻，使进攻区域向纵深拓展，进攻点可以在球网附近，也可以在进攻线附近，甚至可以在进攻线后。进攻在球网的三维空间体现了丰富的层次化，进攻人数由传统的前排两人或三人扩展到除一人担任二传外，其他五人都可参与。而集上述因素对各种进攻打法进行编排组合，使强攻、快攻、二次攻和"三差"进攻等融为一体，特别是由于前排与后排进攻的交融、快攻与强攻的交替、时间与空间上的变化，某一点的进攻与对方拦网形成以多打少，因此立体进攻已成为世界各强队常用的进攻打法之一。

立体进攻的精髓是前后排的融为一体和互为掩护。在整个立体进攻中，后排队员的进攻参与占有极其重要的位置，在一定程度上决定着立体进攻的主攻方向，起到了掩护前排快攻的作用。

立体进攻已被高水平球队普遍使用，代表着当今排球发展的潮流。其特点是进攻点增多、攻击性强、进攻范围扩大、突然性大，有利于形成以多打少的优势。大力发展前后排互为掩护的立体进攻，是成为世界强队的必由之路。

优秀运动队往往采用"五一"配备，即一名二传队员。传统上，二传队员在"中一二""边一二"或"插上"时，站位一般在网前②号位和③号位之间。近年来，运用立体进攻时，二传队员的站位有距球网稍远的趋势，即站位更靠近进攻线。二传队员的这种站位，或可称为"心二传"。"心二传"由于既能快速传球给前排，又能快速传球给后排，因此有利于组织后排进攻及前后排相互掩护进攻，使前后排互为掩护的进攻战术有更多的变化，也更具迷惑性。

立体进攻有许多打法，示例如下。

第一，③号位队员打背快球，②号位队员打背溜，④号位队员打平拉开，①号位和⑤号位队员在两翼进行后排进攻（图6-74）。

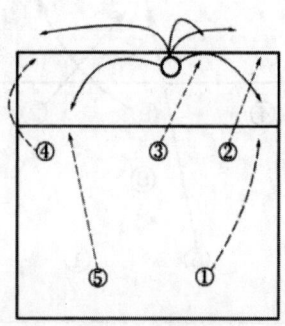

图6-74　立体进攻（一）

第二，③号位队员打短平快，④号位队员打平拉开，②号位队员打背溜，⑤号位队员从中路、①号位队员从右翼进行后排进攻（图6-75）。

第三，⑥号位队员后排起跳扣快球，④号位梯次进攻，②号位队员扣背快球，①号位和⑤号位队员后排进攻（图6-76）。

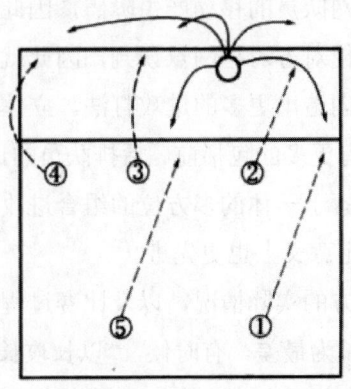

图6-75 立体进攻（二）

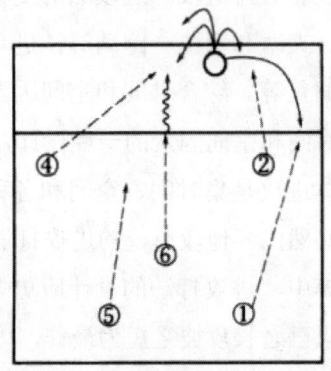

图6-76 立体进攻（三）

第四，采用"心二传"，二传队员在进攻线附近组织进攻，③号位队员迅速下撤扣平拉开，④号位队员突然切入扣半高球，②号位队员扣背短平快，①号位和⑤号位队员后排扣球（图6-77）。

第五，①号位和⑤号位队员扣后排快球，⑥号位队员交叉后排进攻，④号位队员扣平拉开，②号位队员扣背后半高球（图6-78）。

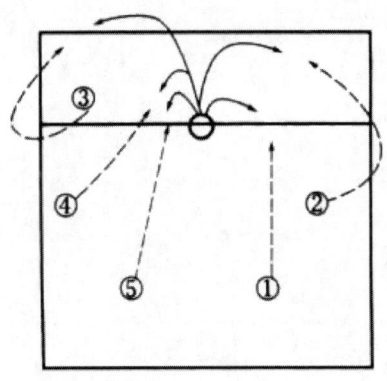

图6-77 立体进攻（四）

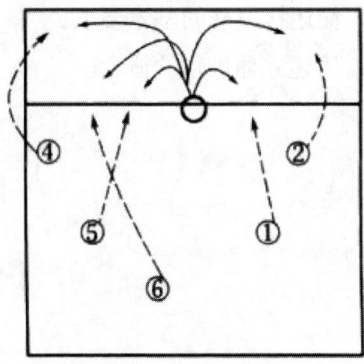

图6-78 立体进攻（五）

三、进攻打法的设计

进攻打法有许多，而且都可以进行组合，因此能组合成更多的打法。其实，快球掩护进攻就是快球与其他打法进攻的组合，立体进攻也包括了众多进攻打法的组合和变化。

进攻打法的核心是要力争避开对方的拦网，把球扣过去。因此，无论采用什么打法，都必须考虑进攻的时间和空间。各种快球进攻力争一个"快"字，力争对方来不及跳起拦网，争取一个时间。时间差和梯次进攻也使对方拦网的时间判断有了误差，从而扣球得手。空间是指进攻点的位置。球网有 9 米长，充分利用球网的长度，因此就有了"拉开"或者"集中"进攻。扣球时，击球点离网越远，对方拦网的有效阻截面就越小，因此就有了中、远网进攻和后排进攻。进攻点的变化力争使对方拦网队员的移动产生障碍，因此就有了各种交叉、夹塞和双快一跑动等；进攻点的变化努力使对方对拦网点误判，因此就有了位置差和空间差等。综合时间和空间因素，可以设计或创造出更多的进攻打法。立体进攻就是综合了时间和空间因素的一种设计，当然它同时也有更多的包括前、后排队员的进攻参与。

立体进攻是集时间、空间和各种进攻打法等因素于一体的多方位的组合进攻的统称，因此它必然比其他较单一的进攻打法更为丰富，一定意义上也更先进。

比赛中，进攻打法的设计应更多考虑本方和对方的实际情况，以及比赛过程中的瞬间状况。以己之长攻彼之短为最佳，以己之短攻彼之长为最差。有时候，"以长攻长"和"以短攻短"也不失为好方案。其实进攻打法本无先进和落后之分，能克敌制胜的就是好打法，最简单的高举高打若能奏效，同样是有效的进攻打法。

思 考 题

1. 简述排球战术的基本理论。
2. 简述发球个人战术的概念。
3. 简述接发球的基本要求。
4. 简述立体进攻的概念。

第七章　排球运动员的心理训练

通过排球运动的心理训练，强化运动员的意志力、抗压能力和团队协作精神，培养其积极向上、勇于拼搏的体育精神。

运动员的心理训练指训练运动员为完成专项运动所需要的心理因素和技能，并学会调节心理状态的各种方法，以便在训练和比赛中使身体和技战术水平得到正常或超常发挥。

第一节　排球运动员心理训练的内容与原则

一、心理训练概述

（一）什么是心理训练

心理训练是指通过各种手段有意识地对运动员的心理过程和个性特征施加影响，使运动员学会运用调节自己的心理状态的各种方法，更好地参加训练和比赛，为争取优异成绩做好各种心理准备的训练过程。心理训练的根本任务在于创造和保持最佳竞技状态，为运动员比赛时能正常发挥技术、战术服务。

排球运动员的心理训练是根据排球运动的特点和运动员心理活动的规律，有目的、有计划地培养运动员在训练和比赛中所需要的心理素质，以调节心理状态，增强适应比赛的能力，以确保最佳竞技水平的获得和发挥。

心理训练可分为一般心理训练和准备具体比赛的心理训练。一般心理训练是指培养和发展运动员所必需的各种心理品质和心理能力的训练过程。准备具体比赛的心理训练是指在较短的时期内使运动员学会自我调节心理状态的方法，加速形成赛前最佳竞技状态的训练过程。

心理训练是一种既老又新的科学方法和手段。中国的气功和印度的瑜伽是现代体育心理训练方法形成的原始基础。心理训练应用于体育竞赛的时间相对较短，但相对于技术、战术和身体训练，心理训练具有更大的潜力可挖掘。

（二）心理训练的意义和作用

心理训练是现代运动训练的重要组成部分。人的竞技潜力的发挥，在于体能、技能、智能和心理素质的有机结合。近年来人们认识到，在身体、技术、战术训练水平日益接近，竞争越来越激烈的条件下，取胜的关键是运动员的心理素质，这也在国内外重大排球比赛的成绩中得到证实。

随着现代竞技体育运动的不断发展，心理训练的作用日益突出，排球运动员主要表现在：

1. 有利于运动员心理过程的完善

心理训练可以培养运动员在训练和比赛中精确的运动感知觉，敏锐的思维，良好的注意力稳定性与迅速转移能力，以及稳定活跃的情绪和坚强的意志品质。

2. 有利于运动员个性心理特征的形成和发展

心理训练能对运动员良好性格的形成与发展产生巨大影响，可以发展其临场不惧、沉着冷静等独特风格和运动训练所需的特殊能力。

3. 有利于参加训练和比赛的适宜心理状态的形成

心理训练可激发运动员正确的比赛动机和强烈的求战欲，建立必胜信念。同时提高运动员的自我控制能力，及时消除心理障碍及由此带来的行为障碍，使心理状态适应训练和比赛的要求，为提高运动技术水平和战术效果及获得最佳竞技状态奠定良好的心理基础。

4. 有利于加快运动员临阵疲劳的恢复过程

现代运动训练和竞赛往往导致运动员身体和心理上的疲劳，即运动员在消耗巨大身体能量的同时，也要付出巨大的心理能量。在一般情况下，这种体力上和脑力上的疲劳可以通过休息、睡眠和营养来消除，而心理训练可以加速消除疲劳及恢复体力和脑力的过程。借助心理训练可迅速减少神经心理紧张，克服心理抑制状态，较快地恢复所消耗的神经能量。如用默念放松法来加快心率的恢复等。

（三）排球运动员的心理品质和个性特征

根据排球运动的专项特点，排球运动员应具备以下心理品质和个性特征。

1. 精确的运动感知觉能力

排球运动员在通过视觉、听觉、身体感觉、平衡觉、触觉等多种感觉，对双方队员的行动球、场地及时间、空间等客体，经大脑分析综合后，做出高度敏锐和精确分化的识别与认识。这种识别和认识用专业术语来说就是"球感""场地弹性感""位置感""时间感""空间感"等专门化感觉。如运动员在完成④号位扣球技术动作时，必须准确判断一传速度快慢，二传的弧度高低，助跑起跳的时间与节奏，起跳后空中处理好人、球、网的空间关系，击球刹那间的快速挥臂等动作。根据测定，一般扣球从击球到落地的时间为 0.3~0.5 秒，短平快最快 0.3 秒，最慢 0.55 秒，前快球最快 0.25 秒、最慢 0.5 秒，因此运动员在合理运用技术动作的过程中，必须具有准确的判断、合理的动作反应及清晰的时间概念，才能达到速度的要求和高度自动化程度，用动觉控制代替视觉控制。

2. 动作记忆能力

动作记忆能力是建立清晰准确的运动表象的基础，是形成动力定型的重要环节。不论是学习动作还是创新动作，都能把头脑中的运动表象迅速而准确地转化为动作，并能按照要求准确地完成技术动作。

3. 思维的敏捷性和灵活性

运动员通过分析、对比才能尽快掌握正确的技术动作，防止错误动作的产生或及时纠正错误动作。排球运动员的思维活动形式主要是操作思维，即借助运动操作，根据动作和操作对象的规律进行思维活动。排球运动员思维的敏捷性和灵活性主要表现在能随机应变，合理地运用技战术。如二传的分析判断，突破口的选择等。

4. 良好的注意品质

良好的注意品质，即在一定范围内集中注意力的能力，准确而迅速地进行注意的分配和转移的能力以及良好的注意力稳定性。排球运动员必须在注意力集中的情况下学习和掌握技战术，运用技战术时又要求运动员排除来自外界、同伴及自身的各种干扰，把注意力集中在球上，集中在完成每一个动作上，同时又能合理地分配和迅速转移自己的注意力，以便准确观察和判断对手、同伴及球的动向。排球比赛的时间一般较长，对注意力稳定性要求较高，尤其在疲劳的情况下，更为重要。

5. 坚强的意志品质

意志品质是指个体在遇到困难的各种情况下的独特的意志表现，在排球比赛中运动员如有明确的为国家增光的目的，就会有意识地自觉克服一切困难去实现自己的目的。在此过程中能够做到当机立断，果断地不顾一切抢救险球，勇敢顽强地去拼搏，并用积极的态度和不懈的努力去战胜各种困难，夺取胜利。中国女排"五连冠"殊荣中的第三次比赛，是在举办国与东道主队较量，通过顽强拼搏取胜的。她们有坚强的意志品质，为我国排球运动员树立了榜样。

6. 必备的情感和控制能力

情感是人对客观事物是否符合自己的需要而产生的体验。不同情感体验，对各项运动会起到各种作用，它将关系到训练和竞赛的质量和效果。实践表明，一般比较强烈的情绪，都会引起体内一系列生理变化，并影响技术水平的发挥。排球运动的训练和比赛，都可以引起运动员的情绪波动，如加大运动量或训练的密度、强度，运动员负担量加重后，其情绪也会产生波动。排球比赛中如能控制和保持稳定而活跃的情绪，就可以保证运动水平的发挥。

7. 良好的心理兼容性

排球运动是一个集体项目，若队中 1～2 个队员与其他队员场上、场下心理不相容，这个队就可能失去集体的力量，甚至出现 6 个 1 相加小于 6 的结局。有研究认为，排球队的心理相容性与其运动成绩呈正相关关系。心理相容性是球队凝聚力的心理基础，它能使球队顺利地行使其职能，并能使队内关系达到一种特殊水平。改善队内心理相容问题至关重要，故一个排球队队员之间要相互信任、相互配合、相互帮助、相互弥补，为全队的共同目标而努力奋斗。同时要注意教练和队员的团结，队员与队员之间的团结，只有这样，才能同心协力取得胜利。

二、排球运动员心理训练的内容与原则

（一）排球运动员心理训练的内容

根据排球运动的特点，集体的战斗力依靠每个个体战斗力的结合而形成。因此，每个运动员个体心理能力的增强是整个竞技力提高的基础。

据此，排球运动员的个体心理能力及训练应包括以下两个方面。

1. 一般心理能力

第一，感知觉能力。

第二，自我控制能力。

第三，自我激发能力。

第四，思维的敏捷性。

第五，意志力。

第六，注意力。

第七，想象力等。

2. 专项心理能力

第一，应变能力。

第二，判断能力。

第三，人际交往和心理相容能力。

第四，灵活性和创造性能力。

排球运动员的心理训练应该把群体动力效应的两个重要方面，即群体凝聚力和群体士气作为重点并贯穿始终。

群体动力是指排球作为集体项目特有的队员之间的相互感染、促进和变化影响的互动系统。它是个人能力在集体中的特殊放大。

群体凝聚力是反映群体团结一致并为追求共同目标而保持联合的一种倾向。

群体士气是群体为实现共同目标而努力的意识和热情。像排球这样集体性很强的项目，团结就是生命，凝聚力就是战斗力。

（二）排球运动员心理训练的原则

心理训练是排球运动员训练的重要组成部分，反映在排球运动训练中就是在心理训练的理论指导下实施心理训练的操作。心理训练的具体操作既需要许多具体的操作实施方法，又要在一定的原则指导下进行。

以下四条排球运动员心理训练的原则，是在任何心理训练中（甚至是在身体素质和技、战术训练中）必须遵守的，不注意或违反了心理训练的科学原理，则所进行的心理训练就很可能是盲目的和低效的，甚至是起到反作用的。

1. 发展的原则

发展此处指运动员心理能力的发展。运动员心理训练的根本任务和目的就是发展其心理能力，并通过心理能力的发展、提高，在竞赛中最大限度地发挥自己身体能力和技战术水平，从而使长期训练的结果在竞赛中得到应有的表现。

把心理训练仅理解为是保障竞赛成绩的手段的观点，是短视和不全面的。越来越多的心理学家和教练员、运动员发现，运动队的经历对一个人的发展乃至离开运动场以后的生活与从事的事业是非常重要的，运动的经历不仅有助于学到专项技术，还有助于学会如何去观察思考问题，如何去运用自己的能力，如何去克服困难直至取得成功。而这些正是一个高级排球教练员应该教会他的队员的。这就是排球运动员心理训练的发展性原则。

2. 个性化原则

排球作为一个集体项目，其心理训练有着普遍的、一般的规律，毫无疑问，这些规律对于任何一个从事排球运动的人来说，都是适用的。比如快速的判断反应能力，百折不挠的拼搏精神，坚持长期重复训练的耐受力等。同时我们也应注意到，一个队十几个人中，每个人在能力、对待事物的态度、行为方式等方面存在差异，即个性的差异。

如同没有哪两个人的技术特点是完全相同的，也没有哪两个人的个性是完全一样的。比如同为二传手，有的稳定性好而灵活性较差，在场上就表现为战术组织稳定、失误较少，但随机应变、控制比赛节奏的意识较弱，也有的灵活性好而稳定性差，场上表现为能随机应变、灵活组织使用战术但是行动急躁，传出的球也常使攻手为难。这样，对前者应发展其注意范围、提高灵活性，对后者则要训练其注意分配能力、做到顾此不失彼。同为二传尚且如此，何况场上还有不同的位置。又如音乐放松，同一乐曲可能使一名运动员放松，也可能使另一名运动员变得更加焦躁不安。

个性化的原则就是要求我们在进行心理训练时要根据运动员不同的个性，不同的位置和任务，不同的身体素质和技术特点，不同的训练年限和比赛经验，甚至是不同的生活环境和习惯，总之是一切存在的不同而精心加以有针对性的设计和实施。所以，个性化原则也就是尊重运动员的实际情况，并从实际出发进行有针对性的心理训练的原则。

3. 与排球专项训练相结合的原则

排球运动员的心理训练应与排球运动的体能训练，技战术训练相结合。这有两层含义：一是排球运动员的体能训练，技战术训练应符合运动员和训练比赛的心理规律，体现教练员的意图；二是心理训练的内容要结合体能，技战术训练的实际进行。

具体结合的方法有两种：第一是教练员在安排训练内容时要考虑到训练的组织形式、方法和要求对运动员心理的影响。如在发球训练中，对运动员发球技术和效果有要求，给运动员一定心理负荷的发球就比松散的不负责任的发球在心理训练上更接近比赛时的情境。第二是教练员在安排全年或阶段训练计划时，除了考虑身体和技战术训练外，心理训练也应列入计划，包括对运动员心理状况的诊断，训练结束时在心理上要达到的目标，现存差距及其改进提高的方法和具体实施安排，这其中除了在专项训练安排中体现外，设计专门的训练日记，利用课前、课后、课中及其他时间进行专门的心理训练以及心理咨询等也是有益的，也是心理训练与排球专项训练相结合原则的体现。

4. 协调的原则

协调指教练员与运动员之间，教练员与运动队之间，运动员与运动队之间以及科研服务人员与教练员、运动员之间的相互协调，但主要是指教练员与运动员之间的协调。

心理训练的过程实际上就是对运动员的心理施加影响并促使其发生积极变化的过程。在这一过程中，教练员是促进运动员心理变化的主导者，运动员是主体，教练员的意图和目标要通过运动员来实现。要想顺利地达到这一目的，没有教练员与训练员之间的协调是不可想象的。

教练员和运动员之间的协调主要表现为以下几方面的协调。

第一，教练员的发展和运动员的发展的一致性。

第二，对全队所要达到的目标有协调一致的认识。

第三，共同明确每一阶段所要完成的任务和每个人的职责。

第四，对现有优劣及困难认识的协调。

第五，对为了达到目的所采取的方法、手段的共同了解和理解。

第六，相互尊重、信任。

第七，利益的一致性。

第八，对纪律和规章制度的共同制定和遵守。

必须指出的是，协调不等于相互迁就，应是在每个成员个人发展前提下和全队总目标指导下，通过教练员的工作而形成的强大的凝聚力和团结拼搏的斗志。

第二节　排球运动员心理训练的方法

一、一般心理训练方法

长期的心理训练，可提高运动员自我控制和自我调节的能力，使他们掌握调节心理状态的有效方法。有些方法在准备具体比赛时的心理训练中也可以使用。

（一）集中注意力训练

集中注意力训练，是帮助运动员在达到某一目标时，不受任何杂念和客观条件变化的干扰，始终把心理活动集中和指向于当前的活动上。

集中注意力训练是一种综合性的训练过程。注意力集中的强度依赖于精神机能，注意力的保持与延长取决于肉体机能。造成运动员注意力分散的原因很多，如疾病、失眠、疲劳、急躁、轻敌、过分计较个人得失，以及环境的变化等。

集中注意力训练的方法有：

1. 利用视觉集中注意力

第一，静坐看某物，如树、云等，力求全神贯注。

第二，放一只排球在自己面前，观察其形状颜色，由多少块皮子做成，每块皮子的形状等，观察约 5 秒，然后闭目，接着重视 5 秒，再看有无遗漏。

2. 利用听觉集中注意力

第一，听到或想象一种声音，如树林中鸟叫、潺潺流水、钟表的滴答声，始终守住这个声音。如果发现声音不响了，再在意识中马上"奏起"这一声音，练习 5～10 分钟。

第二，分辨最小声响练习法。将收录机打开后，听音乐或讲话 1 分钟，再把音量调小，调到刚刚能听到为止，再努力辨别讲话内容或音乐旋律。听不清可稍放大，听清后再调小，练习 8～10 分钟。

3. 利用呼吸集中注意力

第一，练习控制呼吸，让呼吸慢、深和放松。

第二，卧婴呼吸练习，环境安静，躺下后脸朝上、头朝北，使身体与地球磁场相吻合。双脚自然并拢，两手平放两侧，深深地、慢慢地、平稳地用鼻子吸气，呼气时感到有"能量"流遍全身，身体有明显的"充电"似的感觉。

4. 利用游戏集中注意力

通过做游戏，使运动员集中注意力。如做与口令相反的动作，"明七暗七"数字游戏，以及"老鹰抓小鸡""十字接力跑""互相追逃"等游戏。

5. 利用干扰条件来锻炼注意力

第一，在嘈杂环境中完成某一任务。如看书时打开收音机，提高"闹中求静"能力。

第二，播放专门录制的反映比赛状况的录音，或组织观众亲临现场，在有干扰条件下进行训练。

第三，在某一不良刺激诱发下产生焦虑、烦恼之时伴随注意分散，此时需要克服内心干扰，集中注意力。

（二）表象训练

表象训练是指有意识地、积极地利用自己头脑中已形成的运动表象进行回顾、重复、整修、发展和创造自己的动作。良好的表象训练可帮助运动员形成精确的运动知觉、清晰的运动记忆和敏捷灵活的想象能力，可使他们尽快地熟练掌握技术和战术，有利于建立和巩固正确动作的动力定型，并能减少运动员的各种焦虑，克服各种心理障碍，以增强自信心。

表象训练的方法有：

第一，利用图片，借助优秀运动员扣球技术或其他技术等录像和观看比赛实况等方法，使运动员领会正确的排球技术动作的全过程，然后结合自己实际操作练习时产生的肌肉、关节活动的体验，进一步巩固头脑中逐步建立起的动作概念和动作表演。练习扣球动作之前，队员将头脑中建立起来的运动技术表象进行演练，对加速形成正确技术动作有促进作用。

第二，详细地想象自己在完成扣球技术或其他同一技术动作时最成功的经验和最不成功的经验，总结两者之间的差异。想象时可用慢动作的方式，使自己能够仔细地检查技术过程的每一个环节。

第三，教练员根据运动员完成动作的情况，采取针对性的语言刺激，不断强化运动员头脑中的技术概念，促使他们在训练中做到边练边想、想做结合。

第四，比赛前，集中注意想象比赛中可能会发生的情况。如对方拦网队员身材高大，被对方拦死应怎么办，二传配合不好时怎么办，等等，启发运动员去思维，去想象。

第五，信息回避。例如，对于参加重大比赛之前的紧张情绪，可以通过读书、听音乐、听故事、说笑话、猜谜语、做游戏、歌咏舞蹈、去公园或海滨等环境优美的地方散步等方法，回避各种可能造成紧张的不利信息，使中枢神经系统得到积极休息，从而达到精神饱满、情绪稳定的状态。

（三）放松训练

放松训练是指利用语言暗示、意念和想象的力量，有意识、有系统地训练肌肉动作，逐步达到松弛状态，呼吸减缓，从而使身体、情绪、心理均处于平静状态。这种方法可有效地消除训练和比赛中的紧张状态。

放松训练的方法有：

1. 呼吸放松法

呼吸放松法一般有深呼吸法、腹式呼吸法和内视呼吸法，主要是通过调节呼吸来让身心放松。

2. 肌肉放松法

使自己某一肌肉群，保持紧张约10秒钟，然后尽量放松，放松时可以从上肢开始，过渡到头部、颈部、肩部，然后从腹部到背部、臀部、大腿和小腿。在每一次紧张和放松时，都要把注意力同紧张和放松的感觉紧密地联系在一起，练习时还可以与深呼吸相结合进行。

3. 想象放松法

通过人的意念想象达到放松的目的。练习方法是：采用舒适的坐或卧姿，调节呼吸至慢而深沉，放松肌肉。想象愉悦的情景，如湖面微波荡漾、湖边树叶沙沙作响、暖炉边似睡非睡的舒适感觉、温暖的阳光洒满大地、沐浴在海边的阳光下、宁静的群山和蓝色的湖泊，想象着某个情境中自己放松的感觉并尽情享受。

4. 舒尔茨简化放松训练法

舒尔茨简化放松训练法主要借助语言暗示来发展对身体各部位的感觉能力，使人逐渐进入放松状态。在分步练习的基础上，把暗示语简化，便于运动员掌握。公式：①我非常安静。②我的右（左）手或脚感到很沉重。③我的右（左）手或脚感到很暖和。④我的心跳得平稳而有力。⑤我的呼吸非常轻松、自然。⑥我的胸腔感到很暖和。⑦前额感到凉丝丝的，很舒服。

（四）自我暗示训练

自我暗示是指运动员通过语言提示对自己的心理施加影响，从而调节自身情绪、意志，使兴奋或抑制过程增加。目的是通过运动员的自我诱导、自我控制，形成良好的训练和比赛时的心理状态。

自我暗示训练可与放松训练、表象训练结合使用，它对调节运动员的临场状态有积极的作用。自我暗示的词语，要尽量简短、具体。暗示语要与行动相联系，并应该是积极的。如"我的注意力非常集中""我一定接好球"。积极性的暗示可使运动员劲头十足，信心倍增，也可消除焦虑和其他心理障碍，对恢复体力也会产生显著的作用。

下面介绍几种训练和比赛中自我暗示的事例。

1. 发球事例

在运动员比较紧张、信心不足时，可暗示"冷静、沉着""我一定发好"。在运动员出现连续失误时，可暗示"消除紧张""完成任务"。

2. 二传事例

传球前可暗示"一定传好球"；传球时可暗示"移动、对正、传准""球必由我传且准和好"，有时可喊出信号，加强配合，提醒攻手注意。

3. 扣球事例

传球前，可暗示"一定扣好球"，有时还可示意二传队员要球"给我扣"，以坚定信念做好充分准备。在击球的一刹那，运动员可以将暗示喊出来，如"打死"或"嘿"，以士气压倒对方，以增强信心。

4. 防守事例

防守前，可暗示"球必到我处""我一定防起球"。在击球的一刹那，可以将暗示喊出来，如"好球""防起"。在练防守时，可暗示"相信自己""做好准备""一定防起"。

（五）意志训练

意志训练是有目的地使运动员克服各种困难，完成行动的训练。培养意志品质主要是通过克服运动实践中本身的困难和教练员有意出的难题进行的，在克服困难训练中可采用以下几种方法。

1. 鼓励法

表扬本队中意志坚强的运动员，介绍排球界意志坚强的人和事，激励运动员去相互学习、共同提高，从而达到意志训练的目的。

2. 诱导法

激发运动员的事业心和责任感，把运动训练提高成绩与祖国的荣誉、自身的荣誉结合起来，从而使运动员产生强大的动力，为事业和理想去拼搏。

3. 刺激法

通过大运动量练习，使运动员能承受大强度、大密度、大难度的考验，以增强克服困难的勇气和信心。特别是在疲劳的状态下进行这种训练，对运动员的意志品质培养有积极的促进作用。

4. 强制法

教练员下达命令，提出训练规定要求，运动员必须保质保量完成。在练习低姿防守时，每人完成 10 组，每组 10 次防守要求救起好球 6 个。不完成任务不得换项，或不得下课。通过完成以上要求，培养运动员的顽强意志。

5. 惩罚法

惩罚性的训练措施是以强制的训练方法迫使运动员进行意志努力，但需讲明道理，以消除其消极对抗的情绪。如在 5000 米耐力跑中，对运动员进行计时跑，若超过规定时间 10 秒，则补跑一个 400 米，超过 20 秒，则补跑两个 400 米，以此类推。

（六）智力训练

智力训练是指有目的、有计划地对运动员智力进行训练和培养。智力训练的途径有：

第一，有目的、有计划地传授必要的知识，如排球专项理论、辩证法、青年修养、心理学等。学习这些知识的过程中，必须让运动员通过实践来掌握和消化，鼓励运动员自学。

第二，有目的地向运动员布置观察任务。如在看比赛、录像，以及训练、比赛时，培养运动员独立的观察和感觉能力，减少教练员介绍的间接观感作用，并使运动员学会区分哪些是本质的东西，哪些是非本质的东西，并将观察到和感觉到的零星的东西贯穿起来，从中找出内在的联系，以便为推断性思维创造重要前提。

第三，加强记忆力、注意力和想象力的训练。

第四，在每次训练课上提倡和鼓励想象训练，注意想练结合。提高运动员分析问题、解决问题的能力，养成积极思维的习惯，多提问、多比较、多商讨。

第五，强调思维活动的速度和效率，以提高对信息加工的速度，使观察和感觉的结果能迅速转化为适当的行动。

第六，经常检查考察掌握知识的情况，以及理论联系实际的情况，从而促进运动员的学习和提高。

（七）反馈训练

教练员根据运动员在训练或比赛中"反馈"出的各种信息，有的放矢地进行训练，从而使运动员内脏器官的活动，如血压、脉搏、呼吸、消化等，部分地置于人的意识控制之下，其具体做法是，利用仪器获得内脏器官活动的信息，了解自己的行为效果。如比赛时，运动员感到非常紧张，脸上充血，脉搏和呼吸加快，这些信息反馈给教练员，表明运动员处于高度紧张状态。因而在平时的训练中，应使运动员学会自我暗示，如"我的呼吸舒畅自如""我的心跳的节奏明显有力"等等，经过多次反复练习就会收到显著效果。

二、准备具体比赛的心理训练

（一）赛前心理训练方法

赛前心理训练的主要任务是使运动员进入战斗准备状态。其方法有：

1. 模拟训练法

模拟训练是指在大赛前模拟比赛的地点、时间、气候、吃、住、行特点，观众情况，噪声干扰，以及对手的技战术特点进行训练，以增强运动员的必胜心理，减少赛前的紧张心理，提高运动员对与比赛有关的客观环境和比赛对手的适应能力，稳定运动员的情绪。

（1）对手特点的模拟。模拟比赛对手的技战术特点，比赛风格，比赛作风及气质表现等。具体方法是，让队员扮演对手的活动或男队员扮演女队员的对手的活动，通过模拟了解和适应对手的比赛情况，以便采取有效对策，加强赛前的准备。

（2）语言形象模拟。教练员向队员提出问题："对方扣直线怎么办？""对方轻打、吊球怎么办？""对方加强发球的攻击性怎么办？""对方加强拦网怎么办？"要求队员能以比较正确的见解予以回答，以做好各种情况的心理准备。

（3）关键球的模拟。排球比赛的关键有两个：一是每局的前10分；二是22平、23平、

24 平等的打法。制造这种关键球的紧张气氛，使队员反复经受这种锻炼，并能找到相应的比赛对策和方法。

（4）裁判有误的模拟。练习在双方比赛接近的情况下，裁判员错判、漏判或反判，培养运动员承受挫折的能力，不在之后埋怨，不激怒，不分散注意力，不影响自己的情绪，继续打好比赛，以激励自己前进。

（5）比赛难度和强度的模拟。比赛中的气氛是紧张的，训练中应有意制造这种气氛，甚至超过比赛的难度。如在训练场上设置一些运动员可以克服的障碍去救球，也可采用让女队员接男队员的扣球、男队员接女队员的发球等。这样使运动员在球场上对各种难度的球都能应对自如，有信心去接起每一个球。

（6）气候条件影响模拟。在大赛前，应选择与比赛地点相同的气温进行实践训练，或以超难度的条件进行训练，以提高运动员的比赛适应性，充分做好心理准备。

（7）对观众影响的模拟。在大赛前的训练比赛，可有目的、有计划地组织观众看球，并组织一些啦啦队，专门为对方加油助兴；或在比赛中施放有噪声的录音带，使噪声超过85分贝。观众震耳欲聋的呼喊声、加油声、吹哨声、小号声，以及观众不同的态度和倾向，会造成运动员情绪紧张，烦躁不安，注意力分散，甚至技术失常。故要求运动员理解观众，正确对待观众、争取观众，以顽强的意志、高昂的士气，高度集中的注意力投入比赛，不做任何激怒观众的举动，对对方队员表示热情友好。

（8）拉练式比赛模拟。大型国际比赛在比赛时间、地点上往往不是固定的。比赛时间有上午、中午、下午、晚上，比赛地点也经常变动，有时打一场球就要换一个城市。为了适应比赛，改换中午不休息而进行训练比赛，锻炼运动员的意志，培养运动员的习惯，以适应比赛。

（9）对时差和地理环境的模拟。参加大型的国际比赛，国与国之间有着不同的时间差别，时差多的可达14个小时，如果对这样的时差不能很快调整过来，就会给运动员带来时间上的极度不适应，引起头晕、失眠、四肢无力、食欲差甚至呕吐，以致体力下降，竞技状态不好，心理上产生畏难情绪和恐惧心理，从而影响比赛的信心。一般来说时差在6~10小时以上，需要3~4天恢复，时差在10小时以上的，需要6~8天恢复，在调整时差时，可抓紧时机进行超量训练，即每天白天或晚上6~7点，不管旅途如何劳累，都要进行适量训练。在训练中要高标准，严要求。用强制的方法，把运动员的思想、精力集中到训练上来，使运动员感到精神和体力上的疲劳，尽快入睡；亦可坚持中午不休息，开展谈心活动，或开会、看书、写日记等，强制运动员感到兴奋。总之，使运动员情绪稳定，快速入睡。

2. 心理状态调控训练

心理状态是指特定时间内人的心理活动的总特征。赛前应对运动员心理状态进行调控，使其进入最佳竞技状态去参加比赛。

（1）心理诱导训练法。保证运动员充足的睡眠，把注意力转移到与比赛无关的刺激物上去，使运动员的心理获得放松。如赛前进行各种娱乐活动，读有趣的书，听一段有节奏的轻音乐或喜欢的歌曲等。

（2）活动调节训练法。采用不同速度、强度、幅度和节奏的动作练习，来调节运动员临场的情绪状态，当情绪过分紧张时，可采用一些强度小、幅度大、速度和节奏慢的动作反复练习，可以降低情绪的兴奋性，消除紧张状态。当运动员情绪低沉时，可采用一些幅度小、强度大、速度和节奏快的变相动作反复练习，以提高情绪的兴奋水平。活动调节法可在临赛前的训练中应用，也可在赛前准备活动中使用。另外，改善赛前准备活动的形式，如对抗练习，能使运动员在开赛时迅速适应比赛的环境，消除或减轻紧张感。

（3）呼吸调节法。通过深呼吸使运动员的情绪波动稳定下来，当情绪紧张、激动时，呼吸短促，这时可以采用缓慢的呼气和吸气练习，达到放松情绪的目的。当情绪低沉时，可以采用长吸气与有力的短促的呼气练习，提高情绪的兴奋水平。

（4）表情调节训练法。有意识地改变自己面部和姿态的表情，因为情绪状态与外部表情存在着密切而有机的联系。当情绪紧张时，可以有意识地放松面部肌肉。当心情沉重或情绪低落时，可以有意识地做出笑脸，强迫自己微笑，或看着别人的笑脸，或想想自己过去最高兴的某件事，过去最得心应手的比赛情景，从而调节自己的情绪状态。

（5）鼓励调节训练法。领队或教练员用称赞或忠告的语言对运动员的心理活动施加影响，领队和教练员对运动员的情绪紧张状态要善于及时发现，并想办法把运动员从紧张状态中解脱出来。用承担责任和相信运动员的口气鼓励运动员，对稳定运动员的情绪有良好的效果。如扣球失误了是我的责任，你只管大胆地扣，你们的水平我完全知道，现在别的什么都不要想，努力打好每个球就行。

3. 赛前常见的心理障碍及调节方法

（1）对"缺乏信心"的调节方法。

第一，学习以弱胜强的战例，从理论上认识，以增强信心。

第二，进行实力比较，看到本队的长处，以增强信心。

第三，把对方的弱点找准、分析透，制定有效的攻击措施，增强信心。

（2）对"盲目自信"的调节方法。

第一，认真研究对手的长处及抑制其长处的办法，使队员的信心落在实处。

第二，充分研究队伍可能遇到的困难，把困难准备做得深入人心，做得非常充分。

第三，特别要做好场上重点队员的调节工作。重点人物、核心人物的心理状态正常了，其他人也就稳定。

（3）对"冷漠状态"的调节方法。

第一，对以往的战绩进行客观、正确的评价，不以胜败论英雄，而以实际的进步和不足来激励队员，动员他们，调动他们的积极性。

第二，用积极的语言去鼓励队员，把消极情绪转化为积极的情绪。

第三，教练员主动采取恢复措施，积极关心伤、病队员的治疗，帮助疲劳队员放松，使之得到肉体的治疗和心理的调节，重新振作起来。

（4）对赛前"过度兴奋、焦虑不安"状态的心理调节方法。

第一，采取语言提示法控制适宜的动机和期望水平。俗话说"降降温"，让运动员冷静下来，进入适当的兴奋状态。

第二，转移注意力。把队员的注意力引向其他方面。如看录像、打扑克、下棋或其他运动员感兴趣的活动，让他们暂时"忘掉比赛"，使其恢复到正常心理状态。

第三，放松练习。可在宿舍做，也可以在运动员休息室做，主要是要求队员的神经、肌肉都得到放松，以缓解过分兴奋的情绪。

（5）对"情绪波动"控制的心理调节方法。

第一，调节呼吸法。在发现自己神经慌乱时，可有意识地进行放慢节奏的腹式深呼吸。

第二，自我语言暗示法。场上出现情绪波动时，可以用语言进行自我提醒，借以自我调整。

4. 赛前准备会

教练员要帮助运动员正确地理解比赛任务，形成争取达到目的的动机，并做好参加比赛的心理准备，以预防和调节运动员在复杂的比赛条件下可能出现的不良心理状态。对比赛任务既不能提得太高，又不能无所作为。"压力"对运动员是有害的，缺乏上进心也是无益的。

成功的准备对稳定全队的情绪具有重要的作用。在准备会上要客观分析彼我双方的实力，摆正自己的位置，提出切实可行的目标，同时对比赛中可能出现的各种问题进行充分全面的估计、分析，提出解决这些问题的方案，并使每个参赛的队员心里都十分明白。

（二）赛中的心理调整和心理战术

1. 教练员的言行调节

由于比赛的复杂性，新手在比赛中出现情绪波动是难免的。对于自我控制能力较差的运动员来说，教练员对消除其紧张起着举足轻重的作用。首先教练员自身要冷静，教练员可因自己的紧张和垂头丧气的情绪而加剧队员的紧张。幽默是缓和紧张气氛的极为有效的手段，当教练员发现运动员过于紧张、动作僵硬、精神负担很重时，可和运动员讲几句幽默的话，分散运动员的注意力，摆脱紧张情绪。另外，教练员在失利时容易对运动员发怒。但发怒的性质有两种：一种是消极性发怒，常讽刺嘲笑，只会使运动员感到自己没有能力，从此一蹶不振；另一种是积极性发怒，如"你是队里最出色的队员，可今天是怎么搞的？不该打成这样！"可使运动员清醒地意识到，教练员对他寄予很大希望，这将起到积极的作用。在比赛中要消除运动员的紧张情绪，关键在于教练员要清楚引起紧张的原因，从根本上解决问题。教练员在胜败时的各种情绪表现都将影响运动员的比赛情绪。因此,教练员在比赛中要保持良好的心理状态,使运动员得到取胜的信心,有效地调整运动员的情绪,只有这样,比赛的成功才有心理上的保证。

2. 心理适应调节

例如,让新手和临场紧张的运动员先看一段时间的比赛,教练员从旁启示,分析场上情况,同时交代清楚任务,做好心理准备后再让他们上场比赛。如不能正常发挥,再替换下来,继续观察比赛,使之更加明确自己应该怎样做,做好心理适应调节后,下局再上场比赛。即使比赛经验丰富的运动员,有时也会因各种原因而产生异常心理变化,也可采用替换下来的措施,让其观察比赛,冷静头脑,待心理适应后再继续上场比赛。

赛中适时地暂停,也可起到心理调节的作用。如在本方连续一传失误或对方进攻频频奏效的情况下,队员的紧张程度会越来越高,此时教练员采取暂停的措施,可使运动员持续紧张的情绪得到缓解,再加上面所授具体的应对措施,可使运动员的心理得到适当的调整,甚至完全适应比赛的进程。

3. 积极主动的呼应

比赛中积极主动的呼应可增强信心和保持旺盛的斗志,并使注意力高度集中,在皮层中枢建立一个优秀兴奋灶,排除类似观众的喧哗、本身体能下降等因素的干扰。积极呼应还能在心理上产生一种压倒对手的气势。取得一次成功后积极呼应能使高涨的情绪继续保持下去。而在逆境中若也能积极呼应,就可避免不良情绪的互相影响及恶化,逐步恢复士气。

4. 局间休息

各局之间有三分钟交换场地和短暂的休息时间,教练员要充分利用这段时间做好临场指导和心理调整。

5. 心理战术

心理战术是指通过一些特定的方式和措施,造成对对手心理上的影响。常用的心理战术有:

(1) 知己知彼。这是指通过多渠道多方面的调查研究,全面了解双方的具体情况,分析我方和对方的特长和弱点,力求在实践中扬己之长避己之短,遏制对方的优势,并进攻其薄弱之处,形成"避实击虚"之势,以达到战胜对方的目的。通过看以往竞赛的录像,搜集已公布的技战术统计数字和有关的报道,我们可以了解对方的基本情况。有的运动队在平时训练和赛前采用"封闭式训练",这是一种尽量减少对方知晓本方技战术变化或实力情况的有效方法。

(2) 出其不意,攻其不备。这是指当对方毫无准备或准备不足之时,突然袭击对方防守不严、力量薄弱之处,从而造成对方意外,打破对方正常的行动计划,使对方陷入被动局面的心理战术。

（3）给对方施加心理压力。排球比赛前，有时可根据对方想了解我方情况的"好奇心"，故意在公开场合暴露我方"强大实力""主队员不上场"，表现出"胜券在握""对方不堪一击"等态度，或在准备活动时把球扣个"叮当"响，用以加剧对方的紧张不安感，给他们施加心理压力。

心理战术的手段还有很多，如声东击西、以逸待劳、先发制人、虚实结合等。在排球比赛中，要根据实际情况，灵活地运用心理战术。

（三）赛后的心理调整

赛后运动员的心理变化是多样的，如胜利时，有可能产生荣誉感、自豪感，产生加强训练、再次参赛的欲望，也可能出现自满、盲目自信、轻视他人、对今后的训练漠不关心等消极情绪。失败时可能表现为患得患失、怨天尤人、丧失信心、自暴自弃等，也可能从失败中总结经验教训，克服自己的缺点，争取下次比赛获胜。

运动员比赛时的心理紧张情绪，虽然在赛后一下子放松了，但不是马上就可以恢复到正常平静的心理状态。所以赛后必须对运动员的心理进行调整。重点解决的问题有：迅速消除比赛成绩的干扰，正确看待比赛胜负；消除不正常的攻击心理；预防丧失自信心；消除比赛后的紧张情绪。

第一，赛后的训练可采用慢节奏、游戏性的教学训练，使运动员感到心情轻松愉快。

第二，通过丰富多彩的转移性活动，如参观、游览、电影、音乐等，使运动员暂时忘却比赛情景，减弱运动员紧张情绪，降低兴奋水平，使之逐步恢复到正常的心理状态。

第三，采用情绪转移的方法，把紧张的情绪转移到其他有兴趣的活动上去，如找知己谈心，倾吐胸中抑郁、书写、绘画、弹唱、写作等。

第四，增进自我认识，对运动员进行正确对待胜负和客观认识自我的教育，提高思想水平，加强道德修养。使运动员能正确看待优点，努力改进不足，胜不骄，败不馁，形成新的自我表现。

三、心理训练的过程和调控

（一）心理训练的过程和条件

为保证心理训练的效果，应按以下的实施过程并按照每个过程所要求的必要条件进行。

相信——心理训练是科学的，它的作用毋庸置疑。

认识——心理训练是一个不断学习的过程。

实践——必须实际进行练习，才能收到应有的效果。

系统——要有一套科学、系统的训练程序和方法。

坚持——长期不懈地坚持训练，不能急于求成。

总结——不断总结有益的体会、寻找正确的感觉。

(二)心理训练的实施要点

第一,自觉、积极。

第二,坚持系统地、不间断地进行。

第三,与训练、比赛实践中的问题紧密结合。

第四,预防为主,调控在先。

第五,区别对待。

第六,不断总结,及时调整。

总之,心理训练是一项长期、复杂的系统工程,教练必须认真学习,大胆实践,不断探索,敢于创新,要把心理训练贯穿到日常生活、训练和比赛中去,使心理训练更加科学完善、效果更加显著。

第三节 运动员情绪调控方法

比赛场上的情况错综复杂、千变万化,运动员也会随比赛场上的变化产生一系列生理和心理上的反应。适度的紧张有利于运动员技战术水平的发挥,但过度的紧张,尤其是伴有消极认知的紧张状态会使运动员整个身心达到异常的激活水平,从而影响运动员的技战术发挥。情绪的调控能力是可以提高的,为了使运动员的身心状态处于最佳水平,需要运用一些心理调控方法来调节运动员的情绪。

根据调节的内容,可以将情绪调节方法分为身体调节、认知调节和环境调节。

一、情绪的身体调节

情绪的身体调节是指通过改变身体状态来调节情绪,包括表情调节、呼吸调节、活动调节和饮食调节等。

(一)表情调节

情绪的产生会伴随一系列生理过程的变化,进而引起外部表情的变化。情绪状态与面部表情存在着密切的联系,因而我们可以通过改变面部表情而相应地改变情绪状态。表情调节是通过有意识地改变自己的面部表情和姿态以控制情绪的方法。

外部表情受情绪的影响。比如,足球运动员被人有意踢到而感到愤怒时横眉竖眼、咬牙切齿、紧握双拳,进球后兴高采烈、笑容满面、手舞足蹈,加时赛后点球未踢中垂头丧气、萎靡无力、肌肉松弛。

有研究者做了一个有趣的实验,将参与者同时分为两组观看同一部影片。第一组人被要求牙齿咬住铅笔,嘴咧开成微笑状态观看;第二组人被要求嘴唇抿着铅笔,嘴角呈向下的状态观看影片。当电影放完后,第二组人员情绪比较悲观。研究人员对此作了这样的解释：面部表情是敏感的情绪发生器和显示器，能够影响人的情绪体验。当人们做出一些表情时，会带动肌肉，肌肉运动通过神经细胞结合大脑，产生情感。情绪状态与外部表情存在着密切而有机的联系。因此，我们可以通过改变外部表情的方法来改变情绪状态。

外部表情可分为面部表情、身段表情和言语表情，其中最能传情达意的要算面部表情了。运动员感到紧张焦虑时，可以有意识地放松面部肌肉（不要咬牙），或者用手轻搓面部，使面部肌肉放松。当心情沉重、情绪低落时，可以有意识地做出笑脸，强迫自己微笑。如果做不到，想一想过去最令自己高兴的某件事、过去最得心应手的比赛情境，情绪也会发生改变。运动员在遇到挫折和失败时，要抬头直视他人，这样能增加面对挫折和失败的勇气以及东山再起的决心。

（二）呼吸调节

呼吸调节是指通过调节呼吸的频率、深度和方式以控制情绪的方法。深沉的腹式呼吸可使运动员的情绪波动稳定下来。情绪紧张时，常有呼吸短促现象。特别是过于紧张时，运动员常有气不够喘或者吸不上气来的感觉，这是呼气不完全造成的。这时可以采用深沉缓慢的呼气和吸气来消除紧张情绪，尤以腹式呼吸法效果最好，一小段时间后，就会让情绪稳定下来。

通过呼吸的长度和深度来调节情绪，关键是体会呼气时轻松愉快的感觉。因为情绪本身就是一种体验，在深呼吸的同时，有意识地主动去体会呼气时的轻松愉快的感觉，那么呼吸对情绪的调节效果会增强。吸气，给大脑创造氧环境，再加上在呼气时体会轻松愉快感，就会大大降低情绪的兴奋性，使情绪很快平复下来。

采用正确的呼吸方式可以帮助运动员在比赛前、比赛中和比赛后进行放松，缓解紧张情绪，通过控制呼吸还可以增加吸氧量。

1. 呼吸调节方法的主要类型

（1）胸式呼吸。用力点在胸部，气体运行距离短，呼吸次数多，动作快，呼吸气量少，不利于运动员机体的有氧代谢，也不利于肌肉放松和缓解紧张，但可以提高情绪的兴奋性。

（2）腹式呼吸。用力点在腹部，吸气、吐气时要求从鼻、喉头、胸部直到腹部（丹田），再沿原路呼出，有利于降低运动员情绪的兴奋性。

2. 腹式呼吸的操作程序

呼吸调节法的特点是利用放慢呼吸的频率，加大呼吸量来调节有关的生理机能，从而影响心理状态，达到身心稳定的目的。运动员可以利用呼吸调节方法，处理临场的情绪波动，使情绪稳定下来。

做法：正确的呼吸调节训练是采用腹式呼吸的方式，采用"吸气—屏气—呼气"的节奏。但应注意以下事项。

第一，用鼻子呼吸，吸气要均匀、要吸足、要缓慢。屏气要自然，是一种舒适的停顿而不是故意的憋气。呼气时要让气慢慢地、自然地流出，要尽量把气排尽。

第二，吸气、呼气时，千万不能中断或停顿，不要出声。每一个周期要有节奏，最好是吸气 7 秒，屏气 1~2 秒，呼气 8 秒。

第三，吸气时可以使用"吸进安静""吸进力量""吸进信心"等语词暗示自己，呼气时可以用"呼出紧张""呼出懦弱""呼出胆怯"等语词暗示，促进身心快速恢复平静。

第四，做呼吸调节训练时，可以随着"吸气—屏气—呼气"的节奏，把注意力分别集中在体验吸气、屏气、呼气的感觉上，也可以集中在腹部。吸气时想象腹部像一个正在打气的球，打进了力量、勇气、信心而慢慢地鼓起来；呼气时想象着腹部像一只打足气的球插上了气针，慢慢地放气，放出紧张、胆怯和不安而慢慢地瘪下去。

3. 呼吸调节与其他心理训练相结合

大量研究和来自运动实践的经验显示，较深且有节律的呼吸与渐进肌肉放松、表象放松、减轻压力的冥想等放松方式结合起来运用，效果会更明显。程序如下。

第一，找一个柔软且平坦的地方。

第二，慢慢躺下来，尽量使自己舒服。假如地方太小，采用较为舒适的坐姿同样有效。

第三，先集中注意于吸气，深度逐渐加大，适可而止。

第四，隔一段时间再集中注意于呼气，呼气要平和，如流水一般。

进行呼吸调节训练时不能操之过急，要一步一步来，要耐心，养成习惯，才能通过呼吸节奏和深度的改变调节身心状态。

（三）活动调节

活动调节法是通过采用不同速度、强度、幅度、方向和节奏的动作练习，来调节运动员临场情绪状态的方法。例如，当情绪过分紧张时，可采用一些强度小、幅度大、速度和节奏慢的动作练习，如伸展动作、慢跑等。通过反复练习，可以降低情绪的兴奋度，消除紧张状态。当运动员的情绪低沉时，可采用一些幅度小、强度大、速度和节奏快的变向动作练习，如握拳、纵跳等。通过这样反复练习，可以提高情绪的兴奋水平。

情绪的产生会伴随一系列生理过程的变化，如呼吸变化、肌肉紧张、心率加快等。同时，肌肉活动所引起的生理过程的变化，也会导致相应的情绪状态产生。为什么身体活动能够调节人的情绪状态呢？这是因为大脑的活动与肌肉活动的关系是双向传导的。也就是说，神经兴奋不仅可以从大脑传至肌肉，也可以从肌肉传至大脑。所以，肌肉活动积极，从肌肉向大脑传递的冲动就多，大脑的兴奋水平就高，情绪就会高涨；反之，肌肉愈放松，从肌肉向大脑传递的冲动就愈少，大脑的兴奋性就会降低，情绪也就平稳下来。

使用活动调节法时，应当注意活动量适当，不应过量，以免造成体力上的过分消耗。

（四）饮食调节

饮食调节是通过饮食控制情绪的方法。有研究表明，食物的摄入对人的情绪状态会形成刺激。摄入的食物量过大或过少以及节食会使人产生更多的负面情绪。饮食的种类亦是如此，过分油腻重口的食物会使人的情绪更不易于稳定，甚至呈现暴躁的状态；过少摄入盐及糖分会使身体得不到相应的能量补给，使人提不起兴致，导致情绪低迷。规律的进食时间使人可以规律地分泌胰岛素和肾上腺素，从而使人的情绪保持正常状态；不规律地摄入食物会打乱人体的"时钟"，使人的内分泌紊乱，情绪也会变得容易不安和暴躁。

食用糖类能起到镇静作用，因为它刺激大脑产生一种神经递质，使人感到平静和松弛。因此，在对情绪进行调节时，适当地对食谱进行改善，规律地摄取食物，减少重口味食物的摄入，补充更多的糖类，对于稳定情绪、消除人的负面心理具有积极效果。

二、情绪的认知调节

情绪的认知调节是指通过改变人对事物的认识来控制情绪的方法，包括表象调节、暗示调节、宣泄调节、情志转移和激化调节等。

（一）表象调节

表象，也称为"意象"或"心象"，指对当前不存在的物体或事件的一种心理表征。表象调节指通过表象控制情绪和行为的方法。

所谓表象训练，是指在暗示语的指导下，在头脑中反复想象某种运动动作和运动情绪的训练方法。表象训练的作用为掌握和提高运动技能，控制和调节运动情绪。表象训练作为一种辅助手段可以对多种情绪起到调节作用。例如，竞赛前焦虑情绪的减少、情绪的放松调节，以及运动失败或运动损伤后挫折情绪的恢复等。

利用表象进行调节时，可以让运动员在比赛前于头脑中清晰地重现自己过去获得成功时的最佳表现，体验当时的身体感觉和情绪状态，以增强信心，促进竞技水平的发挥。

表象重现是一种积极的意念，既可以间接地使自主神经系统活跃起来，又可以促使心跳加快、呼吸加强、血流量增加、热供应充足、糖分解加速，使全身增力感觉和增力情绪加强。

（二）暗示调节

暗示调节是通过语言、手势、表情或其他暗号暗示、控制情绪和行为的方法。暗示方式有语言暗示、行为暗示、实物暗示等。

暗示往往会使人不自觉地按照一定的方式行动，或者不加批判地接受一定的意见或信念。暗示还会引起人们的生理变化。各种暗示一般是通过自我暗示起作用的。根据暗示的影响手段，可将暗示分为语言暗示与非语言暗示；依据暗示者与被暗示者的关系，可将暗示分为他人暗示与自我暗示；按照暗示的性质，可将暗示分为积极暗示与消极暗示；依照暗示时的意识状态，可将暗示分为催眠暗示与觉醒状态下的暗示。

在赛场上出现心理不稳定时，可采用积极的自我暗示。"镇静！""放松！""现在情况很正常!""我感觉很好!"暗示自己某部位的肌肉放松等,都可以稳定情绪,缓解紧张情绪。那么,在比赛中如何建立积极的语言暗示呢?

第一,在训练中罗列临赛前和比赛中经常运用的自我提示语言。

第二,找出这些自我提示语中的消极成分。

第三,用积极提示语替换消极提示语。

第四,每天训练前默念积极提示语一次,以形成做积极语言暗示的习惯。

编制语言暗示放松训练套语应注意的问题:语言暗示放松训练的机制;语言暗示放松训练套语的结构及其常用词;放松套语中尽量排除专业术语;放松套语的编制要注意放松和唤醒的顺序性;放松套语应因人而异,并注意发现敏感词;在放松套语编制中应考虑中国传统文化的影响因素;放松套语中的暗示语言必须用正面语言;放松套语的长短;等等。

有研究表明,暗示不仅对人的心理和行为产生影响,还可影响到人的生理。教练员和运动员还应十分注意自己的手势、姿态、脸部表情和眼神,这些都是传递暗示信息的媒介,可能对他人的心理带来重要影响。

积极的暗示能使运动员树立必胜的信念,集中注意力,稳定情绪,坚定意志,从而更好地发挥出技战术水平。而消极的暗示使运动员怀疑自我,分散注意,情绪波动,意志动摇,从而发挥不出原有的技战术水平。暗示现象在体育运动领域,特别是在竞赛中普遍存在。教练员、运动员在比赛中无时无刻不在暗示自己、他人或接受别人的暗示。

暗示效果的大小既受运动员主观因素的影响,又受客观因素的影响。作为对运动员有较大影响力的教练员,其一言一行、一举一动对运动员有着巨大的暗示作用。为提高暗示的积极效果,教练员应提高暗示的意识性,掌握一定的暗示技巧。在时间短,不允许过多交谈的情况下采用直接暗示效果较好。但直接暗示如果语言应用不恰当,可能会给运动员以消极诱导。与运动员讲话时,除了内容的选择外,还要注意语气、语调和神态与讲话内容的一致性。教练员让运动员放松,自己首先要放松。教练员非语言性的间接暗示对运动员的影响也很大。因此,无论在什么情况下,教练员都要十分注意自己的脸部表情、身体姿态、眼神、手势,要保持头脑冷静,控制好自己的情绪。

比赛中,教练员对运动员暗示的效果取决于教练员对运动员比赛时心理状态的仔细观察和准确把握。教练员要善于发现运动员与平时的差异,针对其问题,以运动员能够接受的语言与方式,给予恰当的暗示。当然,运动员的感悟与自我调节能力也是影响教练员暗示效果的重要因素。

运动员自我暗示的作用是不容忽视的。运动员的自我暗示包括自发的和有意识的。自发的自我暗示是运动员在具体运动情境中不由自主产生的想法。如在比赛结束前自己领先时,不由自主地产生的喜悦心理。如果这种"我就要胜利了"的想法对技战术发挥没有消极影响,就不需要加以调整;如果它产生了消极作用,就要用有意识的暗示替代它。一般来讲，运动员在比赛中应全神贯注地投入技战术动作的发挥之中，如同平时一样让技术动作自然而然地做出，不去有意识地觉察或控制自己的思绪。但当由于某种原因，运动员头脑中产生不随意的消极意识，影响了技战术的发挥，如连续的失误和丢分时，就要采取有意识的自我暗示，对自我的思维和情绪进行调节和控制，以利于技战术的正常发挥。有意识的自我暗示是针对某具体情境可能造成运动员产生消极想法的情况而有目的地采用的自我调节暗示。

针对不同情境的积极的、习惯化的自我暗示效应是通过训练获得的。运动员可通过主动准备积极的自我暗示语，使其在复述技术要领、集中注意力、调节心理能量、控制情绪、增强信心、提高意志力等方面发挥作用。因此，运动员要设想自己可能产生消极想法的比赛情境，针对这些消极想法编写一一对应的暗示语。编写暗示语的原则包括简单、明确，用肯定现在的语句，有节奏和韵律感，以第一人称开头。熟记暗示语后，可通过比赛情境中应用暗示语的想象练习和在赛前训练中实际应用练习，将积极的自我暗示融入训练、比赛之中，使之自觉化、习惯化，在各种比赛情境的调节中发挥积极作用。

（三）宣泄调节

宣泄调节是指运动员遇到挫折和失败后，以适当的方式排遣心中的郁闷与不快。有学者认为，控制和调节情绪的最好方法就是以适当的方式及时和充分地宣泄自己内心的痛苦、忧愁、委屈、遗憾等情绪。

根据人体身心相互作用的观点，在心理过度紧张时，可以通过身体活动，如轻轻活动手腕、擦擦脸、跺跺脚、喊一声等，伴之一定的自我暗示（把紧张喊出去、跺走、搓掉等），将紧张宣泄出来，达到调节情绪的目的。

宣泄的方式主要有倾诉、痛哭和写日记三种。虽然"男儿有泪不轻弹"，但哭泣并不一定是软弱的表现，哭泣往往是真情流露的一种形式，可以缓解由挫折和失败带来的紧张和沮丧。写日记实际上是书面自我谈话，人们在将情绪感受落于纸上的时候，往往是相对比较冷静的时候。书面语言的参与和使用，可以使这些情绪感受条理化和逻辑化，这显然有助于认识情绪和控制情绪。

当运动员有紧张、不满等消极情绪时，哭一场、找人倾诉、喊几声、跑几圈，都是很好的宣泄方式。

（四）情志转移

情志转移也称作"转移调节"，是通过转移注意来控制情绪的方法。

转移调节有两种方法：一种是注意力转移调节法，指把注意力从消极的情绪有意地转移到积极、有意义的事情上来。为此，运动员应该适当培养自己的其他爱好，当产生了消极情绪时，能迅速地让自己的注意力转移到一些自己喜欢的事情上去。另一种是行动转移调节法，就是通过具体的行动调节自己的情绪。运动员在心情忧郁、烦躁不安时，可以放下手头引起不快的事情,去做一些自己喜欢的事情,从而让消极情绪逐渐减少,积极情绪逐渐增加。

因此,运动员在日常训练中产生了消极情绪时,进行有浓厚兴趣的娱乐活动,如看电影、逛商店、听相声、下象棋等,也可以缓解消极情绪。运动员在比赛前情绪过度紧张时,有意识地强迫自己把注意力从应激刺激转移到其他事物上,如器械的准备、自己的技战术动作、技术要领、比赛中的注意事项等,可以起到调节紧张情绪的作用。

(五)激化调节

上述几种情绪调节方法,多是从降低中枢神经系统兴奋程度的角度出发,旨在消除过度的焦虑、紧张和愤怒。但在竞争性激烈的竞技运动中,有时也需要激发运动员的拼搏精神。因此,教练员需要因人因事制宜,采用"激将法"。激化调节就是通过刺激和唤醒自尊意识控制情绪和行为的方法。

"激励"的字面意思是激发、鼓励。作为心理学概念,它则是指调动人的动机的过程。在体育比赛中,运动员的自我激励就是激发自己、鼓励自己,调动动机,从而提升训练和比赛的积极性,发挥主动性。

竞赛是激烈而残酷的,每个项目的冠军只有一个。越是临近比赛,运动员越会产生紧张、焦虑、不安、害怕等情绪,这时可以采取以下几种激励方法。

1. 第一种办法是"不怕输"

这是阻断不良情绪,排除各种干扰的良药。此时运动员应努力做到心中有我,目中无"人"!"豁出去拼了,大不了一个输字,何况比赛还未开始,我绝不能凭想象就自己把自己打败了,我一定要按预先的准备去比赛,绝不能自己先乱了阵脚。"越怕输越容易输,不怕输反而放得开,这是已被许多运动员证明的事实。

例如,有一名著名的射击运动员,在一场大赛中有一只腿一直在抖。开始他很害怕,结果越害怕越抖,越抖越害怕。在前几枪失利后,他干脆豁出去了,对自己说:"抖吧,你就使劲抖吧,大不了我一条腿打,还能怎么着!"说完没多会儿,腿竟然不抖了。他在后面的比赛中步步紧追,最终赢得了比赛的胜利。

2. 第二种办法是"想不输"

光不怕输还不够,还要积极思维动脑筋,想出不输的办法,寻找自己的优势,长自己的志气。

"我有什么长处?""我有什么绝招?""我如何运用战术出奇兵?""在过去的比赛中我有哪些克敌制胜的经验?""我的心理优势在哪些方面?"把自己的长处越想透,勇气就越有,办法就越多,积极性和主动性就会大大增强,"想不输"就有保障。但是光是"想不输"而并不积极想办法、不挖掘自己的潜力,或不动脑筋蛮干,也是难以达到目的,甚至事与愿违的。

3. 第三种办法是"让你输"

比赛总是对抗，要想赢就要认识对手，特别是他的弱势，因为这是进攻的着力点。对手有什么弱点？技术有什么破绽？他过去有什么败绩？其原因是什么？心理上有什么不成熟、不稳定的地方？看透对方的劣势，就不会被他的优势所吓倒，设法顶住他的"三板斧"，设法让他暴露弱点，让他的长处不能发挥，诱使他心理不稳、情绪不宁，发挥自己的优势打垮他，想新招战胜他！越是站在高的角度认识对手，就越容易创造出"让你输"的高招、新招，最终获胜。

（六）思维阻断

当运动员的情绪紧张是由消极思维引起并被运动员发现时，就可采取某种习惯性的方式来阻断消极的意识，并以积极思维替代它。

思维阻断疗法又称思维控制疗法、思维停止疗法。它是一种治疗强迫性思维的技术，是个体在陷入自己固有思维和情绪的过程中，通过外部控制的手段，人为地抑制并中断其思维，经过多次重复，促使这种思维症状消失的一种心理治疗方法。日常训练中为运动员实施思维阻断疗法的步骤如下。

1. 第一阶段

第一，指导运动员进入放松状态。

第二，让运动员关注那些使自己郁闷的想法、念头或思维活动。

第三，告诉运动员，当教练或心理学工作者让他"停止"时，自己也同时大声命令自己"停止"，并停止想那些东西。

第四，让运动员在自己有清楚的思维意象活动时就竖起食指示意。

第五，当运动员竖起食指时，教练或心理学工作者即大声说"停止"，运动员也随同一起大声命令自己"停止"。在进行这一步时，可使用一些辅助手段，如用一个小木槌敲一下桌子，等等。这种意外的刺激能将运动员从自己的主观思维观念中拉回来。

第六，重复上述步骤。

2. 第二阶段

第二阶段的过程与第一阶段的程序大体相同，只是在第五步中，教练或心理学工作者不要使用任何辅助手段，仅是大声说"停止"。如果这一阶段的调控也有了效果，即可进入第三阶段。

3. 第三阶段

教练或心理学工作者不再大声说"停止"，而是由运动员大声命令自己"停止"。

4. 第四阶段

教练或心理学工作者让运动员改用小声命令自己"停止"。

5. 第五阶段

当运动员的思维意象清楚时，运动员在心里对自己下命令"停止"。

三、情绪的环境调节

情绪的环境调节是指通过改变环境来控制情绪。在这个过程中，通过一定的策略和机制，使情绪在生理活动、心理活动、主观体验、外部表现等方面发生一定的变化。情绪的环境调节包括音乐调节、颜色调节和气味调节等。

（一）音乐调节

音乐调节是通过音乐有效控制情绪的方法。音乐不仅可以表达作曲家的情感体验，还能影响听者的情绪反应，扮演着我们学习、生活中的重要角色。音乐能够缓解压力，缓解紧张情绪，从而促进运动员训练水平的正常发挥。

音乐的形式多种多样，根据作用效果可以分为诱导性音乐、松弛性音乐和动员性音乐。运动员在赛前可以通过色彩鲜明且不同类别的音乐来调节情绪状态。

音乐对人的生理、心理、情感体验以及外部表现能产生极大的影响。不同的音乐可以激发人们不同的情绪，如愉快、平静、振奋、欣喜等，其原理主要是音乐的和谐与共振引起机体的相应反应。悦耳的音乐可使人产生愉快的情绪，而嘈杂的噪声能破坏人的心情。自然界中雨打芭蕉、泉水叮咚、潺潺流水，深山古刹中的晨钟暮鼓、清磬木鱼之声都可以给人带来宁静、轻松的情绪。嘹亮的军号、咚咚的战鼓声可使人兴奋。震耳欲聋的爆炸声能使人产生恐惧情绪。不同音调、不同旋律的音乐也可以使人产生不同的情绪状态。经常聆听慢节奏的音乐可以帮助人们减压、放松，保持我们心情舒畅，排除杂念，全身松弛，使紧张的大脑皮层放松下来，起到降压和沉静等作用；听一些高昂的军歌，会让我们有振奋、激昂的感受，心情不能平复。

巧妙合理地选择音乐可以有效地调节运动员的情绪状态。在音乐的作用下，运动员能调动（或降低）身体各器官的积极性，使身体机能达到（或降低）兴奋状态，从而使运动员在比赛中发挥最佳竞技水平。

运动员在赛前可以将自己最喜爱的音乐选出来，并将其分为两大类：一类是节奏较慢且轻松悠扬的有助于缓解紧张情绪的乐曲；另一类是节奏快旋律强的具有振奋作用的乐曲。将乐曲随身携带，根据实际情况需要来放松情绪或振奋精神。

（二）颜色调节

颜色是视觉刺激物，能够影响人的精神和情绪，作为一种外在的刺激，通过人的视觉让人产生不同感受，给人以某种精神作用。颜色也可以同时引起其他感觉，使人感到冷暖、重量、味道、软硬感等，称为"联觉"。颜色调节是指通过颜色有效控制情绪的方法。

研究表明，鲜明的色彩往往能提高情绪的兴奋性，而暗冷的颜色则对情绪起镇静的作用。在颜色调节情绪中，浅色系给人以温暖的情绪，而深色系给人以清冷的情绪；黑色给人以沉重情绪，粉色则给人以轻松情绪；暖色味道甜美，冷色则甘苦沉着。

人们精神上感到舒畅还是沉闷，都与色彩的即视感有直接或间接的关系。可以说，不协调的色彩如同噪声一样，使人感到烦躁不安，心情难以平复，而协调悦目的色彩则是一种美的享受。

在比赛前可以利用联觉现象，通过颜色调节运动员的情绪状态。当运动员过分紧张时，看一些绿色、蓝色、紫色等冷色彩，可以起到镇静作用；用绿毛巾擦汗，饮用带绿色的饮料，可使过度紧张的情绪得到缓解。

物体表面的颜色及质地还会让人产生软硬的感觉。一般情况下，色调暗、明度低的颜色会使人感觉硬，而高等或者中等明度范围的颜色，给人软的感觉。在体操项目中，随着运动竞赛新规的更新、比赛难度的增加，运动员更加注重比赛技巧和难度训练。运动员在进行难度训练时可以多采用黄色、红色保护垫，使运动员产生软的感觉，进而缓解紧张情绪。

（三）气味调节

气味调节就是通过气味有效控制情绪的方法。

气味对人类大脑神经系统的影响研究在我国有悠久的历史，我国古代的许多作品中列举了大量有健身、疗疾作用的香草植物。近年来，人们利用香味调节心理、生理机能，改变精神状态，从而起到治疗疾病和预防保健的作用。

不同的气味产生的情绪也不一样：茉莉的香气清新淡雅，给人以放松舒适的感觉；柠檬的味道给人以消除疲劳、沉静的感觉；薄荷的味道清凉飒爽，给人以神清气爽的感觉；等等。

运动员在训练和比赛中，应注意保持宿舍清洁，空气清新，还应注意保持运动服和擦汗巾的清洁，这有助于促进运动员心情舒畅、训练热情高涨。

研究表明，举重运动员比赛出场前闻一些浓度很高的刺激性气味有助于激发力量，从而更好地发挥训练水平。

除此之外，赛前调节紧张情绪的方法还有很多。但无论采用哪一种方法，都要经过运动员的认可，在赛前进行系统适应性训练，这样才能在比赛中取得实效。

思 考 题

1. 简述排球运动员心理训练的原则。
2. 排球运动员心理训练的方法有哪些？
3. 简述情绪的身体调节的方法。

第八章　排球运动员的体能训练与测试

通过科学的体能训练，培养学生的自律性、毅力和坚韧不拔的精神，增强其面对挑战和困难时的心理素质。

排球运动所需要的身体素质与其他运动项目一样有其专项特性，因此排球运动员的体能训练应根据排球运动的特点，采用专门的训练方法和手段，有效地发展适合排球运动所需的各种特殊的身体能力。

第一节　排球运动员体能训练概述

一、体能训练的意义

排球运动员的运动水平是由其竞技能力所决定的，是运动员技术、战术、体能、智能和心理能力的综合表现。体能即身体能力，是运动员在训练和比赛中专项身体素质、机体机能水平和身体形态特征的综合体现。在竞技能力的四大因素中，体能是最基础的因素。良好的体能不仅是提高技战术水平的重要保证，而且是取得优异运动成绩的重要途径。因此，体能训练在现代排球训练中占有重要地位。现代排球高强度的比赛对运动员的体能水平提出了更高的要求。

排球运动员应采用多种多样的训练方法和手段，全面发展与提高专项身体素质，提高各系统机能能力，改善身体形态，从而能承受大负荷训练，有效防止伤病，并让竞技状态始终维持在较高的水平上。因此，运动员体能的水平越来越成为决定运动成绩的重要因素，体能训练的重要性越来越突出。

二、体能训练的内容

要根据排球运动的竞技特征，采用专门的训练方法与手段来发展同排球运动竞技能力直接相关的专项身体素质、机体机能能力，并在体能训练过程中改变身体形态。各种运动训练方法与手段均可以用来改变排球运动员的身体形态，改善与提高其机体机能，因此，这里在讨论排球运动员身体形态、机能特征及其测试内容与标准的基础上，着重阐述排球运动员专项身体素质训练。

三、体能训练的生理学依据

为使体能训练取得良好效果，在选择方法和手段时，除了运用各种运动训练方法与手段之外，必须考虑现代排球竞赛对运动员体能的要求，而这种要求必须符合运动生理学原理。从能量代谢的角度看，人体工作时的能量来自三个供能系统：一是无氧非乳酸供能系统，它可使肌肉活动在较高的水平支持5～10秒，如100米短跑；二是无氧乳酸供能系统，工作时间在20～30秒，有时持续1～2分钟，如400米跑项目；三是氧供能系统，即在氧气充分供应的情况下提供能量，工作时间往往在2～3分钟或更长时间，如长距离的运动项目中有氧供能是基础。

排球比赛属间歇运动形式，即短时间爆发式的身体运动被短暂的间歇休息分隔开。短时间、爆发式的扣球、拦网主要是无氧非乳酸系统供能。而短促的动作重复或连续的多回合争夺，则是无氧乳酸系统供能居主导地位。从这个角度来看，排球运动主要取决于无氧供能系统。但从排球比赛无时间限制，势均力敌的比赛时间可在两小时以上这点看，提高有氧供能能力同样不能忽视。

由此可见，三套供能系统构成了排球运动员身体活动供能的结构体系。排球运动员的体能训练都应该围绕这三套供能系统展开。

四、体能训练的基本要求

第一，体能训练必须全面安排。排球运动需要进行全面的体能训练。身体形态、身体机能和身体素质之间彼此联系、相互依存、相互促进，因此在体能训练计划中要予以全面安排。

第二，要系统、科学地安排体能训练比重。一般来说，青少年运动员体能训练的比重要大些，成年运动员体能训练的比重可相应小些。在训练的不同阶段，体能训练的比重也应有所不同，如冬训时体能训练就应多一些。训练的不同阶段对体能训练的侧重也应不同，如青少年多进行全面训练，赛前阶段坚持力量训练等。

第三，要处理好体能训练与技战术训练的关系。体能训练与技战术训练，既不是互相对立的，也不是可以互相替代的。体能训练是整个运动训练中不可缺少的组成部分。体能训练的内容、手段和方法，应紧密结合排球技战术的要求，能有效地满足技战术训练的要求。

第四，要合理安排体能训练时间和运动负荷。运动员在大脑皮质处于良性兴奋和精力充沛的状态下进行体能训练效果最好，也不容易受伤。同时，运动负荷安排要合理，既要有一定的强度和密度，又要科学地掌握间歇和休息时间。

第五，要加强体能训练的针对性。教练员在进行体能训练时，要善于发现和掌握运动员的个体差异，并采取有针对性的训练手段与方法。不加区别地采用同样的训练手段与方法，是难以取得好的训练效果的。因此，在体能训练中要注意因人而异，区别对待。

第六，体能训练的方法和手段要多样化。单调的训练方法会使训练乏味。对于同一训练内容也要不断变换训练手段与方法，提出不同的要求，如采用竞赛、游戏、测验、评比等方法，激发运动员的训练欲望，使运动员在情绪高、兴趣浓、兴奋性强的情况下进行训练，才能收到良好的训练效果。

第二节　排球运动员身体形态和机能水平特征

一、身体形态特征

排球运动项目的特点，决定了运动员"大型化"的发展趋势。身材高大、指间距长、臀围和骨盆相对较窄、体脂较少等形态特点已成为排球运动员的主要形态特征。国家男子排球运动员身体形态各参数见表8-1，与国外优秀运动员相比，我国男排运动员尚无明显优势。

表8-1　国家男子排球运动员身体形态各参数

参数	身高/厘米	体重/千克	脂肪	胸围/厘米	臂围/厘米	大腿围/厘米	上臂围/厘米	前臂围/厘米
范围	187～203	72～98.2	11%～16.2%	88～110.5	73.5～88	54～64	26～30.5	25～27.5

（一）身高

身高在现代排球比赛中具有重要作用，世界各排球强队在选材中越来越重视运动员身体的高大化。目前世界优秀男子排运动员平均身高达到1.95米，女子排球运动员平均身高达到1.81米。高大的运动员已成为当今排球空中实力的体现，为激烈的网上对抗奠定了良好的基础。

排球场上不同位置的职能技术对运动员的身高需求有所不同。一般情况下，攻手的身材相对要高大一些（男子最好有1.95～2米，女子最好有1.85～1.90米）；二传手除拦网、扣球外，还要完成大量的低姿动作，灵活性要求较高，因此二传手在具备较灵活的前提下，理想的身高为越高越好（男子最好有 1.90～1.95 米，女子最好有 1.80～1.85 米）。

（二）体重

体重虽与技战术水平的发挥无直接关系，不决定比赛的胜负，但是，体重大，肌肉的生理横断面大，肌肉的绝对力量也就大。体重不足使我国男子排球运动员在力量上与优秀世界男子排球运动员相比处于劣势。

（三）指间距

指间距是间接反映上肢长度的指标。较长的指间距可提高扣球击球点和拦网点，对于在比赛中争夺空中优势是个有利条件。另外，在进攻时，较长的手臂可以充分发挥击球时最大的线速度。手长在拦网和防守中的作用也非常重要。手长，拦网时能到达更高的空间，防守时能控制更大的范围。排球运动员的指间距减身高的差数越大越好，一般不能少于 50 厘米。

（四）体型

排球运动员整体要求是身材高大、匀称，体格健壮，四肢长，躯干短，重心高，臀部翘，小腿跟腱长，手大，指长，足弓高，皮脂层薄，体脂肪重量轻，去脂体重及质密度大。

二、机能水平特征

排球运动员完成每次弹跳、击球、拦网、补救动作的时间短、强度大，而且每次比赛中需要在较长时间内反复完成弹跳、击球等动作，因此，排球运动要求运动员具有很强的 ATP-CP（磷酸原系统）供能能力和糖酵解供能能力。同时，排球运动员还需要完成长时间移位、跳跃、扣杀及赛后恢复的有氧代谢能力，因此，高水平的有氧及无氧代谢能力均要作为排球运动员体能训练的重要目标。

第三节　排球运动员体能测试

体能测试是检查训练效果的重要手段，是体能训练的一个重要组成部分。

通过对运动员体能的测定，掌握运动员体能的实际状况，有利于教练员判断运动员的训练水平和身体能力，分析训练中存在的不足。为了促进排球运动员，特别是青少年排球运动员专项体能的提高，我国现行竞赛制度规定青少年有比赛必须考核身体素质项目。中国排协于 20 世纪 90 年代开始对参加全国排球联赛的各队选手进行体能测试，并规定只有测验达标的选手才有参赛的资格，测试项目是 800 米计时跑、助跑双脚起跳摸高、20 秒内连续 5 次助跑双脚起跳摸高（进攻队员测验项目）和 6 米×16 次网下移动计时（二传队员测验项目）。

近年来对体能测试在测定项目的确定和对指标的评定两个方面进行了许多研究，下面介绍几种常用测试方法。

一、身体素质测试

（一）20米、60米、100米、800米、1500米跑

按田径竞赛规则进行，用站立式起跑（可一手扶地）。

（二）连续摸高

运动员连续原地起跳，用手触摸摸高器10次，计算其平均高度。连续起跳过程中不应有停顿或垫步。

（三）助跑双脚和单脚起跳

助跑距离和方向不限。

（四）立定三级跳远

在沙坑前6米处和8米处各设一块起跳板（尺寸、规格与跳远踏板相同），运动员面向沙坑，站在适合自己能力的起跳板上，第一跳是双脚起跳，其他与三级跳远相同。每人测两次，以最远一次计算成绩。

（五）负重蹲起

肩负杠铃，脚后可垫高2厘米左右，下蹲深度为膝关节弯曲超过90度，以最重的一次计算成绩。

（六）仰卧收腹

仰卧在木板或板凳上，用带子捆住膝关节部位，看手势（同时开表计时）做20次仰卧起坐。要求用左手摸右脚尖，用右手摸左脚尖，第20次摸到脚尖为止停表。两臂可以自由摆动，手未触及异侧脚尖或仰卧时双肩胛骨未触及木板均不计次数。

（七）36米移动（在排球场上进行）

运动员站在进攻线后看手势启动，同时开表计时。运动员先前进、后退两个来回，前进时必须双手触摸中线，后退时必须双脚退过进攻线，第二次退过进攻线着地后（手不许触进攻线），变侧滑步或交叉步移动两个来回，用单手摸线，然后做钻网跑（禁止触网），单手摸对方进攻线，折回时手摸出发线（手触或超过进攻线均可），停表计算时间。

（八）羽毛球掷远

手持沾上白色粉末的羽毛球皮头部位，两脚左右或前后开立，站在线后原地掷远。投掷时允许一脚离地，但不能踩线、过线（包括投掷后）、捏球等。

（九）灵活性的测试

灵活性的测试方法有20米跑、9米往返跑等。还可以创造各种各样的方法，如在边线两侧放置各种标志，然后穿梭似的来回跑动；也可以从球场的一端做一次鱼跃起来跑到另

一端，然后跑回来到网前做一次起跳。日本队常采用 5 个前滚翻和 5 个后滚翻然后站起来等方法，以时间为衡量标准。

（十）柔韧性的测试

柔韧的测试一般测体前屈。测量时运动员站在高台上，手向下伸，测手能够超过脚面的距离。

二、身体机能测试

排球运动的能量代谢特点是以有氧耐力为主及短暂的无氧活动。运动员除了要有良好的爆发力、弹跳力外，还要有良好的耐力才能在比赛中占优势。比赛后运动员血乳酸浓度无明显升高。

身体机能测试主要是用生理生化指标来反映体能训练后机体机能的状况，例如对无氧非乳酸能力的测试一般采用肌肉活检，无氧乳酸能力的测试采用取血分析方法，有氧能力的测试方法最常用的是进行最大吸氧量测试。还可以通过测量肺活量、尿检、遥测心率等方法对运动员机体各系统机能水平进行评定。

根据排球运动项目的特点，要求运动员听、视觉反应迅速，空间、时间感觉能力强，本体感觉、位觉感受能力强，其中视觉感受起主导作用，肩、踝、髋关节和腰部灵活性要好，要善于模仿，敢于运用。

（一）身体机能测试的内容和方法

身体机能测试的内容和方法大体如下。

1. 听、视觉功能测定方法

第一，听声音、看信号做启动、变速、变向或各种指定动作。

第二，听声音、看信号做各种追逐游戏，如"贴膏药""老鹰抓小鸡"等。

2. 本体感觉功能测定方法

第一，用篮球、排球、足球、手球，在罚球线做定位投篮（投篮动作不限）。

第二，向高空抛接球。

3. 位觉功能测定方法

第一，跳起后接抛来的定向或不定向球。

第二，原地旋转后接不定向来球。

4. 关节灵活性测试方法

测试各主要关节的活动幅度。

5. 心肺功能测定方法

利用最大摄氧量反映人体极限负荷，优秀排球运动员最大摄氧量为每千克每分钟 63.3 毫升，国外优秀运动员为每千克每分钟60.2毫升，少年女子排球运动员为每千克每分钟39～

42.8 毫升，少年男子排球运动员为每千克每分钟 45～51.76 毫升。

6. 肌纤维类型测定方法

白肌纤维占优势。

（二）身体机能测试评价的指标

排球运动员部分身体机能评定分级表见表 8-2。

表 8-2 排球运动员部分机能评定分级表

内容	正常值范围	优	中	差
收缩压/毫米汞柱	男：123±10 女：112±7	安静时处于稳定状态，负荷后 3 分钟内恢复原水平	安静时略有波动，负荷后 3 分钟内恢复原水平	安静时波动大（升高或下降），负荷后 3 分钟内不能恢复原水平
舒张压/毫米汞柱	男：71±9 女：66±6			
安静脉搏/（拍/分）	男：30±4 女：34±4	安静时稳定或下降，负荷后 3 分钟内心率小于 120 拍/分	安静时略有上下波动 8 拍/分左右，负荷后 3 分钟内心率小于 130 拍/分	安静时上下波动 8 拍/分以上，负荷后 3 分钟心率小于 130 拍/分
脉压差/毫米汞柱	女：42～45	偏大	保持原水平	缩小
肺活量/毫升	男：5125±216 女：3870±486	保持本人原水平或逐渐上升	保持本人原水平	低于本人原水平并逐渐下降
肺活量/体表面积	男：2554±216 女：2167±265			
最大摄氧量/（升/分）	4.97±0.93 4.37±1.3	稳定	稳定	稳定
台阶指数	男：127±18 女：122±16	保持原水平并逐渐上升	在原水平上下略有波动	低于原水平并逐渐下降
反应时/（米/秒）	女：74±14	偏快	一般	减慢
体脂率	男：11.5%±1.6% 女：19.7%±4.2%	偏低	一般	偏高
去脂体重	男：68.6%±4.6% 女：53.3%±3.87%	偏重	一般	偏低
血红蛋白/（克/升）	男：142±13 女：127±10	偏高而稳定	略有波动	偏低并逐渐下降
心电图	—	正常心电图，负荷后 3 分钟心率恢复正常	正常心电图，负荷后 5 分钟心率恢复正常	心率失常、1A-VB、ST-T 改变、负荷后 5 分钟内心率不恢复
纵跳高度/厘米	女：58.4±4.3	稳定或上升	在原水平上下略有波动	低于原水平并逐渐下降

三、身体形态测试

身体形态测试主要是对某些与专项有关的身体形态特征进行测量。对排球运动员主要测量身高、坐高、指距、下肢长等。还可以对体能训练后身体形态发生变化的指标进行测试，如测量皮脂厚度，用水下测量法测试体脂比重。据加拿大排球队测试，他们经过 4~5 个月的体能训练，身体素质随着体重、体脂的下降而上升。

思 考 题

1. 简述体能训练的内容。
2. 简述排球运动员身体形态特征。
3. 简述身体机能测试的内容和方法。

第九章　排球运动的基本素质训练与运动保健

通过排球训练，培养学生的纪律性、责任感和团队精神，强化其对健康生活方式的认识和追求。通过运动保健知识的学习，运动员能够树立正确的健康观和生命观，增强自我保护意识和社会适应能力。

运动过程中发生的各种损伤，称为运动损伤。其损伤部位与运动项目以及专项技术特点有关。如体操运动员受伤部位多是腕、肩及腰部，与体操动作中的支撑、转肩、跳跃、翻腾等技术有关。网球肘多发生于网球运动员与标枪运动员。

第一节　力量与速度素质训练

一、力量训练

（一）力量素质的作用与种类

力量素质是指肌肉工作时克服阻力的能力。人体的所有活动都是对抗阻力而产生的，因此力量素质是决定运动成绩的重要因素。

排球运动中决定竞技水平的弹跳力、弹跳耐力、移动速度及移动耐久力都是以力量为基础的。因此，排球运动员应特别重视力量训练，提高力量素质。高水平的力量素质对于提高技术水平，减少伤害事故具有重要意义。

力量素质因其表现形式不同可划分为绝对力量、相对力量、速度力量和力量耐力等类型。

绝对力量是指不考虑运动员体重所表现出的力量。如不看运动员是谁，只看下蹲杠铃的重量。

相对力量是指每千克体重具有的力量。其大小用绝对力量与体重之比来表示。

速度力量是指单位时间内发挥出最大力量的能力，如扣击排球、投掷羽毛球等。

力量耐力指长时间克服阻力的能力。

（二）影响力量素质的因素

1. 骨杠杆的机械率

骨杠杆的机械率取决于肌肉群的牵拉角度。这个"角度"对于一个技术定型的运动员来说变化不大，因而能表现出稳定的力量。但对于不同性别和身高的运动员来说（即使是身高相同，但存在某些素质条件差异），角度的差别就比较大，所表现的力量也不尽相同。

2. 肌肉的生理横断面

骨肉横断面越大力量也越大。肌肉横断面增大是由于训练引起的肌纤维变粗（并非肌纤维增多）。排球运动员的下肢肌肉需要较大的横断面，因此，需要较大的绝对力量或相对力量。而上肢运动只需要克服较小的阻力，不要求很大的肌肉横断面。

3. 神经系统的协调能力

参加工作的主动肌、协同肌及对抗肌的协调能力，主要取决于神经系统灵活性。

除了肌肉间的协调能力外，主动肌本身的"内协调能力"对力量的发挥影响也比较大。所谓"内协调能力"，就是肌肉收缩时动员"运动单位"参加工作的能力，这在很大程度上取决于训练水平。研究表明，高水平运动员可动员80%～90%的运动单位参加工作，一般人只能动员40%。

4. 肌纤维类型

白肌纤维收缩速度快、张力大，是力量素质的主要因素。白肌纤维占的比例越大，肌肉的力量特别是爆发力就越强。

（三）力量训练的特点

1. 提高力量素质的要求

提高力量素质要求不断提高刺激强度，而肌肉对于外界施加的刺激，会产生适应性的反应。一定强度的刺激，引起一定的生理反应。大强度或极限强度的刺激，可以使肌肉产生更多的超量恢复。作为运动员的训练，如果不逐步达到大的或极限的强度，训练的效果就比较差。

发展肌肉力量的生理过程是：刺激—反应—适应—增加刺激反应、适应—增长力量。

从发展力量的生理过程可以看出，进行肌肉抗阻力的训练，可以增长肌肉力量。如果阻力施加得合理（达到极限或较大强度），力量的增长就比较快。而增长了力量的肌肉，必须再增加更大的刺激，力量才能继续增长。所以，发展力量要遵循极限负荷与逐步增加刺激强度的原则。

2. 力量训练要有专项特点

对于力量训练是否具有专项化特点的问题，曾有过激烈的争论。尽管两种方法都有效，迄今科学论据还是倾向于支持力量训练应接专门化的理论。力量训练专门化观点的学者认为，力量训练的练习应在肌肉收缩速度、肌肉收缩类型和收缩力量上，尽可能地模拟实际从事的运动动作。有人甚至认为，力量训练在很大程度上是技巧的产物。训练效应甚至在训练时的关节角度上也存在着专门化。既然在简单的动作中也存在着动作形式的特异性（即专门化），在许多运动项目更为复杂的动作中，这种特异性将更为显著。这种特异性的生理学基础，是神经系统适应在力量训练的反应中起主要的作用。

因此，排球运动员进行力量训练时，一定要选择与专项技术相结合的动作方法，并力求在动作结构、动作速度等方面与专项动作相同。

3. 排球运动员力量训练

力量训练应以动力练习为主要形式。力量训练的方法是多种多样的，主要有动力性练习（等张练习）、静力性练习（等长练习）、等动练习三种。训练实践中，排球运动员主要采用的方法是动力性练习的方法。

静力性练习曾经被认为是提高最大力量的有效手段。但是，现代训练理论认为，力量训练最显著的特点是与专项动作及素质特点相结合。当然静力性练习也有它的独到之处，如可以有选择地训练某一肌群，可作为康复的一种手段，并且不需要复杂的器材等。

等动练习可使运动员动作的任何阶段都表现出极限或接近极限的力量，可以达到其他负重练习达不到的效果。但目前并未在排球运动员力量素质训练中得到广泛应用，其主要原因是还没有设计出适合排球运动员使用的专门器材。

动力性练习是肌肉处于动力状态下进行的练习，力量可以得到很大程度的发展。动力练习的不同阶段可以根据运动员的力量能力来安排适宜的运动量，动作的速度可以在很大范围内变化。这样有助于增加参与工作的肌纤维的数量，也能使完成力量动作时的速度接近比赛的速度，因而是排球运动员发展力量素质的主要方法。

4. 力量增长与消退的规律

据研究，每天都进行一次力量训练，可以取得 100%的效果。2 天、5 天及间隔时间较长的训练，效果就会减少。14 天以上进行一次力量训练，基本上没有效果。由此，每周进行 2~3 次力量训练是必要的。每天训练一次，20 周达到 100%效果，在停止训练后的 30 周，力量即降到开始水平。每周训练一次，经过 50 周的训练，效果只能达到 75%。但若 60 周不练，还能保持 60%的效果。说明短期进行突击力量训练，可以收到较好的效果，但消退也很快。细水长流的训练效果虽然不是很高，但消退也慢。力量素质增长与消退的规律，为我们安排训练提供了依据。

5. 女子及青少年力量训练的特点

据研究，女子最大力量不及男子的40%。因此，女子排球运动员也应当进行一定的力量训练。但是，女子运动员进行力量训练时，应从女子运动员的生理和心理特点出发，以避免伤害。如应该回避做躯干严重后屈的练习，而坐着或卧着做脊柱放松，增强躯干肌肉力量的练习最适宜。当然，为了专项的需要，适当的下肢和上肢力量练习也是必要的，但要注意循序渐进和尽量减少脊柱的负担。

少年时期可以进行力量训练，但要十分谨慎，重视年龄特点。8～13岁，可发展全身各部位一般力量，多用动力练习，通过小负荷，特别是克服本身体重的练习。这个时期主要通过肌肉组织的内协调去增大力量，不应该出现肌肉组织的肥大。13～15岁阶段，身高明显增加，采用对脊柱有负荷的力量练习时应特别小心。此时可以采用轻器械的负重练习，如哑铃、轻杠铃等，这个时期可以通过增大肌肉体积和肌肉内协调两种途径来增强力量。16～18岁可以逐步承担最大的力量负荷。在整个少年阶段进行力量训练时，都要考虑到少年骨化过程尚未完成的特点，还要特别注意区别对待。

（四）力量素质训练方法

力量素质分为最大力量、速度力量、力量耐力三种不同的类型。最大力量是指机体克服最大阻力的能力；速度力量是指单位时间内发挥力量的能力；力量耐力指力量练习克服疲劳的能力。

力量训练的方法多种多样，对于排球运动员来说最主要的是动力性抗阻练习。排球运动员从事力量训练的主要目的是以力量素质为基础，提高运动员的弹跳力、移动速度、动作速度和比赛耐力。

1. 最大力量素质的训练方法

发展最大力量素质应用大的或极限负荷强度较小的负荷量。有机体对负荷的承受特点是练习的负荷强度大，负荷量就必然小；负荷强度小，机体则可承受较大的负荷量。

在训练实践中，练习强度与重复次数的搭配组合与训练的目的是紧密相连的。

采用较大强度（75%）、多重复次数（6～8次）的反复练习，主要是改善肌肉的内协调。采用极限强度（90%以上）、少重复次数（1～3次）的练习，可以提高肌肉的绝对力量。

最大力量素质又称为绝对力量，绝对力量与体重的比例称为相对力量。相对力量训练的目的是使力量增加而肌肉的横断面积不增加或少增加。排球运动员在选择发展力量的方法时，应该考虑到自己的情况，如果肌肉还没有得到很好的发展，最好以发展绝对力量为主，以促使身体健壮起来。如果已肌肉丰满，则应采用发展相对力量的方法来使自己跳得更高。发展相对力量应采取强度大、重复次数少的方法进行。因为强度大的刺激可以改善肌肉的内协调，也就能够动员更多的"运动单位"参加工作。由于大强度刺激可使神经冲动的频率增大，更利于各"运动单位"的同步化。

2. 速度力量素质的训练方法

影响运动员速度力量的主要因素是力量和速度。提高力量可以提高速度力量，提高速度也可以提高速度力量。通过提高力量来提高速度力量是一个有效的途径，因为发展力量比发展速度快得多。

排球运动员下肢、躯干速度力量的提高除采用绝对力量和相对力量训练之外，还有"超等长练习"。有研究证明，超等长练习能更有效地提高速度力量。

超等长练习是指肌肉先被动拉长的离心收缩，紧接着完成一次主动的向心收缩。其典型的练习形式是跳深练习。

跳深练习是排球运动员发展速度力量素质常用的一种有效方法。跳深练习如果高度较低，主要发展小腿后群肌肉，高度较高时主要发展股四头肌。

进行超等长训练时不负重，但强度要大（如100%或更大），次数为6~10次，间歇要充分。采用爆发式动作，进行50~85厘米高度（用前脚掌着地）、85厘米以上（用全脚掌着地）的练习。

排球运动员挥臂动作速度力量的训练，不能采取通过发展力量来提高速度力量的方法，而主要是抓发展动作的速度。

从理论上说，负荷越重动作的速度越慢，负荷越小，动作的速度越快。因此，上肢速度力量的训练，应以轻器械为主，同时要注重增强身体的协同能力。

第一，投掷垒球及小石块。

第二，持火棒或酒瓶做扣球模仿挥臂。

第三，单手从肩上投远篮球、足球或手球。

第四，连续前上举或头后肩上举杠铃。

第五，2人远距离对打羽毛球。

3. 力量耐力素质的训练方法

发展力量耐力的方法的特点是：负荷强度小，重复次数多，练习时间长。

负荷量一般在25%以下，主要是红肌参加工作，从而达到发展耐力的目的。

耐力训练的次数要达到极限的程度，组数不一定太多。

（1）穿沙衣做移动。

第一，看教练员手势做前、后、左、右等方向移动。

第二，36米多种步法移动，重复2~3次。

（2）穿沙衣跳跃。

第一，原地全蹲跳起。

第二，跳绳（连续跳）。

第三，立定跳远。

第四，连续跳过 10 个低栏架。

第五，连续跳上跳下高台。

（3）轻杠铃练习。

第一，40~60 千克杠铃全蹲轻跳起。

第二，20~40 千克杠铃半蹲跳。

第三，20~40 千克杠铃足弓跳。

（五）力量训练注意的问题

第一，力量训练应循序渐进地进行，应采用各种手段全面训练排球运动所需的各项运动肌群，为艰苦的专项训练打下良好的身体基础。

第二，力量训练要强调完成技术的正确性，要以中小负荷为主，负荷量大时必须加强保护。

第三，力量训练前必须做好准备活动。

第四，力量训练应该与专项要求紧密结合，训练的效果要在专项素质、专项运动成绩上反映出来。

第五，力量训练的主要阶段应放在青年期和成年期，15 岁以前的少年（女子可提早一些）不适宜进行专项力量训练，这个阶段力量训练的重点在发展速度力量，而不是肌肉的绝对力量。

第六，由于人体肌肉的相互关联，因此在组织训练和制订计划时，最好选用能够分别训练上、下肢所有肌群的练习，这样有助于发展肌肉之间的相互协调配合关系，减少肌肉的运动性伤害。

第七，为了保持运动员在训练中的热情和兴趣，力量训练应该采用不同器械、多种训练方法，改变练习的量和强度等，使训练变得丰富多彩。

二、速度训练

（一）速度素质的意义

速度素质是指单位时间内完成某个动作或移动某段距离的能力。排球比赛是以适应迅速运动着的对手和飞速运动着的球为特点的。现代排球是"快速排球"，而爆发力又与速度密切相关，因而速度是排球运动员身体素质的重要方面。

速度素质可分为反应速度、动作速度和移动速度。不同运动项目对于速度有不同要求，对于排球运动员来说三者都十分重要，缺一不可。

1. 反应速度

排球运动员的反应速度是对排球场上，由于双方队员行动的变化和球飞行的位置、速度的变化所产生的迅速反应能力，这种能力通常叫作"综合反应时"。

科研工作者测定排球运动员的综合反应时不如短跑运动员快，并不是因为神经反应（即传导）慢，而是因为肌肉收缩的速度比短跑运动员慢。

反应速度提高是很慢的，而且反应速度有随年龄增长而减慢的趋势。由于排球运动信号感十分强烈、对反应速度要求很高，故应在早期就加强训练。

2. 动作速度

在排球场上完成击球、接球等动作的速度就是动作速度。

动作速度主要是克服运动员本身体重，阻力比较小，所需力量也比较小，主要是肌肉间的协调能力起作用。

排球运动对运动员的动作速度要求很高，据测定：男子扣球速度最快为每秒 27 米，女子为每秒 18 米。没有相应的挥臂速度是击不出这样速度的扣球的，而速度很慢的扣球将失去其攻击性。

3. 移动速度

单位时间内身体移动的距离就是移动速度，在排球场上通过移动和扣、拦起跳的速度表现出来。

移动速度除了协调性之外，还要克服较大的身体惯性（运动员从静止状态到迅速移动）和运动冲量（如某运动员扣球起跳时，给地面的冲量是 400~600 千克），这需要腿部有强大的力量素质为基础。

排球运动员扣、拦起跳的速度与其起跳的高度有直接的关系，这是人所共知的。移动速度与防守能力是否有关系呢？不同防守水平的运动员不仅在防守效果及防守移动能力上有显著差异，而且在与移动能力有关的速度素质发展水平上也有显著差异。尤其表现在短距离的反应移动速度、速度力量和短跑能力上。概括三种速度来看，排球运动员判断场上变化情况，观察球的运行，需要反应速度；完成击球动作，需要动作速度；抢占有利位置或争取最佳空间，需要移动速度。由此可见，速度对于排球运动员十分重要。

（二）速度素质的训练特点

神经过程的灵活性、肌肉快速收缩与放松的能力及运动员的意志力是构成速度素质的前提条件。排球专项速度素质训练具有如下特点。

1. 早期改善神经过程的灵活性

只有当兴奋与抑制过程以最快速度交替进行，神经肌肉系统得到相应调节时，神经才能与最佳用力相结合，达到很高的动作频率。

在移动速度练习中，某块肌肉一会儿作为协同肌，一会儿又作为对抗肌进行工作，在这种情况下，神经过程的灵活性起决定性的作用。神经的传导速度与肌肉收缩速度相应的调节，是动作速度的关键。

神经过程的灵活性及神经传导速度，是极难训练的。有研究表明，在发展对光刺激的反应速度方面变化最小,这种反应时间在 12～14 岁期间总共缩短 3.4%,此后,这一指标就趋于稳定,有时甚至有所下降。有学者发现,光刺激的反应速度在 8～12 岁发展最快。因此,神经系统的训练应在早期进行,根据神经系统难以训练的特点,在少儿选材时就应加以注意。

2. 通过提高练习的强度和最大动员能力,提高速度训练的效果

运动员在完成速度练习时,要最大限度地动员自己的力量,使动作的频率快、幅度大,达到自己最高的速度水平。因此,采用大的、接近极限的强度,对发展速度有很好的效果。

在我国优秀队身体训练中,不少教练员掌握了这一特点,对运动员速度训练的强度有明确的要求。但是,发展速度绝不仅在于练习的强度,在大强度练习之间穿插上等强度训练(约 85%)也是必需的,对于技术动作掌握不太好的排球运动员来说尤其是这样。进行动作速度训练,更应该用多种强度进行。

3. 速度训练要与专项技术的训练紧密结合

排球场上的速度有特殊的表现形式:信号感强烈,短距离为主,且多变化。速度训练的手段若能与专项技术相结合,则更能使速度素质发挥于技术之中。

4. 速度训练开始的时间

速度训练应从少儿开始,少儿时期神经的灵活性高,是发展速度素质的最佳时期。有学者通过对少年女子排球运动员速度素质的研究认为:到成年时期再培养移动速度,那就比较困难了,而且效果也不大。只有在童年和少年期进行这种培养才是最合适的。从事系统排球运动的青少年女子,其速度素质增长最快的年龄是 12～13 岁。接近 14～15 岁时,速度素质的水平就趋于稳定,16 岁时稍有下降,而到 17 岁又重新有所提高。少儿在 7～13 岁通过训练可以很好地提高动作频率。7～13 岁提高最快,说明周期性速度(移动速度)要求力量较小,主要取决于中枢神经系统的条件。即阻力较小时,动作频率主要取决于协调性。以上研究的结论说明速度素质应从少儿时加以训练。但是在青年时由于力量素质的增长,速度效果也会提高,表现在移动步频稳定的情况下,步幅有所增长。所以,即使到了成年,也不要放弃速度训练。

排球专项速度素质可归结为完成各种击球动作的启动速度、动作速度和扣球的挥臂速度。

发展这些专项速度素质的基本方法一般有重复训练法、间歇训练法、变换训练法、游戏训练法、循环训练法等。以下介绍一些常用的练习手段及方法。

(三)反应速度训练法

第一,在 3 米、6 米、9 米等不同距离处,做好准备,然后看教练员手势启动冲刺。反复多次练习。

第二,"全队转移"游戏:队员分成 6 人一队,纵队站在两个半场的进攻线上,两队队

员要拉开间隔距离，选好自己的路线，看到教练员手势后，甲、乙组交换站线，比哪一组先到。

第三，"看哪一队抢球多"游戏：队员纵队站在进攻线后，看信号冲刺去抢端线上的三个球。谁最先抢到就可以将球存入本队的筐内，比赛结束后比哪队筐内存的球多。

第四，教练员任意抛球，要求队员跑动去接，接球后抛还给教练员，反复做 8～10 次。教练员的抛球要有节奏，有技巧。

第五，2 人相对站在场上任何一条线的两侧，1 人移动，另一人紧跟，不使对方"逃脱"。

第六，"贴膏药"游戏。

第七，"老鼠钻洞"游戏。

第八，教练员连续给 5 个球，守门员一一将球接住。

第九，队员连续防守 3～5 个扣、吊相间的球。

第十，面对墙壁，接教练从背后抛到墙上的反弹球。

（四）提高移动速度的练习

1. 各种小碎步移动

第一，原地小碎步计时跑。

第二，小碎步左、右移动 3 米。

第三，小碎步前、后移动 3 米。

2. 多种步法移动

第一，36 米多种移动步法练习。队员站在进攻线上，看信号向前移动 3 米，双手摸及中线，后退至进攻线，重复 1 次。左（右）侧移动单手摸中线，接着右（左）侧移动单手摸中线，再右（左）侧移动单手摸进攻线，重复 1 次。转身冲刺钻网到对场，单手摸进攻线后迅速转身跑回，单手摸出发的进攻线。这个方法可以分解重复练习。

第二，前进、后退 3 米，重复 4 次。

第三，左、右侧移 3 米，重复 6 次。

第四，6 米往返，重复 2 次。

第五，前进、后退 3 米接左、右侧移动 3 米，重复 2 次。

第六，左、右侧移 3 米接 6 米冲刺。

（五）提高挥臂速度的练习

第一，徒手挥臂扣球。

第二，挥臂扣击标志物。

第三，投小石子、棒球或垒球。

第四，投掷羽毛球。

（六）速度训练应注意的问题

第一，由于速度素质的提高较慢，因此在平时训练中要经常进行，保持训练的经常性。

第二，速度训练时运动员注意力要高度集中，并把注意力集中在所完成的反应动作上。

第三，速度素质的训练应该尽可能与排球场地和专项技术相结合。

第四，速度训练应安排在训练课的前半部分，在精力充沛的情况下进行。

第五，合理掌握每次速度训练的间歇时间，既不宜过长也不宜过短。例如，持续练习5分钟，强度为95%以上的练习，间歇时间为30~100秒为宜。

第二节 弹跳力与耐力素质训练

一、弹跳力训练

弹跳力是指人体蹬地后身体跃离地面的能力。随着排球运动的发展，网上争夺日趋激烈，对抗的空间范围日益扩大，参与进攻的人数也日益增多。同时，由于防守、保护、二传和调整能力的提高，连续扣球、拦网的次数增多，以及快攻战术的发展和变化，对排球运动员能力提出了更高的要求。弹跳力或为排球运动员最重要的身体素质。提高排球运动员的弹跳力对于提高其技战术水平起着决定性的作用。

弹跳力是爆发力的一种，它是运动员速度、力量、协调能力的综合表现。爆发力由速度与力量两部分组成，也就是说，当速度不变时，增加肌肉力量可以提高弹跳力；当力量不变时，提高肌肉收缩的速度同样可以增强弹跳力。

（一）弹跳力训练的意义与特点

弹跳力即指运动员的跳跃能力。它是运动员速度、力量、协调能力的综合表现，也是各运动专项评定爆发力的重要指标。

从力学的观点看，决定弹跳力的因素是速度和力量。发展速度素质或力量素质都能有效地提高运动员的弹跳力。由于增长力量比较容易，提高速度比较困难，目前我国排球运动员弹跳力的训练多侧重于力量素质的训练。

弹跳力是排球运动员最重要的专项素质，在某种程度上决定着运动员的运动水平。因此，教练员和运动员都特别重视弹跳力及弹跳耐力的训练。

弹跳力虽以力量、速度为主要素质基础，但身体的协调能力和起跳技术也不容忽视。有的速度、力量指标都不低的运动员弹跳力水平却不高，其原因多在协调能力和起跳技术方面。在跳跃动作练习和技术练习中，教练员应仔细观察每个队员起跳各技术环节，并及时纠正错误动作。

在全过程、多年训练的基础训练阶段，发展弹跳力的力量素质训练应重视数量刺激，以促使运动员增大肌肉，发展力量；在专项提高阶段，则应重视强度刺激，以促使肌肉质量的提高，达到提高力量的目的。

力量训练具有专门化的特点。因此，做负重下蹲练习时，动作结构与动作要求都应与专项运动技术的跳跃动作相同或接近。有研究表明，如果力量训练的动作结构与专项技术动作结构及练习要求有较大差异，练习效果就会下降，甚至出现消极转移现象。

发展弹跳力不仅要重视下肢力量的训练，同时要特别重视腰背肌、足弓肌群的训练。腰背肌群的用力是在起跳动作的开始阶段，对于克服人体的惰性，提高起跳的初速度有重要的作用。

足弓发力在跳离地前的瞬间，人体已经获得一定加速度，此时足弓的推力会加快起跳的速度，有助于提升弹跳高度。因此，弹跳力训练不仅要练股四头肌，而且要重视腰背肌肉及小腿力量的训练。

（二）弹跳力训练的方法

弹跳力是一种综合素质，在全过程、多年训练过程中，要有步骤、最大限度地全面发展力量素质和速度素质，特别要重视速度力量素质的发展。在此基础上结合排球专项对弹跳力的高、快、持久的要求，利用各种跳跃练习将运动员获得力量素质和速度素质转移到专项所需要的弹跳素质上来。

1. 跳深练习

第一，60～80厘米高台跳深练习。

第二，100～120厘米高台跳深练习。

第三，高台跳下后冲刺。

第四，高台跳下后立即跳起或跳起扣球。

第五，半蹲姿势从高台跳下。

2. 各种徒手跳跃练习

如蛙跳、跨跳、纵跳、交换跳、助跑起跳等。

3. 利用各种场地器材的跳跃练习

如摸篮板、跳皮筋、地上画线、跳绳等。

（三）弹跳力训练应注意的问题

第一，弹跳力训练要贯穿在全年训练的始终，并合理安排训练的比重。根据肌肉力量的消退规律，有关弹跳力的训练应该经常安排，长期坚持不懈，防止肌肉力量的过快消退。一般每周进行2～3次力量训练可保持肌力的不断增长，每周1～2次可使肌肉的力量保持在稳定水平。一般情况下，冬训期间弹跳力训练比重稍大，多采用力量素质练习的训练方法，而比赛期间弹跳训练的比重适当减少，并大多采用与技战术结合密切的练习方法。

第二，弹跳力训练的主要阶段应放在青年期和成年期，但应在少年期的训练中打下良好的基础。青少年采用一般的负荷就可以增加弹跳力，但对于成年运动员，则经常采用增加训练负荷的方法，不断提高和改变刺激的强度。

第三，要大力发展伸膝肌群、屈足肌群、腰背伸肌和伸髋肌群的力量。当弹跳力素质发展到一定水平时，应注意发展与弹跳力有关的小肌肉群力量和收缩速率。

第四，进行弹跳力素质训练时，要避免在过硬的场地上进行，以防止慢性损伤的出现。

第五，弹跳力训练比较枯燥，应经常变换练习方法，提高运动员的练习积极性，使运动员的中枢神经系统经常保持兴奋状态，提高训练效果。

第六，为了达到效果，弹跳力训练应该安排在技战术训练前的数小时或单独的时间进行。

二、耐力训练

耐力是指人体不降低工作效率，长时间并有效完成运动的能力，也是机体抵抗工作时产生疲劳的能力。排球运动员耐力素质的发展水平，是由运动员机体的能量潜力，排球运动项目所要求的运动员机体的适应能力，技战术效果及运动员心理素质决定的。

（一）耐力训练的意义与特点

排球运动是以有氧耐力为基础，以无氧耐力为主导的一种竞技体育项目。排球运动员耐力水平的高低，对运动成绩具有很大的影响。

（1）耐力提高快消退也快。经常性地有计划地进行耐力训练，短期内即可取得较好的效果。如果三周停止训练，心血管系统的功能就会下降到原来的水平。故排球运动员除日常正常训练之外，每周应当进行1~2次专门的耐力训练。

（2）耐力训练要从少年开始。排球运动员所需的耐力以有氧耐力为基础，从少年时期开始，适当地进行有氧耐力的训练，有助于提高运动员的最大吸氧量和恢复能力。因此，打好耐力训练的基础对专项运动成绩与机体健康是十分重要的。

（3）耐力训练有明显的年龄特点。8~13岁的少年儿童，只能进行有氧耐力训练。短于3分钟的耐力练习对儿童是不适当的，只有在性成熟阶段后才能进行无氧耐力训练。成人进行有计划的有氧和无氧耐力训练，也能够有效地提高耐力素质。

（4）排球运动员的耐力表现。排球运动员的耐力突出表现为移动、跳跃的耐力，以保持移动速度和弹跳高度的稳定性。另外，排球比赛的时间很长，神经系统抗疲劳能力也非常重要。因此，训练中应有明确的针对性。

（二）耐力训练的方法

耐力训练的主要方法有循环训练法、重复训练法和间歇训练法。排球运动员采用这些方法发展耐力时，必须与专项需要紧密结合，练习动作必须要与专项练习紧密联系。

1. 各种跑的练习

第一，越野跑。

第二，定距离跑，如 800 米、1500 米、3000 米跑等。

第三，定时间跑，如 12 分钟跑、8 分钟跑、5 分钟跑等。

2. 各种球类游戏

第一，小场地足球比赛。

第二，篮球人盯人比赛。

第三，手球人盯人比赛。

第四，地滚球比赛。

第五，橄榄球比赛。

3. 跳跃耐力练习

第一，连续摸高，20~30 次一组，重复 6~8 组。

第二，连续跳跃跨栏架，10~15 次一组，重复跳 5~8 组。

第三，跳绳，3 分钟一组，做 6~8 组。

第四，个人连续扣抛球，10~12 次一组，做 3~6 组。

4. 移动耐力训练

第一，看教练员手势，半场各种步法连续移动。

第二，极限连续防守。

第三，走鸭步。

（三）排球运动员耐力训练的基本要求

1. 耐力素质训练应在全年训练计划中做好统筹安排

在冬训或一年训练之初多安排一般耐力的训练，作为全面训练的基础；在夏训和赛前可减少一般耐力的训练，增加专项耐力的训练；在比赛期间要酌情安排专项耐力训练，但不宜过多。

2. 耐力训练安排应注意年龄及其生长发育特点

队员在身体发育成熟前，应着重发展其有氧耐力，而不宜做大量无氧耐力的训练。对这一阶段的少年儿童，可根据情况，适当穿插一些无氧耐力训练，但其强度不能过大，重复的次数、组数要少，组间休息要充分，并以掌握较为熟练的技术动作为主要目的，以免破坏技术动作结构，影响协调能力的发展。随着身体发育的不断成熟，应逐步加大无氧耐力训练的比例，为专项竞技能力的提高奠定基础。

3. 按实战需要设计专项耐力手段

耐力训练要紧密联系排球专项运动的实际，各种技战术和身体训练只要安排得当都可以提高耐力，特别是在技战术训练中，在时间、密度、强度的安排上应有意识地结合排球耐力训练的要求。在形式上接近实战，在量上要超过实战。采用极限训练法、间歇训练法和循环训练法都能有效地促进耐力的提高。

4. 耐力训练要注重意志品质的培养

耐力训练对队员的意志品质要求较高。坚强的意志能充分发挥队员的内部动因，提高抗疲劳能力和耐力训练水平。因此，在耐力训练中，要注重队员意志品质的培养。

三、耐力训练应注意的问题

第一，耐力训练时要注意结合排球专项的特点，从排球专项的需要发展专项耐力。

第二，在发展运动员无氧耐力的同时，应协调发展有氧耐力，有氧耐力是无氧耐力的基础，有氧耐力的提高有利于运动员氧输送能力和利用能力的提高。

第三，在全年计划中，耐力应该作为基础素质来安排。一般耐力训练通常在冬季进行，夏季和赛前相应减少，而在赛前应该增加专项耐力训练的比重。

第四，耐力训练应安排在训练课的后半部分或各种练习之后。在训练课中可以适当地安排强度较小的专项耐力训练，并可以渗透到平常的技战术训练过程中。

第五，耐力训练时应注意与培养运动员的意志品质、思想作风和提高心理素质结合起来。

第六，耐力训练时要注意呼吸的科学性，尤其要注意呼吸的节奏、频率、深度和方法。

第三节　柔韧性、灵活性与协调性训练

一、柔韧性训练

（一）柔韧性素质练习方法

1. 手指手腕柔韧性练习

第一，两手相对，指尖向上互触，反复弹压练习。

第二，压腕练习。

第三，手持短器械做腕绕环练习。

第四，队员一手侧扶肋木，两腿前后分开，脚跟着地并固定，做前、后转腕练习。

2. 肩关节柔韧性练习

第一，两臂前后绕环和上下摆振练习。

第二，手扶墙（或肋木）压肩、压腰练习。

第三，在单杠和肋木上做单拉、双拉肩练习。

第四，两人相对，手扶对方肩部，同时做体前屈压肩练习。

第五，背对肋木坐下，两手从头上握住肋木，两脚不动，腰尽量向前挺起，持续数秒钟。

第六，两人背向站立，双手互握，左右侧拉。

3. 腿部的柔韧性练习

第一，两腿交换做前、后、左、右摆振练习。

第二，做各种踢腿动作。向前踢、向后踢、向侧踢等，可徒手做，也可扶墙、树干或肋木做。

4. 膝髋的柔韧性练习

第一，上体弹振前后屈（后屈时加弹性阻力和保护）。

第二，双手握单杠或吊环做腰回旋动作。

第三，做队员背对背直臂互握平举或屈肘互勾的大幅度转体动作。

第四，正压腿，侧压腿（在地上或肋木上）。

第五，纵劈腿，横劈腿。

第六，屈腿坐下，两脚掌心相对，空手将膝关节向下弹压。

第七，背向肋木双手上握，双脚固定，做腰、髋前挺练习。

5. 踝关节柔韧性练习

第一，跪坐压踝。

第二，负中等重量，踝关节做屈伸动作，如提踵。

第三，把脚放在高约10厘米的木板上，脚跟着地，做负重全蹲练习。

第四，踮起脚尖，做踝关节的绕环练习。

（二）排球运动员柔韧性素质训练的基本要求

1. 柔韧性训练尽量安排在队员精力充沛的时候

柔韧性素质不仅与性别、年龄有关，而且与中枢神经系统的兴奋性有关。

经过一定时间的准备活动以后，队员情绪高昂，体温升高，肌肉内部的黏滞性降低，膝关节软骨增厚，所表现出来的柔韧性也较好。因此，柔韧素质的训练应安排在队员精力充沛、情绪高涨的时候，此时的训练效果最好。

2. 柔韧性训练要适应专项的要求

排球运动所表现的柔韧性，不仅仅是指某个动作反映在身体某一关节或某一部位上，它往往牵扯到两个或两个以上的关节或身体部位。因此，在训练时要对包括主要柔韧性活动区在内的各相关关节、部位进行训练。同时，还要根据队员关节结构和体态的差异，结合专项技术适当加大其活动范围。但不能过度训练和提出过高的要求，避免因与技术要求不符或过度训练引起伤害事故。

3. 柔韧性应与专项需要的协调性练习

协同柔韧性训练应注意提高队员的协调能力。柔韧素质在某种程度上取决于运动机体的协调能力。队员在做动作时，各部位动作是否协调一致、按技术要求达到舒展程度，以及在完成动作中的主动肌收缩、对抗肌充分放松等，都与协调能力有关。此外，在柔韧性训练中对协调能力的培养，可以提高肌肉的舒展性，降低肌肉黏滞性，改善肌肉张力，把肌肉练得柔而不软，韧而不松。

4. 柔韧性练习要持之以恒

柔韧性训练要经常进行，使肌肉和韧带的伸展性不断得到发展。少年儿童的关节面角度大、软骨厚，韧带较松弛，肌肉的伸展性较好且女生优于男生，在青少年时期抓柔韧素质的训练效果好，经过训练提高快，但停止训练后消退也快。所以柔韧性训练要坚持不懈，持之以恒。

5. 安排柔韧性练习要注意气温的影响

气温对柔韧性有一定的影响。天气暖和，全身发热时柔韧性较好；天气寒冷，身体发冷时柔韧性差。为取得好的训练效果，进行柔韧性素质训练时，要注意外界温度的高低。当气温较低时，准备活动要充分，以身体轻微出汗为宜。

二、灵活性及协调性训练

（一）灵活性及协调性训练的意义

灵活性是迅速而及时地改变身体或身体某部分运动速度和运动方向的能力。灵活性是运动员按照自己的意志控制有机体协调而准确地完成各种复杂技巧的协调能力的体现。因而协调能力是灵活性的核心，灵活性与协调能力互为表里关系。

灵活性是由力量、速度、爆发力和协调能力结合而成的。排球场上，运动员要快速变换方向，从一个动作迅速变换为另一个动作等技战术的运用，都需要有高度的灵活性及协调能力。灵活性决定了一个运动员的技术水平。

第一，球和动作的一致性。能根据不同的来球做出相应的动作。

第二，时机和动作的一致性。能在最准确的时机完成应该完成的动作。

第三，准确的空间感。对空中运动着的球和人有准确的时间、位置判断，从而能做出正确的应答。

（二）灵活性及协调能力的训练特点

第一，灵活性及协调能力是综合的素质能力，在训练时应把爆发力、反应力、速度等一系列的动作和要求糅合于单个动作或编组动作之中，使它们互相促进，互为表现形式，提高灵活性及协调能力。

第二，由于灵活性及协调能力受中枢神经系统的支配，因此应在神经系统处于良性兴奋状态时进行训练。神经疲劳时，训练效果会明显下降。

第三，青少年在生长发育阶段，灵活性及协调能力比较差，但不应当放弃训练。一般女子协调能力超过男子，但在 16 岁左右有明显下降的趋势，17 岁以后可以得到恢复和提高。

第四，灵活性及协调能力有很强的专项化特点。在体操器械上表现高度灵活性的人，在排球场上不一定灵活。因此，应尽可能结合专项技术来进行灵活性及协调能力的训练，至少应使选择的各种练习方法尽量接近专项技术动作。

（三）灵活性及协调能力的训练方法

1. 控制性练习

第一，两臂同时分别向前、后绕环。

第二，按教练员口令，两臂做同顺序不同起始节拍的动作。

①左手前平举，右手在体侧不动。

②左手上举，右手前平举。

③左手侧平举，右手上举。

④左手下放体侧，右手侧平举。

第三，左手不动，右手还原。

第四，两足开立和并拢连续跳跃，双手从体侧平举至头上击掌，最后还原。

第五，分足跳时，双手头上击掌；并足跳时，双手侧举。

第六，连续交换单足跳跃。前踢腿时，双手够足尖；后踢腿时，双臂上振。反复进行。一条腿前踢落地后换另一条腿后踢。

2. 结合球的练习

第一，持球躺在地板上，自己向上抛球后立即起立将球接住。

第二，将球用力向地面击打，待其反弹后钻过。反弹一次钻一次，力争钻的次数多。可以两人比赛。

第三，每人一球，连续运球从教练员身前穿过。

第四，转身跑，将教练员扔的球背传过来（跑动中背传，跳起来传）。

第五，向前冲，转身鱼跃（或滚翻）救球，再以反方做转身。

第六，左手扣球和发球。

第七，左、右足单足起跳扣球。

第八，连续接教练员扣、吊和扔的"怪球"。

3. 通过障碍练习

第一，跪撑于地，乙在甲体侧做好准备，看到信号后乙围绕甲跑一圈，双足跳过甲身体后，立即跪撑，甲再重复乙的动作。如此各做 5 次。

第二，4 个队员把皮筋拉成边长 2 米的正方形，皮筋高度：男子为 70～80 厘米，女子为 50～60 厘米。

（1）1 人练习。先站在正方形之内，看信号双足跳出，落地后立即钻入并用鱼跃或前扑去够正方形中的标志物。如此按逆时针（或顺时针）方向做一周，计时。

（2）4人做练习。每人站四边形的一面，看信号后按上述方法顺时针方向连续进行，可以互相追逐。

4. 绳球练习

第一，队员站成圆圈，当球飞来时迅速做规定动作：收腹跳过、俯卧、仰卧、兔跃、原地向后转身鱼跃等。做完规定动作后应立即站好，准备做下一个动作。

第二，单人在垫子上连续做向前鱼跃、向后鱼跃、前空翻等动作。

第三，可以再加一人在其对面做练习，也可以4人在4个方向做。

5. 垫上练习

第一，前滚翻接后滚翻。

第二，鱼跃前滚翻，跃过1人、2人或4人。

第三，前滚翻接跪跳起接绕腿坐。

第四，直腿前滚翻接后滚翻推起成倒立，跃过1人、2人或4人。

第四节 常见的运动损伤与保健

一、运动损伤与防治

（一）运动损伤的概念

1. 原因

损伤的原因主要是：训练水平不够，身体素质差，动作不正确，缺乏自我保护能力；运动前不做准备活动或准备活动不充分，身体状态不佳，缺乏适应环境的训练；教学、竞赛工作组织不当。运动损伤中急性多于慢性，若急性损伤治疗不当、不及时或过早参加训练等，也可能转化为慢性损伤。

2. 防治

伤后的锻炼与治疗原则是：

第一，合理安排伤后训练，保持运动员已获得的良好训练状态，防止因伤后突然停训而引起"停训综合征"。

第二，练习时合理使用保护带，以防止发生劳损、再伤或肌腱韧带的松弛。

第三，加强局部治疗，改善伤部代谢，消除水肿，防止深痕粘连与收缩。预防应遵从运动训练原则，科学安排运动量，提高身体素质，加强医务监督与安全教育。教学中还应提高学生相互保护以及自我保护的能力。

(二)常见的运动损伤

1. 擦伤

(1)原因。可能是运动性摩擦导致的擦伤。

(2)预防。可选择合适的运动鞋、服装等。

(3)处理。用生理盐水洗净创面,伤口周围用酒精或过氧化氢消毒。伤口创面大、污染严重的要注射破伤风抗毒血清等。

2. 撕裂伤

(1)原因。面部或头皮的撕裂、出血等。

(2)预防。减少突然用力或突然运动变向;减少运动时与周围人的碰撞等。

(3)处理。止血及缝合伤口。伤口创伤面大,污染严重的要注射破伤风抗毒血清等。

3. 刺伤及划伤

(1)原因。皮肤和组织被尖利的东西刺破或刺伤。它的受伤情况比撕裂伤更深地伤及人体组织。

(2)预防和处理与撕裂伤基本相同。

4. 踝关节扭伤

(1)原因。运动中跳起落地时失去平衡,使踝关节过度内翻或外翻;准备活动不充分;场地不平或踩在他人脚上等。

(2)症状。伤处疼痛、肿胀,活动受限,行走困难,足背踝部有皮下淤血。

(3)处理。伤情严重的要立即冷敷或用自来水冲淋,然后抬高患肢,检查伤处是否有错位,若没问题可固定伤位并休息,吃消炎止痛的药,24小时后可进行热敷、按摩,做些功能性活动。

5. 掌指及指间关节扭伤

(1)原因。掌指和指间关节囊的背侧较松弛,关节两侧有侧副韧带加固,侧向运动受到限制。手指受到侧方冲击或手指受到暴力的作用,使关节过度屈伸,都可导致手指关节扭伤。篮球、排球运动中手指被球撞击或接球时技术动作错误,引起的关节侧副韧带和关节囊的损伤或撕裂,一般发生在第一指掌指关节和其他各指近侧指间关节。严重损伤时,往往会造成关节的半脱位或全脱位,有时还伴有撕脱性骨折。

(2)症状。关节韧带撕裂时,关节周围肿胀,疼痛剧烈,功能障碍,局部有压痛感。若韧带断裂,关节变松,伤指出现侧弯畸形。关节脱位时,远侧指节向背侧移,重叠畸形,常伴有指骨基底骨折。

(3)处理。急性扭伤后,应立即加压包扎再进行冷敷,24小时后可进行推拿、理疗、按摩等。若关节脱位则应尽快进行整复,复位成功,患者疼痛基本消除,能做屈伸动作,然后伤指再用木板固定两周。

6. 大腿后部肌群拉伤

（1）原因。大腿后部肌群柔韧性差、力量弱，因而在肌肉生理功能尚未充分动员的情况下，使用暴力过度牵拉肌肉，易使被拉肌肉发生拉伤。做压腿、劈叉、拉韧带等动作时都可能造成拉伤。身体训练水平不够，肌肉的弹性和伸展性差、力量差、技术动作不正确、身体疲劳、负荷过度、动作过猛或粗暴、气温过低或过高以及场地不良等情况，都容易引发大腿后部肌群拉伤。

（2）症状。伤部有锐痛感，轻者只在重复损伤动作时痛，重者走路痛并有"跛行现象"。如为断裂，则下肢多处于屈曲位，步行艰难。重者出血多，伤部肿胀明显，皮下淤血严重，局部还可触到凹陷，并有剧痛，还因断端收缩而出现隆起的硬块。

（3）处理。对伤部进行理筋、镇定、加压包扎、冷敷，将受伤肌肉置于放松位置。24小时后属轻度肌肉拉伤者，可进行按摩和理疗，亦可局部注射肾上腺皮质激素类药物，常可痊愈。较重的全断裂或部分断裂或合并出血血肿者，应立即送医院进行早期手术缝合。

7. 膝关节侧副韧带损伤

（1）原因。这种损伤以内侧损伤较常见，多发生在膝关节处，小腿突然外旋，或足部固定，大腿突然内收内旋，都可使内侧副韧带损伤。另外，关节外侧受暴力撞击也可造成损伤。

（2）症状。伤部疼痛，肿胀，皮下淤血，活动困难。

（3）处理。受伤后应立即冷敷，严重的要用绷带固定包扎。24小时后可按摩、热敷。

8. 急性腰扭伤

（1）原因。运动时，身体重心不稳定或肌肉收缩不协调，腰部受力过重或脊柱运动时超过了正常生理范围，都易引起腰部扭伤。

（2）症状。伤后一侧或两侧当即发生疼痛，有时听到"格格"的响声，有时出现腰部肌肉痉挛和运动受限。轻微扭伤当时无明显疼痛感，第二天起床时觉得腰部疼痛，不能前屈，用不上劲，损伤部位有明显的压疼点。

（3）处理。轻微扭伤可按摩、热敷。较严重的应让患者平卧，一般不应立即扶动。如果剧烈疼痛，则应用担架抬送医院诊治。

9. 肩关节扭伤

（1）原因。一般因肩关节用力过猛以及反复劳损所致，也有的因技术错误造成损伤。

（2）症状。有压痛、疼痛感，急性期有肿胀，慢性期三角肌可能出现萎缩，肩关节活动受限。

（3）处理。单纯韧带扭伤，可采用冷敷，加压包扎。24小时后可采用理疗、按摩和针灸治疗。若出现韧带断裂，应立即送医院进行缝合和固定处理。肩关节肿胀和疼痛减轻后，可适当进行功能性锻炼，但不宜过早活动，以防转为慢性肩关节扭伤。

10. 髌骨劳损

(1) 原因。髌骨劳损是由于膝关节长期负担过重或反复损伤累积而成的，一次直接外力撞击也可致伤。

(2) 症状。膝部疼痛，用不上劲，行走不便。

(3) 处理。采用中药外敷、针灸、按摩等。平时加强膝关节肌群力量练习，如采用高位静力半蹲，每次保持 3～5 分钟。病情好转时，可逐渐增加时间，每日进行 1 次至 2 次。

11. 关节脱位

(1) 原因。关节脱位，又称脱臼。关节脱位可分为完全脱位和半脱位两种。严重的伴有关节囊撕裂，甚至会伤及神经，运动中发生关节脱位，大都是间接外力撞击所致。

(2) 症状。关节脱位后，常出现畸形，与健肢对比不对称，因软组织损伤而出现局部疼痛、压痛和关节肿胀，失去正常活动功能，甚至发生肌肉痉挛等现象。

(3) 处理。用长度和宽度相称的夹板固定伤肢。如果没有夹板，可将伤肢固定在自己的躯干或健肢上，防止震动，并及时送医院治疗。

12. 肌腱、小腿肌痛

(1) 原因。经常提脚跟造成的。

(2) 预防。运动前后的准备活动和放松要多伸展肌腱、小腿肌肉，这样可以防止损伤和减轻疼痛。

(3) 处理。注意放松、休息、按摩、洗热水澡，另外，伸展有助于减轻疼痛。

13. 运动疲劳

(1) 表现。心悸、心动过速，运动后血压、脉搏恢复慢，内脏不适，血尿等。人发冷，多汗、脸色白或红、头痛、晕、筋疲力尽。

(2) 原因。训练方法不对，不循序渐进，无系统训练，运动量大，训练时间过长，休息不充分等。

(3) 预防。安排合理的训练时间、计划，注意劳逸结合。

(4) 处理。调整锻炼计划、运动量，循序渐进地进行系统训练、全面训练。

14. 重力性休克

(1) 表现。头晕、眼发黑、心难受、脸苍白，手发凉，严重时晕倒。

(2) 原因。运动时血液都供应下肢，突然静止运动时静脉回流不够，脑缺血缺氧，产生脑贫血。

(3) 预防。高强度运动后，不要马上停止运动。

(4) 处理。让患者平卧，脚垫高，头低于脚，从小腿顺大腿按摩。

15. 心绞痛

(1) 表现。心绞痛主要表现为胸骨后段或者心前区的疼痛不适感，或者胸闷气短。

（2）原因。经常在冷的地方锻炼，喝冷饮料，不做伸展运动和按摩，不喝盐水，会使病情加重。

（3）预防。注意选择良好的锻炼环境，准备活动要充分，在室内有空调的健身房运动。

（4）处理。休息，让练习者在良好的环境里锻炼。

16. 运动中腹痛

（1）原因。①肝脾淤血，慢性腹部疾病。②呼吸肌痉挛（准备活动不够，肺透气低，运动与呼吸不协调）。③胃肠痉挛（运动前吃得过饱，饭后过早运动，空腹或喝水太多）。

（2）预防。运动前健康检查，合理安排运动饮食，吃饭前后1小时运动，不空腹、喝水太多运动。

（3）处理。减慢运动速度，加深呼吸、调整运动呼吸节奏，手按疼痛部位，实在不行停止运动。

（4）服药。口服减痉挛药物（阿托品等）。

17. 脚底筋膜炎

（1）原因。脚底频繁压力过多产生的疼痛；鞋子问题、脚的生理结构不好；钙的沉淀在脚跟骨上；等等。

（2）预防。准备活动要充分（包括脚部的准备活动）。

（3）处理。注意放松、休息、按摩、洗热水澡。

18. 半月板损伤

（1）原因。半月板损伤一般由过度的膝部动作造成的，半月板常会有"咔咔"的响声。

（2）预防。减少过多的膝部动作，减少转体、跳等的撞击动作。

（3）处理。注意放松、休息、按摩、热水洗。

19. 关节炎

（1）原因。过度训练。骨关节炎是由于软骨的磨损，使关节肿大、水肿。风湿性关节炎是由人体的免疫系统疾病造成的。

（2）处理：休息和看医生。

20. 腰肌劳损

（1）原因。练习方法不当（如仰卧起坐时不屈腿），急于求成。

（2）预防。学习正确的动作技术，不急于求成。

（3）处理。注意放松、休息、按摩、洗热水澡。

21. 胫骨骨膜炎

（1）表现。胫骨前骨膜与骨有剥离的感觉，产生疲劳、酸痛。

（2）原因。练习方法不当，地面不平，小腿的肌肉发展不平衡，突然的压力等。

（3）预防。学习正确的锻炼方法（如不要长时间做连续跳跃动作、上下踏板动作）。

（4）处理。注意全面锻炼、练习后要放松、休息、按摩、热水洗，做伸展练习减轻疼痛等。

22. 脑震荡

（1）原因。头部受到外力打击后，使大脑管理平衡的膜半规管、椭圆囊、球囊等感受器机能失调，直至引起意识和机能的一时性障碍。

（2）症状。致伤时，神志昏迷，脉搏徐缓，肌肉松弛，瞳孔稍大但尚对称，神经反射减弱或消失；清醒后，患者常有头痛、头晕、恶心、呕吐感；平时情绪烦躁，注意力不易集中，耳鸣，心悸，多汗，失眠，记忆力减退等。

（3）处理。立即让患者平卧，头部冷敷；若有昏迷，即指压人中、内关、合谷穴；若呼吸发生障碍，立即进行人工呼吸。上述处理后，若仍出现反复昏迷或耳鼻口出血、两瞳孔放大又不对称等征象，表明病情严重，应立即护送至医院治疗。在运送途中，要让患者平卧，头部固定，避免颠簸。脑震荡一般可自愈，无须住院治疗，但要注意休息和必要的药物治疗，保持情绪稳定，减少脑力劳动。在恢复过程中，可定期做脑震荡痊愈平衡试验，以检查病况进展。其方法是闭目，单腿站立，两臂侧平举，如果能保持平衡，表明病已基本治愈。这时，可适当参加体育锻炼，但要避免滚翻和旋转性动作。

23. 骨折

（1）原因。运动中，身体某部受到直接或间接的暴力撞击，造成骨折。骨折是比较严重的损伤。骨折分不完全性骨折和完全性骨折两种。

（2）症状。骨折发生后，患处立即出现肿胀，皮下淤血，有剧烈疼痛（活动时加剧），肢体失去正常功能，肌肉产生痉挛，有时骨折部位发生变形，移动时可听到骨摩擦声。严重骨折时，伴有大出血、神经损伤及休克等，开放性骨折还可能导致感染引起发烧等，直至休克。

（3）处理。若出现休克时，可点按人中穴，并进行口对口人工呼吸或心脏胸外按压；若有伤口出血，应同时实施止血和包扎。骨折后切勿移动患肢，应用夹板或其他代用品固定伤肢后，及时护送至医院检查和治疗。

二、常见疾病的保健

人们在生活中遇到的一些常见疾病，会影响人们的身心健康。生活中常见的疾病非常多，下面介绍以下几种。

（一）中暑

中暑是指在高温和热辐射的长时间作用下，以人体的体温调节紊乱、循环系统功能障碍及神经系统功能损害为主要表现的急性疾病。产妇、颅脑疾患的病人及老弱耐热能力差者，尤其容易中暑。

1. 原因

中暑除了高温、烈日暴晒外，还有工作强度过大、时间过长、睡眠不足、过度疲劳等常见的诱因。

2. 症状

（1）先兆中暑症状。

第一，高温环境下出现了头痛、头晕、口渴、多汗、四肢无力发酸、注意力不集中和动作不协调等症状。

第二，体温正常或略有升高。

第三，如及时转移到阴凉通风处，补充水和盐分，短时间内即可恢复。

（2）轻症中暑症状。

第一，体温往往在38℃以上。

第二，出现头晕和口渴的症状，同时往往有面色潮红、大量出汗、皮肤灼热等表现，或出现四肢湿冷、面色苍白、血压下降、脉搏加快等表现。

第三，如及时处理，往往可在数小时内恢复。

（3）重症中暑症状。

重症中暑是中暑中最为严重的一种，如不及时抢救将会危及生命。这类中暑又可分为四种类型：热痉挛、热衰竭、日射病和热射病。

1）热痉挛：多在大量出汗及口渴，饮水多而盐分补充不足而导致血中氯化钠浓度急速明显降低时发生；在发生时，肌肉会突然出现阵发性、痉挛性的疼痛。

2）热衰竭：常常发生于老年人及一时未能适应高温的人。主要症状为头晕、头痛、心慌、口渴、恶心、呕吐、皮肤湿冷、血压下降、晕厥或神志模糊。此时的体温正常或稍微偏高。

3）日射病：日射病是因为直接在烈日的暴晒下，强烈的日光穿透头部皮肤及颅骨引起脑细胞的受损，进而造成脑组织的充血、水肿。由于受到伤害的主要是头部，所以最开始出现的不适症状就是剧烈头痛、恶心呕吐、烦躁不安，继而可出现昏迷及抽搐。

4）热射病：在高温环境中，如果从事体力劳动的时间较长，身体产热过多而散热不足，会导致体温急剧升高。发病早期有大量冷汗，继而无汗、呼吸浅快、脉搏细速、躁动不安、神志模糊、血压下降，逐渐向昏迷伴四肢抽搐发展；严重者可产生脑水肿、肺水肿、心力衰竭等。

3. 处理

当发现有先兆中暑和轻症中暑症状时，首先要做的是迅速撤离引起中暑的高温环境，选择阴凉通风的地方休息，并多饮用一些含盐分的清凉饮料。还可以在额部、颞部涂抹清凉油、风油精等，或服用人丹、十滴水、藿香正气丸等中成药。如果出现血压降低、虚脱，应立即平卧，及时上医院静脉滴注盐水。对于重症中暑者，除了立即把病人从高温环境中转移至阴凉通风处外，还应该迅速将其送往医院，同时采取综合措施救治。

4. 预防

（1）做好防护工作。夏日一定要做好防护工作，如戴遮阳帽、戴太阳镜、打遮阳伞，有条件的最好涂抹防晒霜，准备充足的水和饮料。此外，在炎热的夏季，防暑降温药品，如十滴水、人丹、风油精等一定要备在身边，以备不时之需。外出时的衣服尽量选用棉、麻、丝类的织物，少穿化纤品类服装，以免大量出汗时不能及时散热，引起中暑。

（2）别等口渴了才喝水。不要等口渴了才喝水，因为口渴已表示身体已经缺水了。最理想的是根据气温的高低，每天喝 1.5~2 升的水。出汗较多时可适当补充一些盐水，弥补人体因出汗而失去的盐分。另外，夏季人体容易缺钾，使人感到倦怠疲乏，含钾茶水是极好的消暑饮品。

（3）保证充足的睡眠。夏天日长夜短，气温高，人体新陈代谢旺盛，消耗也大，容易感到疲劳。充足的睡眠，可使大脑和身体各系统都得到放松，既利于工作和学习，也是预防中暑的措施。睡眠时注意不要躺在空调的出风口和电风扇下，以免患上空调病和热伤风。

（二）昏厥

由于脑部暂时性血液供应不足，出现突然丧失知觉的现象，称为昏厥，俗称昏倒。

1. 病因

精神过分激动、神经类型欠稳定的人，一旦受惊、恐怖、悲伤，或者看到别人出血，都可反射性地引起广泛的小血管急性扩张，血压下降，从而导致脑部血液供应不足而发生血管抑制性昏厥。长时间站立或过久下蹲后骤然起立也可能引起昏厥，这种昏厥是由植物性神经功能失调、直立位时血压显著降低、脑部缺血所致。疾跑后即停，由于下肢血管失去肌肉收缩的挤压作用，加上血液本身的重力关系，大量血液积聚在下肢舒张的血管中，回心血量减少，因而心输出量减少，造成脑部突然缺血，发生晕厥，这种晕厥也叫"重力性休克"。

2. 征象

昏厥前，病人面色发白，感到头昏眼花，全身软弱无力，进而失去知觉，突然昏倒。昏倒后，面色苍白，手足发凉，出冷汗，脉搏慢而弱，血压下降，呼吸缓慢。一般经过短时间的平卧休息，由于脑缺血消除，知觉迅速恢复，醒后精神不佳，仍有头昏，全身无力。

3. 处理

让患者平卧，头部稍放低，松解衣领，注意保暖，用毛巾擦脸，自小腿向大腿做推摩和揉捏，如不苏醒，用手指掐人中穴，有条件应给氧气和静脉注射 25%~50%葡萄糖 40~60 毫升。在知觉恢复以前，禁止给任何饮料或服药。如有呕吐，应将病人的头偏向一侧。如呼吸停止，应立即进行人工呼吸，醒后可给热饮料，注意休息。

4. 预防

坚持锻炼,增强体质。疾跑后不要立即站立不动,应继续慢跑并做深呼吸,久蹲后要慢慢站起来。当有昏厥的先兆症状时,立即平卧或由同伴扶着走一段路,可使症状减轻或消失。

(三) 过度紧张

过度紧张是运动训练或比赛中时运动量过大,超过了机体承受能力而引起的一种病理状态。

1. 病因

因体育运动参加者的训练水平不高或生理状态不良,或伤病中断训练后突然参加剧烈活动,机体过分劳累而引起过度紧张的反应。特别是患心血管疾病的人,如果过于勉强完成剧烈运动或参加比赛,更容易发生过度紧张,严重者可导致猝死。

2. 征象

过度紧张在剧烈运动或参加比赛之后立即出现,表现为头晕、眼前发黑、面色苍白、全身无力、站立不稳,严重者有恶心呕吐,脉搏快速细弱、血压明显下降。更有甚者可出现嘴唇青紫、呼吸困难、右肋部疼痛,肝脏肿大、心前区痛、心脏扩大等急性心功能不全等征象,甚至昏迷死亡。

3. 处理

轻度的过度紧张应使患者安静平卧,注意保护头部,经短时间休息后,症状即可消失。有脑贫血征象时,应将患者平卧休息,头稍低,同时注意保暖,给热糖水或镇静剂。对于严重的心功能不全的患者,应保持安静,使其平卧,指掐内关穴和足三里穴。如果昏迷,用手指掐压人中穴。对于呼吸或心跳停止者,应做人工呼吸与胸外心脏按压术,并迅速请医生处理。

4. 预防

缺乏锻炼和患有心血管疾病的人,应根据自己身体情况参加活动,不可勉强。平时加强身体全面训练,注意循序渐进,参加比赛应充分做好准备活动。参加大强度训练和比赛前,应进行体格检查。若有高血压、心脏病等疾病不可参加比赛。伤病初愈或因其他原因中断训练后重新开始训练时,应逐步增加运动强度和运动量,同时要严格遵守作息制度,注意个人卫生和合理营养。

(四) 低血糖症

正常人的血糖浓度一般在每升 3.9~5.6 毫摩尔,当血糖浓度低于每升 3.9 毫摩尔时会出现一系列症状,称为低血糖症。低血糖症多发生于长跑、超长跑、自行车、长距离滑冰及滑雪等项目的比赛过程中或结束后。

1. 病因

长时间进行剧烈运动时体内血糖被大量消耗和减少，或者因运动前饥饿，体内肝糖原储备不足，又不能及时补充血糖的消耗；中枢神经系统调节糖代谢的功能紊乱，胰岛素分泌量增加（胰岛素有降低血糖的作用）；训练水平差，赛前情绪紧张，或患者参加训练、比赛等，都是造成运动时低血糖症的重要原因。

2. 征象

轻者，感到明显饥饿、疲乏无力、头晕、心悸、面色苍白、出冷汗。较重者可出现神志模糊、语言不清、精神错乱（如赛跑运动员出现返身跑）、四肢发抖、烦躁不安、惊厥，甚至昏迷。检查时，脉搏细而弱，呼吸短促。瞳孔扩大，血糖降至每升 3.9 毫摩尔以下。

3. 处理

让伤员平卧、保持神志清醒，可饮糖水及少量的食品，一般经短时间处理后症状就能消失；若病人昏迷，指掐人中穴，静脉注射 50%葡萄糖 50～100 毫升，提高血糖浓度，病情可迅速好转。

4. 预防

平时缺乏锻炼，或空腹，或患病，不要参加长时间的剧烈运动。训练者参加长时间剧烈运动比赛，如 1000 米跑、长距离自行车、马拉松赛跑等，途中应有含糖饮料的补给。

（五）溺水

溺水是指全身淹没在水中，呼吸道被水堵塞或由于咽喉痉挛而引起的窒息性疾病。据调查，溺水死亡者约占意外死亡总数的 10%。

1. 病因

绝大多数溺水者因吸入的水分阻塞了呼吸道，少数溺水者因惊恐骤冷等突然的刺激发生喉头痉挛，声门关闭，造成窒息死亡。

2. 征象

溺水后因身体缺氧而窒息，患者面部肿胀，两眼充血，口里常有泡沫，肢体冰冷，因为大量喝水，腹部胀大，常伴有呼吸、心跳停止。

3. 处理

溺者救上岸后，应快速检查和处理，并立即打开其口腔，迅速清除口鼻里的泥、草等污物，并解开领口，松开裤带。一般取仰卧位，尽力清理溺者口腔、咽喉中的异物。随后迅速进行倒水，但切不可过分强调倒水而延误了宝贵的抢救时间。如果呼吸停止，应立即施行口对口人工呼吸，若呼吸、心跳都停止，就应该同时做胸外心脏按压术，并及时与医院取得联系。

抢救溺水人员时，要学会正确判断真死和假死。真死具有的特征：呼吸停止，观察不到呼吸运动；心跳停止，脉搏消失，听不到心音；瞳孔对光反射消失，亮光不能使瞳孔缩小,在黑暗地方瞳孔也不扩大;角膜反射消失,用手指或细毛轻触角膜,不出现眨眼反应。溺水者只出现上述 1~2 个征象,称为假死。若四种征象都存在,且用拇指、食指在两侧挤捏眼球时,瞳孔变成椭圆形,即为真死。在溺水者尚未出现真死的征象时,必须坚持抢救,千万不要因急于送医院救治,而贻误了急救时机。

（六）冻伤

在我国许多地方有冻伤的发生,在体育运动中也不少见。冻伤与单纯的运动损伤不同,它是一种自然伤害,所以应引起重视。对体育运动参加者进行防寒教育和耐寒能力的锻炼,就可以防止冻伤的发生。

1. 病因与症状

形成冻伤的根本原因是寒冷,由于低温的幅度相差很大,与机体的个体差异有关,冻伤的发生也表现为不同类型,常见的有:

（1）冻疮。在 0~10℃的低温时,加之衣服不足、潮湿,经过一定的时间,可在身体外露的部位发生冻疮,多见于指背、手背、脚趾、足跟、面颊及耳缘等部位。

（2）冻伤。在 0℃以下的气温中,加上风力和潮湿的散热作用,使皮肤的温度下降到 -5℃以下时,可出现皮肤及皮下组织冻结,造成真正的冻伤。一般临床可分为:

Ⅰ度冻伤:皮肤浅层冻伤,复温后的早期症状是充血和水肿,皮肤呈紫色或红色斑块。之后皮肤渐渐发热、变干,三小时内开始出现水肿,局部有刺痛或灼热感。一般可持续 10 天以上。水肿消退,表皮剥脱,约一个月的时间。以后对寒冷敏感可持续数月。

Ⅱ度冻伤:皮肤全层冻伤,早期充血水肿,24 小时出现浅层水泡,多见于手背、趾背、足跟,局部灼痛,可持续数周。

Ⅲ度冻伤:皮肤和皮下层都有冻伤,3~7 天后出现水泡,水泡面积大,全手或全足冻伤,局部有糜烂,并有刺痛及放散痛。

2. 处理

发生冻伤后,忌火烤及热水烫,也不可用雪水摩擦,应迅速放在 38~40℃的温水中复温,水温不许超过 45℃,以免发生烫伤,复温后局部可涂樟脑酒（膏）,也可涂冬青软膏及其他冻伤药物。疼痛重的可给止痛剂。有水泡的不要将水泡弄破,可将里边液体抽出,全身冻伤的可以用温水擦身,促进血液循环,同时要给热饮料,加速复温。各地均有许多验方,可因地制宜,取些行之有效的验方。

3. 预防

要增强机体的耐寒能力,平时要注意对寒冷抵抗力的锻炼,在运动时,要注意保持鞋、袜的干燥,要穿足够的衣服,在寒冷的环境中不要久静不动。对体表外露部分应加以保护。

（七）雪盲

雪盲也称为光射性眼炎。

1. 病因

在寒冷地带，高山积雪甚广，经太阳光照射后，积雪可反射出较强的紫外线。由于运动员在滑雪、登山或行军时，没有戴防护眼镜，眼部受到紫外线强光的侵害，可发生眼角膜、结膜炎。

2. 症状

眼部受伤害后，局部感到剧烈疼痛，畏光流泪，眼睑出现水肿，有黏液或脓性分泌物流出。有的人还可出现头痛、全身不适等症状。

3. 处理

迅速脱离受伤环境，在室内休息，给病人戴上有色的保护眼镜，眼局部可以用消炎眼药水点眼，疼痛感强的给止痛剂。

4. 预防

在高山雪地运动时，一定要戴保护眼镜。

（八）肌肉痉挛

肌肉痉挛俗称抽筋，是肌肉发生不自主的强烈收缩所显示出的一种现象。运动中最容易发生肌肉痉挛的是小腿腓肠肌，其次是足底的屈蹲肌和屈趾肌。

1. 原因

第一，寒冷刺激。肌肉在受到寒冷刺激的情况下，兴奋性会增加，导致肌肉发生痉挛。如在游泳时受到冷水刺激、在寒冷环境中运动而未做准备活动、准备活动不够充分或未注意保暖，就容易发生肌肉痉挛。

第二，电解质丢失过多。电解质与肌肉的兴奋性有关，如果丢失过多，肌肉兴奋性增高，可发生肌肉痉挛。运动时大量出汗，特别是长时间的剧烈运动或在高温环境运动时，电解质从汗液中大量丢失，都可引起肌肉痉挛。

第三，肌肉连续收缩过快而放松不够。在运动过程中，肌肉连续收缩过快而放松时间不够，也会引起肌肉痉挛。

第四，疲劳的肌肉中会有大量的乳酸堆积，乳酸会导致肌肉痉挛的发生。

2. 症状

痉挛的肌肉表现为僵硬，疼痛难忍，痉挛的肌肉所涉及的关节有一定的功能障碍。

3. 处理

不太严重的肌肉痉挛，只要往相反的方向牵引痉挛的肌肉，一般都可缓解。牵引时不可使用暴力，且用力宜均匀、缓慢，以免拉伤肌肉。此外，还可配合局部按摩，采用重力按压、揉捏和点掐或针刺痉挛肌肉的相关穴位。腓肠肌痉挛时，可点掐或针刺委中、承山、涌泉等穴位。严重的肌肉痉挛有时需采取麻醉才能缓解。处理过程中需保暖，不可再受凉。

4. 预防

第一，加强身体锻炼，提高机体的耐寒能力和耐久力。

第二，运动前充分做好准备活动，对容易发生抽筋的肌肉可事先做适当的按摩。

第三，运动过程中注意保暖，注意电解质的补充和维生素的摄取。

（九）游泳性中耳炎

游泳性中耳炎是夏季常见的疾病，多见于儿童。主要表现是在游泳之后，耳朵疼痛、流脓和听力减退。

1. 原因

主要原因是少儿咽鼓管发育不成熟，在不干净的泳池游泳时，一旦呛水，池水容易进入咽鼓管，细菌或真菌也随之而入，造成从内到外的逆行感染。同时，不干净的池水也可能从外耳道进入，诱发中耳炎。

2. 症状

可以分为以下四期。

（1）早期（卡他期）。自觉有耳朵堵塞感、轻度听力减退和轻微的耳痛，一般没有明显的全身症状，或有低热。此期时间不长，常被忽视，特别是小儿更不易觉察。

（2）中期（化脓期）。症状随之加重，体温可达40℃，耳痛剧烈，呈搏动性跳痛或刺痛，可向同侧头部或牙齿放射。听力减退显著。全身症状亦明显，可有畏寒、发热、怠倦、食欲减退伴呕吐、腹泻等消化道症状。

（3）晚期（穿孔期）。由于脓液外泄，局部症状和全身症状亦随之改善，耳痛减轻，体温下降。耳漏初为血水样，后为黏液脓性或脓性。

（4）恢复期。鼓膜穿孔引流通畅后，炎症逐渐消退，鼓室黏膜恢复正常，耳流脓逐渐消失，小的穿孔可自行修复。当然，不是每个患者都会经历这四个期，只要早期防范和治疗，就可能将中耳炎控制在较轻的程度。

3. 处理及预防

游泳前可以用专用的耳塞，塞住外耳道，一旦池水入耳，可将头向水侧倾斜，或辅以单脚跳动，使其自然流出。游泳后如果耳痛，应用复方新霉素或氯霉素甘油滴耳液滴耳；出现耳鸣、发热、听力下降等症状，要及时到医院检查。

（十）一氧化碳中毒

一氧化碳中毒俗称煤气中毒。一氧化碳是一种无色、无味、无刺激性的气体，凡是含碳物质燃烧不完全都可产生。人体吸入一定量的一氧化碳，就可引起一氧化碳中毒。

1. 原因

人吸入的一氧化碳与血红蛋白结合形成稳定的碳氧血红蛋白，使血红蛋白丧失了携氧的能力，引起重要器官与组织的缺氧，从而出现中枢神经系统、循环系统等中毒的症状。

2. 症状

第一，轻度表现为头痛、头晕、耳鸣、恶心、呕吐、心悸、四肢无力或有短暂的晕厥。离开中毒环境，吸入新鲜空气后，症状可很快消失。

第二，中度的表现除上述症状加重外，出现程度较浅的昏迷。患者面色潮红、口唇及皮肤呈樱桃红色，脉快多汗、烦躁，此时若抢救及时，可使病人苏醒。

第三，重度者除上述症状外，常并发肺水肿、脑水肿、呼吸困难、心律失常等。如呼吸中毒麻痹，可在短时间内死亡。

3. 处理

尽快离开有毒现场，移送至新鲜空气处，解开领口、裤带，清除口鼻分泌物，保持呼吸道通畅。呼吸心跳停止者给予人工呼吸或进行气管插管，并注意保温。有条件的给予高压氧。对于严重者要一边抢救，一边送往医院。

4. 预防

经常检查煤气有无漏泄，安装是否合理，燃气灶具有无故障，使用方法是否正确，冬天取暖方法是否正确，室内通风是否良好等。如入室后感到有煤气味，应迅速打开门窗，并检查有无煤气漏泄或有煤炉在室内，切勿点火。有条件者，尽量不使用煤炉取暖，如果使用，必须遵守煤炉取暖规则，切勿马虎。热水器应与浴池分室而建，并经常检查煤气与热水器连接管线是否完好。经常擦拭灶具，保证灶具不致造成人体污染，在使用煤气开关后，应用肥皂洗手，并用流水冲净。在厨房内安装排气扇或排油烟机。一定要使用煤气专用橡胶软管，不能用尼龙、乙烯管或破旧管子，每半年检查一次管道通路。

思 考 题

1. 简述速度训练的意义。
2. 简述耐力训练的方法。
3. 简述手指手腕柔韧性练习的方法。
4. 简述常见的运动损伤及其产生原因。

参 考 文 献

[1] 潘迎旭，张婷，孙贻静．排球[M]．北京：中国少年儿童出版社，2019．

[2] 张颖．排球[M]．长春：吉林出版集团股份有限公司，2019．

[3] 马连俊，于刚．教你打好排球[M]．天津：天津科学技术出版社，2019．

[4] 刘智华．气排球运动与方法[M]．长春：吉林大学出版社，2019．

[5] 修艳．新编软式排球教程[M]．成都：西南交通大学出版社，2019．

[6] 孙鹏．排球教学与训练方法优化[M]．太原：山西经济出版社，2019．

[7] 张然．新编排球训练纵谈[M]．南京：河海大学出版社，2019．

[8] 何林．排球教学与训练实践探析[M]．郑州：郑州大学出版社，2019．

[9] 刘美秀，张高杰．乒乓球、排球教学与训练研究[M]．北京：中国农业出版社，2019．

[10] 钱光田．气排球运动及其技能训练研究[M]．哈尔滨：哈尔滨工业大学出版社，2019．

[11] 庞明．沙滩排球[M]．长春：吉林出版集团股份有限公司，2020．

[12] 宋元平，杨荣刚，宋玉婷．气排竞风流：大众气排球[M]．苏州：苏州大学出版社，2020．

[13] 张红松．气排球[M]．广州：华南理工大学出版社，2020．

[14] 许强．欢乐学排球[M]．杭州：杭州出版社，2020．

[15] 杨兴美．气排球运动[M]．天津：天津科学技术出版社，2020．

[16] 黄彦华．排球教学与训练[M]．昆明：云南民族出版社，2020．

[17] 彭祚琼．排球训练及教学法[M]．哈尔滨：黑龙江美术出版社，2020．

[18] 黄志国．现代排球运动发展与技战术训练研究[M]．北京：中国原子能出版社，2020．

[19] 张淼．排球技术训练与竞赛规则解读[M]．长春：吉林科学技术出版社，2020．

[20] 陈菲菲．新时期高校气排球教学的革新与探索[M]．长春：吉林大学出版社，2020．

[21] 刘勇．排球训练理论与方法[M]．昆明：云南美术出版社，2021．

[22] 王然．高校排球教学实践及其课程创新研究[M]．长春：吉林科学技术出版社，2021．

[23] 庞俊娣．多元化教学法在排球技术教学中的应用研究[M]．长春：吉林人民出版社，2021．

[24] 赵蕊蕊．排球魂[M]．南京：译林出版社，2021．

[25] 张春香，罗阳阳，郎朝春．气排球运动基础教程[M]．沈阳：东北大学出版社，2021．

[26] 石怀文．高校排球运动训练与教学实践[M]．长春：吉林教育出版社，2021．

[27]　王成，卫荣辉，林海强. 气排球实用教程[M]. 西安：西北工业大学出版社，2021.

[28]　罗俊波. 气排球训练教程[M]. 广州：华南理工大学出版社，2021.

[29]　陈苗淼，卓倪. 排球运动训练与教学实践[M]. 长春：吉林美术出版社，2021.

[30]　王薇，黄德彬，轩志刚. 球类项目教学与运动训练[M]. 长春：吉林人民出版社，2021.